全国社会工作者职业水平考试辅导教材

# 社会工作综合能力
# 真题详解

全国社会工作者职业水平考试真题详解编写组 编

初级 | 2024

中国社会出版社

国家一级出版社·全国百佳图书出版单位

全国社会工作者职业水平考试辅导教材

# 社会工作综合能力
# 真题详解

全国社会工作者职业水平考试真题详解编写组 编

SHEHUI GONGZUO ZONGHE NENGLI
ZHENTI XIANGJIE

初级 | 2024

中国社会出版社
国家一级出版社·全国百佳图书出版单位

图书在版编目（CIP）数据

社会工作综合能力（初级）真题详解 / 全国社会工作者职业水平考试真题详解编写组编. -- 2 版. -- 北京：中国社会出版社，2024.2（2024.4 重印）
ISBN 978-7-5087-7011-6

Ⅰ.①社… Ⅱ.①全… Ⅲ.①社会工作－中国－水平考试－题解 Ⅳ.① D632-44

中国国家版本馆 CIP 数据核字（2023）第 249811 号

| | | | |
|---|---|---|---|
| 出 版 人：程 伟 | | 终 审 人：王 前 | |
| 责任编辑：张 杰 | | 责任校对：姜婷婷 | |
| 封面设计：尹 帅 | | | |

出版发行：中国社会出版社　　　　　地　　址：北京市西城区二龙路甲 33 号
邮政编码：100032　　　　　　　　　编 辑 部：(010) 58124853
营销中心：金　伟　13901172636　　四川、重庆、云南
　　　　　孙武斌　13911163563　　北京、天津、广东、山西、海南、湖南、陕西
　　　　　朱赛亮　13691332028　　江苏、安徽、山东、广西、宁夏、新疆
　　　　　卫　飞　18611888820　　浙江、上海、河南、青海、湖北、甘肃、西藏
　　　　　平　川　13810848635　　河北、吉林、黑龙江、内蒙古、辽宁
　　　　　朱永玲　13501113035　　福建、江西、贵州
综合电话：010-58124852
网　　址：shcbs.mca.gov.cn
经　　销：新华书店

| | | | |
|---|---|---|---|
| 印刷装订：北京昌联印刷有限公司 | | 开　　本：185 mm×260 mm　1/16 | |
| 印　　张：12.75 | | 字　　数：266 千字 | |
| 版　　次：2024 年 2 月第 2 版 | | 印　　次：2024 年 4 月第 2 次印刷 | |
| 定　　价：39.00 元 | | | |

社工图书专营店

中社文库微信公众号

中国社会出版社
天猫旗舰店

中社在线
微信公众号

## 本书作者

主　编：丁美方

副主编：范　邕

成　员：陈　露　邹小兰　莫艳红　孔梓晴

# 目　录

《社会工作综合能力（初级）》2018 年真题参考答案与解析 …………………… 1
《社会工作综合能力（初级）》2019 年真题参考答案与解析 …………………… 13
《社会工作综合能力（初级）》2020 年真题参考答案与解析 …………………… 26
《社会工作综合能力（初级）》2021 年真题参考答案与解析 …………………… 43
《社会工作综合能力（初级）》2022 年真题参考答案与解析 …………………… 61
《社会工作综合能力（初级）》2023 年真题参考答案与解析 …………………… 81

后　记 ……………………………………………………………………………… 99

附录　《社会工作综合能力（初级）》2018—2023 年真题

# 《社会工作综合能力（初级）》
# 2018年真题参考答案与解析

## 一、单项选择题

1.【参考答案】C

【解析】本题考查社会工作的功能。社会工作对社会的功能之一是维持社会秩序，它在社会治理中发挥着重要作用。社会工作在一般的意义上来说是具体解决社会问题的专业活动，对困难人群问题的解决不但可以给他们以实际的帮助，而且可以减少因问题激化可能产生的对社会秩序的冲击，从而有助于社会稳定。结合题干所述内容，本题选项C正确。

2.【参考答案】B

【解析】本题考查社会工作的特点。"互动合作"是指，社会工作是社会工作者帮助和协助有困难、有需要的群体克服困难的过程。这一过程并不是社会工作者单向地向服务对象提供服务，而是双方合作、共同面对困难、分析问题成因、寻找解决问题的方法，进而解决困难的过程。选项B强调"与留守儿童一起面对困难"体现"互动合作"。

3.【参考答案】B

【解析】本题考查社会工作的目标。社会工作促进社会发展的目标就是要实现人与社会环境的相互协调，使个人和社会都能更好地发挥功能。

4.【参考答案】C

【解析】本题考查社会工作对社会的功能。社会工作对社会的功能有以下几个方面：（1）维持社会秩序。（2）建构社会资本。（3）促进社会和谐。（4）推动社会进步。本题中，该机构的做法正是体现了社会工作的促进社会和谐功能。社会工作以人为本，致力于在社会成员之间建立相互支持的关系，社会工作所擅长的、面对面的、深入人心的、人性化的服务，在化解矛盾和冲突时所产生的促进社会和谐的作用，是一般行政方法所不能替代和无法比拟的。

5.【参考答案】B

【解析】本题考查社会工作的基本对象。社会工作的基本对象是那些"最值得帮助的人"，如孤儿、孤寡老人、残疾人，以及因自然灾害和社会原因而陷入困难境地的人。

6.【参考答案】A

【解析】本题考查社会工作的要素。社会工作者的角色具有一定程度的综合性。社会工作价值观是通过专业教育形成的，也是在服务实践中养成的。社会工作方法已经成为一个复杂的体系，从大的角度来说，主要有个案工作、小组工作和社区工作等几种。

社会工作助人活动不是一个单向支持过程,而是双方围绕解决困难和问题而展开的持续互动。

7.【参考答案】D

【解析】本题考查社会工作者的角色。社会工作者是在政策的范围内开展工作的,社会工作本身也常常是在落实某些社会政策。当社会工作者在服务过程中发现某些问题具有普遍性时,就应该向有关政府部门提出建议,制定、修订和完善政策。这样,可以避免社会问题的再次发生和减缓社会问题。在这种情况下,社会工作者就扮演着政策影响者的角色。

8.【参考答案】B

【解析】本题考查企业社会工作的内容。企业社会工作通过专业服务,可以改善职工的心理状况、工作条件和待遇,可以改善劳资关系而增加生产,是一项既有利于企业又有利于职工的工作。职工的技术培训、绩效发放和档案管理工作不应该由企业社会工作者去做,而应该由企业中的专业工作人员负责。

9.【参考答案】D

【解析】本题考查我国的社会工作价值观。接纳和尊重是我国的社会工作价值观之一。在社会工作实践过程中,社会工作者首先就要通过初步的接触与沟通等专业活动与服务对象建立相互信任的关系,从而开展进一步的专业服务。对所有社会工作者而言,对服务对象的接纳是一种一贯和统一的原则或立场。选项A、C不利于信任关系的建立;选项B违背社工价值观,故选D。

10.【参考答案】A

【解析】本题考查社会工作实践中面临的伦理难题。社会工作者面临的伦理困境之一是人情与法制及规定的冲突问题。社会工作者在处理家庭、邻里等内部成员矛盾时,往往会遇到情、理、法之间的纠葛,如何正确和有效地区分人情、法制与规定的影响及后果,常常使社会工作者陷入困境。

11.【参考答案】C

【解析】本题考查伦理难题的基本处理原则。伦理难题的基本处理原则之一是生命质量原则。在社会工作实践领域,社会工作者要尽量通过服务来改善服务对象的身体及心理状况,通过提供经济帮助、心理辅导服务来满足服务对象的需要,从而改善服务对象的生活质量和提高服务对象的身体及心理健康指数。

12.【参考答案】B

【解析】本题考查社会工作者应遵守的职业道德。社会工作者在日常工作中应平等对待和接纳服务对象。本题中,社会工作者在维护赵奶奶的合法权益的同时也要维护孙奶奶的合法权益,应找到她们发生矛盾的原因,积极进行调解,化解她们之间的矛盾,不应迫于赵奶奶子女的威胁而让孙奶奶搬走。

13.【参考答案】A

【解析】本题考查马斯洛需要层次论。生理需要是人类维持自身生存的最基本需要,包括衣、食、住、行等方面的需要。

14.【参考答案】A

【解析】本题考查家庭类型。核心家庭是指由一对夫妇及其未婚子女组成的家庭类型，这种家庭规模较小，家庭关系较为简单，是现代社会最主要的家庭形式。

15.【参考答案】D

【解析】本题考查同辈群体的特点。同辈群体是个人自由选择结合的结果，群体成员之间的交往是在自然随意的过程中进行的，成员之间相互依赖，对群体有较高的心理归属感和较强的认同性。

16.【参考答案】B

【解析】本题考查婴幼儿阶段的主要特征。依恋产生于婴幼儿与其照顾人的相互作用过程，是种感情上的连接和纽带。

17.【参考答案】D

【解析】本题考查针对校园欺凌问题的干预工作。针对家庭开展的干预工作有：社会工作者可对欺凌者与受欺凌者的家庭进行访视，评估家庭在欺凌行为发生中的作用，对父母进行教育和培训，提高父母的认识水平；改善亲子关系，纠正不当的教养方式；减少家庭中暴力行为的出现，为儿童树立行为榜样；要求父母对儿童的欺凌行为进行监督，配合学校和社会工作者开展活动等。

18.【参考答案】A

【解析】本题考查心理社会治疗模式的诊断。心理社会治疗诊断包括心理动态诊断、缘由诊断和分类诊断。心理动态诊断是对服务对象的人格的各部分之间的互动关系进行评估。如意识与无意识之间的关系，就是心理动态诊断的重要内容。

19.【参考答案】C

【解析】本题考查危机介入的基本原则。恢复自尊是危机介入的基本原则之一。危机的发生通常导致服务对象身心的混乱，使服务对象的自尊感下降。因此，社会工作者在着手解决服务对象的危机时，首先需要了解服务对象对自己的看法，帮助服务对象恢复自信。

20.【参考答案】B

【解析】本题考查服务对象问题的评估。收集完服务对象的资料后，社会工作者就需要依据收集的资料，对服务对象的问题及形成原因、发展变化过程进行分析，整理出服务对象问题的形成和变化的逻辑。通常情况下，社会工作者需要从横向和纵向两个方面进行分析。只有结合横向和纵向两个方面的分析，社会工作者才能对服务对象的问题作出准确的预估。

21.【参考答案】A

【解析】本题考查结案阶段的任务。在个案服务的结案阶段，社会工作者需要完成的主要任务是以服务方案目标为基准，巩固服务对象的改善状况。

22.【参考答案】A

【解析】本题考查个案会谈的概念。个案会谈是指社会工作者与服务对象进行面对面的、有目的的专业谈话。根据会谈的目的和功能，可以把个案会谈分成建立关系的会谈、收集资料的会谈、诊断性会谈、治疗性会谈及一般性咨询会谈五种类型。

23. 【参考答案】 D

【解析】本题考查个案会谈的技巧。同理心是指社会工作者设身处地体会服务对象的内心感受，理解服务对象的想法和要求。澄清是指社会工作者引导服务对象重新整理模糊不清的经验和感受。题干中，"你真不容易！这些年你为家庭付出那么多却感觉没有被承认和尊重"体现同理心技巧；"你觉得很委屈和无奈，感觉自己的付出没有意义"是协助服务对象澄清感受。

24. 【参考答案】 C

【解析】本题考查个案会谈的技巧。忠告是指社会工作者向服务对象指出某些行为的危害性或者必须采取的行为。题干中，社工小王向服务对象指出"如果你们之间还没好好谈谈就采取法律手段，会激化矛盾，恶化关系"，故选 C。

25. 【参考答案】 B

【解析】本题考查会谈的运用。在运用会谈方式收集资料时，社会工作者需要关注服务对象自己看待问题的方式和界定问题的逻辑，避免根据自己的逻辑推论服务对象对于问题的理解，或者运用周围他人的看法概括服务对象的问题。

26. 【参考答案】 A

【解析】本题考查小组工作的模式。互动模式是基于人与环境和人际关系而建立的一种小组模式，旨在通过组员之间、组员与小组及社会环境之间、小组与社会环境之间的互动关系，促使组员在小组这个共同体的相互依存中得到成长，增加组员的社会功能，提升其发展能力。

27. 【参考答案】 B

【解析】本题考查小组的类型。支持小组一般是由具有某一共同性问题的小组成员组成的。通过小组组员彼此之间提供信息、建议、鼓励和情感支持，从而达到解决某一问题和成员改变的效果。

28. 【参考答案】 D

【解析】本题考查在小组工作的后期成熟阶段社会工作者的任务。在小组工作的后期成熟阶段，社会工作者的工作重点在于协助组员解决问题，主要包括四个方面：(1) 维持小组的良好互动；(2) 协助组员从小组中获得新的认知；(3) 协助组员把认知转变为行动；(4) 协助组员解决有关问题。题干中，社工"逐渐让组员轮流带领小组活动，以此协助组员进一步自我探索，获得新认知，并将认知转变为行动"，可见小组处于后期成熟阶段，故选 D。

29. 【参考答案】 C

【解析】本题考查主持小组讨论时引导的技巧。讨论中会议主持人要用某种方式暗示讨论的方向，提示讨论的重点，或再次强调讨论的程序，从而保证讨论会正常有序地进行。引导小组讨论时，要避免指定发言，以免造成以社会工作者为中心的讨论；避免轮流发言，防止因小组组员没有准备好而简单应付或产生抵触情绪。

30.【参考答案】B

【解析】本题考查主持小组讨论时中立的技巧。在小组讨论中，可能因为某一个问题的观点不一致而发生争论，而争论的双方都希望社会工作者能支持自己的观点。此时，社会工作者的中立很重要，应避免与组员争论，不偏袒或属意任一方；不判断他人意见；仅提供问题，不给予参考答案；可以提供资料信息，但不予决断，仅作利弊分析或事实论述；随时保持中立的位置。

31.【参考答案】A

【解析】本题考查在小组工作的后期成熟阶段社会工作者的角色和责任。到了后期的工作阶段，组员对社会工作者的依赖逐渐减弱，社会工作者逐渐退移到边缘位置。社会工作者在此阶段的责任和角色主要有：（1）信息、资源的提供者和链接者；（2）小组及组员能力的促进者；（3）小组的引导者和支持者。

32.【参考答案】B

【解析】本题考查经验分享环节。不同阶段的小组活动方案，都应该包含经验分享环节，都必须预留一定的时间让组员分享彼此的经验，鼓励组员发表参与小组活动的感受，讨论彼此在小组活动中的成长经验，总结有益的启示。经验分享的环节，也是社会工作者评估小组活动是否达到预期目的的环节之一。

33.【参考答案】D

【解析】本题考查主持小组讨论中提问的技巧。重新定向型的提问，例如："刚才小李提到了这个问题，其他组员对这个问题是怎样想的？"

34.【参考答案】C

【解析】本题考查地区发展模式的实施策略。社区参与主要是处理社区面对的部分共同问题，如环境和设施问题等。社会工作者一般会通过动员居民集体参与来解决问题，还会建立居民小组来改善社区的动力系统。社会工作者应要求居民不仅仅是表达不满，更重要的是提出改善的建议和方法。

35.【参考答案】D

【解析】本题考查社会策划模式的特点。社会策划模式的特点有：（1）社会策划模式注重任务目标的实现。（2）社会策划模式强调运用理性原则处理问题。（3）社会策划模式体现的是一种由上而下的改变。（4）社会策划模式控制和指导着社区未来。

36.【参考答案】D

【解析】本题考查"在社区照顾"策略。"在社区照顾"是指将一些服务对象留在社区内并向其提供服务。"在社区照顾"的核心是强调服务的"非机构化"，即将照顾者放回社区内进行照顾，在他们熟悉的社区环境中生活，协助他们融入社区生活。

37.【参考答案】A

【解析】本题考查社区资源的管理。资源分析是指社会工作者需要了解自己现有的资源，即自己现在所拥有或能够调动的资源类型、数量、质量、便利程度、使用成本等，并将这些信息与实施社区工作计划所需要的资源进行对照，以便及时了解目前在资源方面的欠缺，有针对性地进行资源开发。

38．【参考答案】B

【解析】本题考查评估分类。对成果的评估主要是考察工作成果在多大程度上实现了预定的目标。具体来说，成果评估应该回答以下问题：工作取得了哪些成果？这些成果是否达到了预期的目标？工作的成果是否由于工作之外的因素而达到？工作是否带来了预期之外的成果？

39．【参考答案】D

【解析】本题考查主持会议的技巧。当需要特定人士的意见或者需要阻止个别人垄断发言机会时，社会工作者可以通过个别点名的方式提问和邀请发言。

40．【参考答案】D

【解析】本题考查居民骨干培养技巧。居民骨干中相当部分的人缺乏管理知识，依靠热情工作，不懂得权责分工，将许多工作集中在自己身上。这会造成分工不明、权责不清，导致居民骨干之间出现摩擦和工作效率低下等情况。社会工作者应加强居民骨干的权责分工意识，让他们认识到只有分工合作，才能做好社区工作。

41．【参考答案】C

【解析】本题考查社区各系统之间存在的互动关系。交换关系是指系统之间按各自的需要和动机与对方分享资源，以实现各自的目标和期望。这种类型的关系建立在互惠的基础上，通常表现为友好的、伙伴式的、合作的、相互依存的状态。如社区居委会和物业公司联合举办居民联谊活动，其中，物业公司在资金和场地等物质资源方面给予支持；居委会则发挥其在社区的动员能力和影响力，双方都能在活动中与居民联络感情，与居民发展友好关系。

42．【参考答案】D

【解析】本题考查社会服务策划的形式。管制性策划以监管行为为主，目的在于减少偏差和统一行动。指导性策划是通过指导要求下属或执行部门发挥所长，是非强迫性的。战略性策划的主要过程是：需要评估→明确机构的使命→预测→设计可行的战略→选择机构的战略→将战略转变为服务方案目标→方案发展→评估。创新策划的主要过程是：认识特殊问题或状态→列出清楚的目标→收集其他机构创新的方法→提供资讯给机构的决策者思考→考虑政治、经济、社会方面的阻力→选择理想的方法→发展计划用作评估和拓展。

43．【参考答案】D

【解析】本题考查社会服务方案的效果评估。方案的评估一般采用两种方法：过程评估和效果评估。过程评估关注方案进行过程中服务对象和人数的变化，服务方案中必须完成的主要工作项目的完成情况、资源使用情况、经费支出情况、是否按照预定的日期进行。效果评估主要测量的是方案实施后所产生的效果。选项A、B、C均属于项目实施过程中的情况变化,只有选项D是项目实施后的成效。

44.【参考答案】B

【解析】本题考查建立授权机制的目的。授权的主要目的是让社会服务机构发挥最大效率。

45.【参考答案】C

【解析】本题考查志愿者管理的内容。志愿者开始服务后,机构一般都会指定一名社会工作者对其进行督导。机构要适时为志愿者提供帮助和反馈,协助志愿者处理困难和解决问题,及时表扬工作优良的志愿者,给予志愿者自我成长的机会,适当规划志愿者的工作等。

46.【参考答案】B

【解析】本题考查企业捐款的动机。企业捐款的动机可以归纳为以下5种:(1)市场营销:企业愿意将钱财和实物捐给公益事业,认为这个过程可以为企业带来新的利益和新的顾客,让企业在市场上占有优势。(2)公共关系:当一个企业将其利润中的相当部分用于捐款时,一般情况下是为了提升公司形象,表明自己是一个"有社会责任感"的企业,是为社会和民众尽义务的企业。(3)自我利益:在一些情况下,企业捐助(做善事)的原因是为了自己获利。(4)税法策略:缴纳税款的额度也会影响公司的捐款行为,一些企业为了合理避税而捐款。(5)社会联谊(俱乐部):企业的捐款也可能被当作一种赢得他人赞美和承认的理由。

47.【参考答案】D

【解析】本题考查支持性督导功能。支持性督导的主要工作内容:(1)疏导情绪:督导者协助被督导者适应和处理服务过程中产生的挫折、不满、失望、焦虑等各种情绪,增强被督导者的自我功能。(2)给予关怀:督导者通过给予关怀与支持,让被督导者在工作过程中有安全感,并愿意尝试新工作。(3)发现成效:督导者协助被督导者发现工作成效,并能自我欣赏,激发被督导者的工作情绪和士气,并对机构逐渐产生认同感和归属感。(4)寻求满足:督导者给予被督导者从事专业的满足感和价值感,促进其对专业的认同,进而愿意持续投身于社会服务工作。

48.【参考答案】B

【解析】本题考查定量研究的特点。定量研究注重研究问题的普遍性、代表性及其普遍指导意义。

49.【参考答案】C

【解析】本题考查问卷设计的原则。问卷调查要有良好的效度,以便能较好地揭示所测变量的实际情况。

50.【参考答案】B

【解析】本题考查问卷设计的步骤。在问卷的试用和修改阶段,设计者根据所发放问卷的回收率、有效率、填写错误、回答不全、被访者修订建议等信息,酌情修改问卷。

51.【参考答案】C

【解析】本题考查问卷结构中的问题和答案。问题是问卷的核心所在,有态度、行为和状态三种类型。态度说明对某个议题的看法;行为代表实际行动状况;状态涉及人口社会特征、个人经历及其他信息。选项A、B是表示一个人的状态,工作状态及处于哪个年龄段;选项D是询问对老师讲课水平的评价,属于态度。

52.【参考答案】A

【解析】本题考查抽样方法的选择。一般而言,大规模问卷调查通常采用随机抽样选取调查对象,随机抽样有简单随机抽样、系统抽样、分层抽样、整群抽样等类型,方便抽样、判断抽样和雪球抽样属于非随机抽样。

53.【参考答案】A

【解析】本题考查城乡低保的申请与审核。申请人有下列情况之一的,可以单独提出申请:(1)困难家庭中丧失劳动能力且单独立户的成年重度残疾人。(2)脱离家庭、在宗教场所居住三年以上(含三年)的生活困难的宗教教职人员。

54.【参考答案】C

【解析】本题考查《社会救助暂行办法》。《社会救助暂行办法》规定,申请医疗救助,应当向乡镇人民政府、街道办事处提出,经审核、公示后,由县级人民政府医疗保障部门审批。最低生活保障家庭成员和特困供养人员的医疗救助,由县级人民政府医疗保障部门直接办理。

55.【参考答案】C

【解析】本题考查老年人获得社会服务的权利。《国务院关于加快发展养老服务业的若干意见》规定,各地在制定城市总体规划、控制性详细规划时,必须按照人均用地不少于0.1平方米的标准,分区分级规划设置养老服务设施。题干中某市有500万人口,500×0.1=50(万平方米)。

56.【参考答案】A

【解析】本题考查残疾人合法权益的主要内容。国家和社会对残疾军人、因公致残人员以及其他为维护国家和人民利益致残的人员实行特别保障,给予抚恤和优待。

57.【参考答案】D

【解析】本题考查工作时间规定。在延长工作时间限制方面,劳动法规定:对怀孕7个月以上或哺乳未满1周岁的婴儿的女职工,不得安排延长工作时间。

58.【参考答案】C

【解析】本题考查救助措施的规定。根据婚姻法,实施家庭暴力或虐待家庭成员,受害人提出请求的,公安机关应当依照治安管理处罚的法律规定予以行政处罚。

59.【参考答案】A

【解析】本题考查劳动合同规定。根据劳动合同法,集体合同订立后,应当报送劳动行政部门;劳动行政部门自收到集体合同文本之日起15日内未提出异议的,集体合同即行生效。

60.【参考答案】C

【解析】本题考查社会团体的成立。《关于改革社会组织管理制度促进社会组织健康有序发展的意见》规定,成立行业协会商会,按照《行业协会商会与行政机关脱钩总体方案》的精神,直接向民政部门依法申请登记。在自然科学和工程技术领域内从事学术研究和交流活动的科技类社会组织,以及提供扶贫、济困、扶老、救孤、恤病、助残、救灾、助医、助学服务的公益慈善类社会组织,直接向民政部门依法申请登记。为满足城乡社区居民生活需求,在社区内活动的城乡社区服务类社会组织,直接向县级民政部门依法申请登记。

二、多项选择题

61.【参考答案】B E

【解析】本题考查社会工作者的核心能力。社会工作者的核心能力包括以下几个方面:(1)沟通与建立关系的能力;(2)促进和使能的能力;(3)评估和计划的能力;(4)提供服务和干预能力;(5)在组织中工作的能力。题干中,社工小冯"向同事了解机构的宗旨、服务内容和特色""深入社区开展入户探访",需要具备沟通的能力;了解社区居民的问题和需求,需要具备评估的能力。而干预能力是对服务对象的某些偏差行为进行干预和指导,而小冯是刚入职的,任务是入户了解情况,显然还不具备这种能力。

62.【参考答案】A C E

【解析】本题考查社会工作专业伦理的内容。(1)社会工作者对服务对象的伦理责任有:①对服务对象的承诺/负责。②自我决定。③知情同意。④能力。⑤文化敏感性与多样性。⑥隐私和保密性。小王的工作体现出的对服务对象的伦理责任是:对服务对象的承诺/负责。(2)社会工作者对社会的伦理责任有:①促进社会福利的发展。②促进公共参与。③在公共危机情形下提供介入与救助措施。④通过社会与政治行动减少不平等、反对歧视和促进社会主义。小王的工作体现出的对社会的伦理责任是:促进社会福利的发展和公共参与。小王查阅志愿者管理的政策文件,起草了志愿者招募、遴选、培训、督导的管理规范,这体现了社会工作者作为专业人员的伦理责任。

63.【参考答案】B C E

【解析】本题考查社会工作伦理守则。社会工作伦理守则要求社会工作者对待服务对象要做到关爱、有同理心和非评判,对待同事要公平,与同事合作共事,对待社会服务机构的政策要做到表里如一,维护机构的立场和利益。社会工作者对服务对象的伦理责任有对服务对象的承诺/负责、自我决定、知情同意、能力、文化敏感性与多样性、隐私和保密性。选项B做法体现了"知情同意",选项C做法体现了"对服务对象的承诺/负责",选项E做法体现了"知情同意"和"自我决定"。

64.【参考答案】B C D E

【解析】本题考查人类行为与社会环境的基本关系。人类行为和社会环境相互影响,二者的关系主要表现在以下几个方面:(1)人们要适应社会环境。(2)社会环境影响个

9

人行为。（3）社会环境和生物遗传共同对人类行为产生影响。（4）人类能够改变社会环境。（5）人类行为与社会环境关系的非平衡性。

65.【参考答案】A B C E

【解析】本题考查弃婴问题。预防弃婴要做好以下几个方面的工作：一是要进一步健全和完善相关法律法规；二是完善弃婴救助制度；三是建立困难家庭医疗救助体系；四是积极发挥慈善部门、基金会和其他民办机构的作用，开展多种形式的专项救助；五是开展宣传工作，利用媒体进行相关报道，提升社会对于弃婴这一社会极弱群体的关注程度。

66.【参考答案】B C D

【解析】本题考查非反思性直接治疗技巧。非反思性直接治疗技巧是指社会工作者直接向服务对象提供各种必要的服务，而服务对象只处于被动服从位置的各种辅导技巧。这种辅导技巧不关注是否反映服务对象内心的想法和感受。非反思性直接治疗技巧主要包括支持、直接影响和探索—描述—宣泄。选项A、E是询问服务对象相关情况，并非提供服务。

67.【参考答案】A C D E

【解析】本题考查结案时社会工作者应做好的工作。为了帮助服务对象顺利面对服务工作的结束，社会工作者需要做好以下4项工作：一是预先告知服务对象，让服务对象对服务结束做好准备。二是巩固服务对象在已经开展的服务工作中获得的改变和进步。三是与服务对象一起进一步探讨影响问题解决的因素，为服务对象结案之后独立面对问题做好准备。四是鼓励服务对象表达结案时的情绪，与服务对象一起探讨结案后的跟进服务。

68.【参考答案】B C D

【解析】本题考查治疗性会谈。对治疗对象的困扰施加有目的的影响，从而促使服务对象发生积极的改变。在治疗性会谈中，社会工作者除了需要了解服务对象各种问题的开展介入以及运用哪种专业技巧之外，还需要随时注意观察服务对象的反应，及时调整服务介入的策略和方法。选项B、C、D都是社会工作者施加的"有目的的影响"；选项A属于收集资料的会谈，选项E属于一般性咨询会谈。

69.【参考答案】B C

【解析】本题考查小组规范的种类。小组的规范有3类：一是秩序性规范，用来界定组员之间的互动准则。二是角色规范，界定和明确组员所期望的具体角色和行为。三是文化规范，澄清和说明小组的信念和基本价值，强调开放、平等、保密、非批判和团结合作等原则。

70.【参考答案】A B

【解析】本题考查小组活动设计技巧。在小组工作的中期转折阶段，可设计角色扮演、角色互换、角色冲突的情景剧，引导组员学习容忍、换位思考、化解矛盾和冲突的办法。

71.【参考答案】C D E

【解析】本题考查评估方案的制订。评估方案要回答以下几个问题：评估的目的是什么？评估对象是什么？评估者是谁？评估者的假设是什么？评估指标是什么？评估的方法是什么？

72.【参考答案】A B C

【解析】本题考查非正式照顾的含义。非正式照顾通常是由服务对象的家人、朋友、邻居来承担的，社会工作者应与服务对象现有个人网络中的成员接触，尽量动员这些成员提供支持，与其一起商议解决问题的办法。

73.【参考答案】C D E

【解析】本题考查社区工作的特点。社区工作的特点有：(1) 分析问题的视角更加趋于结构取向。(2) 介入问题的层面更为宏观。(3) 具有政治性。(4) 富有批判和反思精神。

74.【参考答案】B C E

【解析】本题考查SWOT分析法。SWOT分析法对策略实施的内部条件与外部环境进行综合考虑，其中S和W分别表示社会工作者及其机构自身在促使策略成功上具有的优势和弱点，而O和T则分别代表外部环境中存在的有利于策略施行的机会和不利于实施该策略的威胁。

75.【参考答案】A B C E

【解析】本题考查需要评估与方案规划的过程。需要评估与方案规划过程主要包括进行志愿者评估、机构本身评估和服务对象需要评估。志愿者评估主要是针对其参与社会服务的动机评估。组织评估一方面要评估志愿服务给组织带来的利益，另一方面也要考虑风险因素。服务对象的评估主要看服务对象对志愿服务的接纳程度，以及对志愿者性别、年龄等个人特征的要求。

76.【参考答案】A E

【解析】本题考查项目申请书的内容。机构要想从政府、基金会获得经费支持，在项目申请书中要说明以下内容：向政府或基金会申请这笔经费支持的意义，或申请这笔经费（有时是实物）要做什么，其用途要符合社会福利或社会公益目标，符合政府或基金会的资助目标；要说明资助的重要性，即这笔资助对于项目对象的必要性；说明资助额及申请这一数量资助的原因，需要列出较细致的项目预算；要说明怎样使用这笔资助，即怎样将这笔资助运用于机构的服务；要说明使用这笔资助可能达到的预期效果；要说明使用这笔资助的社会交代的方法，即如何向资助者报告资助项目的结果。

77.【参考答案】A C E

【解析】本题考查个案研究的特点。个案研究作为一种研究，更多地体现研究的"对象"维度品性，强调研究对象的个别性。由于可以采用多种研究方法，个案研究难以仅仅参照某种方法的操作步骤进行各项工作。个案研究依托分析性概括，彰显了其辅助理论构建的重要力量。个案研究具有手段和资料多元化的特点，访问记录、观察记录、个人文稿、官方文献、新闻报道、他人评论都是重要的资料载体。

78.【参考答案】C E

【解析】本题考查问卷设计的原则。设计问卷一般应考虑以下原则：（1）问卷要有信度与效度。（2）考虑研究目的或研究类型。（3）以回答者视角为主。（4）保证操作可行性。选项A的答案设计没有满足穷尽性，选项B的问题设计带有倾向性，选项D问题的设计具有"双重含义"。

79.【参考答案】A B C

【解析】本题考查工伤的认定。在可认定工伤方面，《工伤保险条例》规定，职工有下列情形之一的，应当认定为工伤：一是在工作时间和工作场所内，因工作原因受到事故伤害的；二是工作时间前后在工作场所内，从事与工作有关的预备性或者收尾性工作受到事故伤害的；三是在工作时间和工作场所内，因履行工作职责受到暴力等意外伤害的；四是患职业病的；五是因公外出期间，由于工作原因受到伤害或者发生事故下落不明的；六是在上下班途中，受到非本人主要责任的交通事故或者城市轨道、客运轮渡、火车事故伤害的；七是法律、行政法规规定应当认定为工伤的其他情形。在可视同为工伤方面，《工伤保险条例》规定，职工有下列情形之一的，视同工伤：一是在工作时间和工作岗位，突发疾病死亡或者在48小时之内经抢救无效死亡的；二是在抢险救灾等维护国家利益、公共利益活动中受到伤害的；三是职工原在军队服役，因战、因公负伤致残，已取得革命伤残军人证，到用人单位后旧伤复发的。

80.【参考答案】A B C D

【解析】本题考查离婚的条件。妇女权益保障法第六十四条规定：女方在怀孕期间、分娩后一年内或者终止妊娠后六个月内，男方不得提出离婚；但是，女方提出离婚或者人民法院认为确有必要受理男方离婚请求的除外。

# 《社会工作综合能力（初级）》
# 2019年真题参考答案与解析

一、单项选择题

1. 【参考答案】C

【解析】本题考查社会工作含义。社会工作是社会建设的重要组成部分，是一种体现社会主义核心价值理念，遵循专业伦理规范，坚持"助人自助"宗旨，在社会服务、社会管理领域，综合运用专业知识、技能和方法，帮助有需要的个人、家庭、群体、组织和社区，整合社会资源，协调社会关系，预防和解决社会问题，恢复和发展社会功能，促进社会和谐的职业活动。故在保障和改善民生方面，更能发挥社会工作专业优势的领域是选项C。

2. 【参考答案】D

【解析】本题考查社会工作的特点。社会工作以社会上极度困难和比较困难的群体为主，决定了这种助人活动的重要性和艰巨性，而国家和社会对这种活动的较高要求使其走向专业化和职业化。显然，社会工作与一般的做好事、志愿服务有所不同。在性质上，它是以服务于困难群体、以利他为目的的职业活动。

3. 【参考答案】A

【解析】本题考查社会工作的目标。社会工作在服务对象层面的目标包括以下几个方面：（1）解救危难；（2）缓解困难；（3）激发潜能；（4）促进发展。题干中社会工作者小王提供的服务是缓解张大爷家庭生活照料困难。

4. 【参考答案】A

【解析】本题考查社会工作对服务对象的功能。社会工作分析问题的基本观点是"人在情境中"，认为人是生活在社会环境之中的，人与社会环境是相互依存的。在此基础上，社会工作者希望促进人与社会环境的良性互动，主要表现在：解决问题，增强服务对象的能力以应对环境的压力；改变不良环境，保证人们的正常生活；改变个人的不良行为，以适应合理的制度；促进人与社会环境的相互适应，实现关系和谐。

5. 【参考答案】C

【解析】本题考查社会工作的基本对象。从发展较快国家和地区的实践看，社会工作首先帮助的都是社会上最边缘、最困难，从道义上来讲最需要帮助的人。从发展中国家的实践来看，社会工作的基本对象依然是那些"最值得帮助的人"，如孤儿、孤寡老人、残疾人，以及因自然灾害和社会原因而陷入困难境地的人。留守儿童因社会原因陷入困难境地。

6.【参考答案】B

【解析】本题考查社会工作者的角色。倡导是社会工作者向服务对象提倡某种行为。在服务对象不知如何走出困境时，社会工作者应该成为服务对象采取某种行为的倡导者，即向服务对象倡导某种合理行为，并指导他们成功。题干中，社工小王的做法是通过举办兴趣小组活动，在社区老年人中倡导生活质量的改善。

7.【参考答案】D

【解析】本题考查社会救助社会工作。社会救助社会工作是针对社会救助对象开展的社会服务。社会救助是政府或社会服务机构对物质生活面临危机的社会成员提供的物质及社会关系方面的支持和帮助。社会救助首要的是向困难人群发放食物、生存物资和金钱，以保障他们远离饥饿、疾病，保障其生命安全。但是社会救助的任务又不止于此。除此之外，还应该向他们提供政策的、心理的帮助，提高他们应对生存困境的能力。

8.【参考答案】A

【解析】本题考查社会工作价值观的内容。我国社会工作价值观之一是权利与责任并重。社会工作的目标就是通过专业服务和干预，帮助服务对象改善自我的能力，提升他们自我生存和发展的潜能。在此基础上，社会工作者要帮助服务对象树立责任意识，逐步强化服务对象自我改变和自我发展的能动性，减少服务对象对制度和外部支持体系的依赖，真正达到"助人自助"的目的。

9.【参考答案】A

【解析】本题考查社会工作价值观的操作原则。个别化和非评判，由于社会工作实践提供的是与人有关的专业服务活动，社会工作者应充分尊重每个服务对象的个性与人格，充分理解服务对象之间存在的差异。对社会工作者来说，即使是提供同一类的专业服务，他们也要注意将服务对象看作不同的个体，要充分考虑到个人特质（如年龄、性别、种族、生理—心理状况、文化背景、职业、社会地位、宗教信仰、政治倾向性等）对服务需求和服务模式的潜在影响。

10.【参考答案】A

【解析】本题考查伦理难题处理的基本原则及步骤。20世纪90年代以来，国际社会工作界的伦理专家提出了伦理决定的一般步骤，供社会工作者在实践中参考：（1）认识个案中的伦理问题，包括分析社会工作者自身的价值观、责任和义务；（2）清楚识别任何个人、团体或组织影响伦理决定的境况；（3）正确认识伦理行动的各个过程以及参与其中的相关者，并分析可能存在的利益和风险；（4）深入了解支持或反对作出有关伦理决定的理由；（5）向同事和相关的专家进行咨询；（6）作出伦理决定并记录决定过程；（7）监督和评估伦理决定。本题考查的内容已在新版教材中删除。

11.【参考答案】D

【解析】本题考查社会工作实践中的伦理难题的处理。本题中，社会工作者面临着保密与服务对象的知情同意的伦理难题。根据国际社会工作界的伦理专家提出的伦理决定的一般步骤，本题中社会工作者最适宜的做法是选项 D。

12. 【参考答案】C

【解析】本题考查我国社会工作专业的伦理守则内容。社会工作者应尊重其他社会工作者、专业人士和志愿者不同的意见及工作方法。任何建议、批评及冲突都应以负责任、建设性的态度沟通和解决。

13. 【参考答案】D

【解析】本题考查同辈群体的特点。每个同辈群体都有自己独特的亚文化，这种群体的亚文化为群体成员提供了新的价值标准和行为方式。群体成员在语言、服饰、行为方式，甚至发型等方面都体现出自己的独特性。题中两代人对时尚的不同看法正是体现了独特性的特点。

14. 【参考答案】A

【解析】本题考查家庭结构类型。主干家庭是指由父母与一对已婚的子女共同居住生活的家庭类型，主干家庭是核心家庭在纵向上的延伸。

15. 【参考答案】D

【解析】本题考查 ERG 理论。关系的需要是指发展人际关系的需要。这种需要通过工作中或工作以外与其他人的接触和交往得到满足。小林的日记体现出她对外面世界的渴望。

16. 【参考答案】D

【解析】本题考查婴幼儿阶段。婴幼儿社会化的基本过程有三个阶段，出生至 6 个月是单纯社会化反应阶段，7 个月至 2 岁是社会性感情连接建立阶段，2~3 岁是伙伴关系发展阶段。

17. 【参考答案】B

【解析】本题考查青少年网络成瘾问题。社会工作对青少年网络成瘾问题的干预可以从预防与治疗两个层面进行。预防层面，社会要为青少年创造良好的成长环境，协助青少年有效融入家庭、学校和社会之中，防止青少年因为无法处理好现实生活中的压力而沉溺于网络。治疗层面，社会工作者需要充分运用社会工作关于人类行为与社会环境之间关系的理论以及优势视角的理论，有效帮助。选项 A "要求"错误；选项 C "课业学习负担"、选项 D "道德教育"与"网络成瘾"间没有必然联系，均可排除。

18. 【参考答案】B

【解析】本题考查收集资料的方式。调查表的运用也是社会工作者收集资料的一种常用的方法，特别对于一些涉及隐私或者不便于在他人面前表达的资料，采用调查表收集资料比较方便。根据调查表问题的安排方式，可以把调查表分为两种：结构式调查表和非结构式调查表。

19. 【参考答案】A

【解析】本题考查危机介入模式的内容及特点。在解组阶段，服务对象处于极度的情绪困扰中，认知和问题解决的能力下降，平衡生活被打乱；如果危机事件影响的是家庭，它还可能导致家庭关系的紧张甚至破裂。题干中，小丽离婚后正常生活受到了严重的影响，符合解组阶段的特征。

20. 【参考答案】A

【解析】本题考查危机介入模式的内容及特点。危机介入模式的运用对社会工作者提出了很高的要求，这也形成了危机介入模式的自身特点：迅速了解服务对象的主要问题、快速作出危险性判断、有效稳定服务对象的情绪及积极协助服务对象解决当前问题。本题中，社工已经对服务对象作了危险性判断，所以下一步就是稳定情绪。

21. 【参考答案】A

【解析】本题考查申请与接案。一旦与服务对象签订了服务协议，社会工作者就要在提供服务的各个环节，始终遵守保护受助者个人隐私和有关信息的承诺，绝不能轻易泄露服务对象的私人信息以及同服务相关的隐私信息，以保护服务对象的个人权益。签订服务协议属于接案阶段的内容，故选A。

22. 【参考答案】C

【解析】本题考查个案会谈的类型。诊断性会谈的主要目的是帮助社会工作者针对服务对象的问题作出正确的分析和推断。在诊断性会谈中，社会工作者需要不断地从观察到的事实出发并作出各种推断，然后再验证这些推断，这样一步步地逐渐深化对服务对象的理解，最后形成有关服务对象问题的准确判断。

23. 【参考答案】B

【解析】本题考查心理社会治疗模式的内容及特点。反思性直接治疗技巧是指社会工作者通过与服务对象相互沟通交流，引导服务对象分析和理解自己的问题的各种具体技巧。这种辅导技巧比较关注反映服务对象内心的感受和想法。反思性直接治疗技巧主要包括现实情况反思、心理动力反思和人格发展反思。现实情况反思是指社会工作者帮助服务对象对自己所处的实际状况作出正确的理解和分析的技巧。题干中，"社会工作者帮助小陆一起回顾其成长经历，探讨童年发生的重要事件对现在生活的影响"是引导服务对象分析和理解自己的问题，使用反思性技巧，故选B。

24. 【参考答案】B

【解析】本题考查个案会谈的技巧。支持性技巧是社会工作者借助口头和身体语言让服务对象感受到被理解、被接纳的一系列技术，包括同理心，即社会工作者设身处地体会服务对象的内心感受，理解服务对象的想法和要求。选项B体现了同理心的技巧。

25. 【参考答案】C

【解析】本题考查个案会谈的技巧。引导性技巧是社会工作者主动引导服务对象探索自己过往经验的一系列技巧，包括对焦，即社会工作者对服务对象偏离的话题或者宽泛的讨论进行引导，将讨论集中于某个焦点。社会工作者可以通过让服务对象自己列出话题或者问题的重要次序聚焦讨论的焦点。选项C的回应引导服务对象对焦于自己最困扰的问题。

26. 【参考答案】A

【解析】 本题考查小组工作的类型。教育小组的宗旨在于，通过帮助小组组员学习新知识、新方法，或补充相关知识不足，促使组员改变其原来对于自己问题的不正确看法及解决方式，从而实现小组组员的发展目标。题干中的小组"为新手妈妈普及科学育儿、新生儿常见疾病预防、新生儿心理及行为等方面的知识"，体现了教育小组的特点。

27.【参考答案】C

【解析】 本题考查小组工作的发展模式。社会工作者在运用发展模式时，应坚持贯彻以下两个原则：一是积极参与原则。即要协调和鼓励组员在小组活动中主动表达自己的困惑或者对发展的建议，积极分享和学习自我发展的经验。二是"使能者"原则。既要支持、帮助小组组员通过各种活动，相互关心、相互帮助和分享，更要发展认知，激发潜能，提升组员寻求解决问题的办法，整合社会资源及自我发展的能力。题干中，小组"启发组员重新认识自我，积极寻找战胜困难的办法"，体现"使能者"原则，故选C。

28.【参考答案】A

【解析】 本题考查小组结束阶段社会工作者的任务。在结束阶段，社会工作者的任务主要是处理好组员的离别情绪，帮助组员保持他们获得的小组经验。（1）处理组员的离别情绪与感受。（2）协助组员保持小组经验：①模拟练习；②树立信心；③寻求支持；④鼓励独立；⑤跟进服务，如转介、跟进聚会、安排探访等。

29.【参考答案】C

【解析】 本题考查小组讨论中提问的技巧。社会工作者在小组讨论中，通常有五种提问类型：一是封闭式的提问，如"是不是"。二是深究回答型的提问，工作者可以用"描述""告诉""解释"等词提问。三是重新定向型的提问，例如："刚才小李提到了这个问题，其他组员对这个问题是怎样想的？"四是反馈和阐述型的提问，例如："我们已经讨论了一段时间，谁能对此总结一下吗？"五是开放式的提问，如用"怎样""为什么"等词提问。在小组讨论中，社会工作者可根据不同的情况和时机运用不同的提问方法。

30.【参考答案】B

【解析】 本题考查开始阶段社会工作者的任务。开始阶段小组工作的重点在于帮助小组组员之间建立信任关系。因此，社会工作者应重点做好下列几项工作：（1）协助小组组员彼此认识以消除陌生感；（2）帮助小组组员厘清对小组的期望，提高他们对小组目标的认识；（3）讨论保密原则和建立契约；（4）制定小组规范；（5）营造信任的小组气氛；（6）形成相对稳定的小组关系结构。题干中"我的名片"的游戏目标是促进组员相互认识，故选B。

31.【参考答案】D

【解析】 本题考查主持小组讨论时中立的技巧。在小组讨论中，可能因为某一个问题的观点不一致而发生争论，而争论的双方都希望社会工作者能支持自己的观点。此时，社会工作者的中立很重要，应避免与组员争论，不偏袒或属意任意一方；不判断他

17

人意见;仅提供问题,不给予参考答案;可以提供资料信息,但不予决断,仅作利弊分析或事实论述;随时保持中立的位置。题干中,社会工作者的回应并没对"毕业后直接工作还是继续读研究生"作决断,仅对两种选择作利弊分析,故选 D。

32. 【参考答案】B

【解析】本题考查小组讨论技巧。引导的技巧,讨论中有时会出现你一言我一语,场面气氛热烈但又偏离方向的情况,此时会议主持人要用某种方式暗示讨论的方向,提示讨论的重点,或再次强调讨论的程序,从而保证讨论会正常有序地进行。题干中,社工小李通过语言提示讨论的重点:"因为时间关系,接下来,我们能不能一起讨论一下解决问题的办法呢?"故选 B。

33. 【参考答案】C

【解析】本题考查小组评估技巧。针对不同的评估任务,可以把社会工作评估分为两类:效果评估和过程评估。效果评估是针对服务介入活动的效果进行评估,包括服务对象是否发生改变、改变的程度以及实现服务目标的程度等。过程评估则是针对服务介入的具体过程进行评估,包括服务运用的策略、方法和技巧以及每次服务介入活动的影响因素等。

34. 【参考答案】A

【解析】本题考查社区工作的含义、特点和目标。美国著名社区工作专家罗斯曼将社区工作的目标分为任务目标和过程目标。所谓任务目标,是指解决一些特定的社会问题,包括完成一项具体的工作,满足社区需要,达到一定的社会福利目标等,如修桥铺路、安置无家可归者、解决社区环境污染问题等。这些活动所带来的改善是具体而实在的。所谓过程目标,是指促进社区居民的一般能力。如加强社区居民对公民权利和义务的了解,增强居民解决社区问题的能力、信心和技巧,发现和培育社区居民骨干参与社区事务,建立社区内不同群体的合作关系等。题干中,评估的内容是"首部电梯完成施工并投入使用",完成了一项具体的工作,故选 A。

35. 【参考答案】A

【解析】本题考查社会策划模式中社会工作者的角色。在社会策划模式中,社会工作者主要是扮演专家的角色。包括收集社区资料,进行社区分析、社区诊断、社会调查,对服务进行策划、组织运作和评估等。

36. 【参考答案】D

【解析】本题考查社区照顾模式。培养相互关怀和社区照顾的美德。社区工作可以促进社会的互相关怀,达到社区照顾的目的。社区居民通过彼此的交往,体会互相帮助及群策群力的重要性,有利于减少现代社会所产生的"疏离感"。

37. 【参考答案】C

【解析】本题考查制订社区工作计划。评估策略即运用符合性、可接受性、可行性三个指标去评估提出的每个策略。符合性考查的是策略是否符合机构的宗旨和目标,可接受性则关心策略是否为社区成员所接受,可行性指的是在现实中实现该策略的可能性以及资源是否能满足其需要。在评估之后，应删除那些明显不可能的策略，即不符合目标、不被人们接受、没有任何可行性的策略。

38. 【参考答案】B

【解析】本题考查管理社区组织。社会工作者在社区组织的管理中所扮演的角色应随着组织的发展而有所不同。组织成立之初，社会工作者可能亲自承担较多的管理工作。发展过程中，社会工作者应注重建立和完善组织的内部规章制度，发现和培养组织的领导者。最终，社会工作者不再直接担负组织的管理工作，只在必要时为组织提供咨询服务，实现社区组织的自我管理。

39. 【参考答案】C

【解析】本题考查与社区居民展开工作的技巧。维持对话即在降低了对方的疑虑和双方放松之后，便需要立即根据接触或访问目的维持对话。在维持对话过程中，可以运用多种技巧，如聆听、同理心、体谅、分享感受、澄清、寻找和提供资料等。

40. 【参考答案】D

【解析】本题考查主持会议的技巧。在会议进程中，社会工作者要善于进行摘要、综合和总结。摘要的技巧是指将某些长篇的发言简化为几点重要意见，在讨论已进行一段或者将结束时把意见摘要地归纳出来，使与会者清楚地掌握会议和意见的重点。综合的技巧指的是将有关的意见串联和综合到一起，找出共同点，丰富各方意见，降低分歧，使讨论更系统、更清晰。

41. 【参考答案】B

【解析】本题考查社区活动策划的过程。社区活动策划的过程是：（1）掌握活动的基本目标。（2）衡量服务对象的特点、需要、兴趣。（3）符合机构的宗旨、赞助团体的期望。（4）评估本身拥有的以及可以动员的资源。（5）制订初步计划。（6）评估可行性。（7）确立详细计划。（8）预期困难及解决方案。

42. 【参考答案】C

【解析】本题考查社会服务方案策划的目标制定阶段。影响性目标是社会工作干预所要达到的目标。为了保证服务的介入，可将影响性目标细化为服务性目标，再根据服务性目标确定后勤保障目标（条件）。选项C是服务6个月后要达到的目标。

43. 【参考答案】D

【解析】本题考查社会服务方案策划的评估。效果评估是针对服务介入活动的效果进行评估，包括服务对象是否发生改变、改变的程度以及实现服务目标的程度等，选项D中的效益属于效果评估范围。

44. 【参考答案】A

【解析】本题考查社会服务机构的组织结构及其运作。授权的主要目的是让社会服务机构发挥最大效率，授权也有助于提高下属或员工的满意度、工作动机。

45. 【参考答案】B

【解析】本题考查志愿者参与社会服务的动机。以利他和社会为中心的动机有：

(1) 希望帮助别人，希望世界变好。(2) 以行动表达对他人的同情心。(3) 喜欢认识不同年龄层的新朋友，参与一些活动，扩大社会接触面。(4) 受亲戚、朋友、老师和家长的影响而参与服务。(5) 基于宗教信仰，为人服务的理念。(6) 想尽一点社会责任。(7) 想以行为尽力谋求改变。只有选项 B 符合，选项 A、C、D 均属于利己的动机。

46.【参考答案】B

【解析】本题考查**志愿者管理的评估过程**。评估的标准与程序应该在事前以书面方式说清楚，评估资料的收集应侧重于志愿者动机的满足方面。需要说明的是，志愿者绩效评估最重要的不是要判定志愿者的好坏，而是要反省机构的志愿者管理是否合理，志愿者的使用是否有利于服务使用者（机构或服务对象）。

47.【参考答案】A

【解析】本题考查**社会工作督导的内容**。督导者在社会服务机构中是行政科层结构的连接点，行政性督导主要提供"组织的结构性"和"完成工作所需资源的可近性"支持。行政性督导工作的主要内容有以下几项：(1) 社会工作者的招募和选择。(2) 安置和引导工作人员。(3) 工作计划和分配。(4) 工作授权、协调与沟通。(5) 工作监督、总结和评估。(6) 督导者扮演多种角色：缓冲器、倡导者、机构变迁推动者。

48.【参考答案】B

【解析】本题考查**定量研究和定性研究**。定量研究的研究设计旨在消除研究者带给研究对象的"观察者偏差"，研究者往往被研究对象视为外人，并要求在过程中体现价值中立。选项 A 错误。定量研究主要进行演绎推理，依托某些原理，形成在特殊场景中的假设，通过收集资料和分析数据来验证假设，因此是一种理论检验。选项 B 正确。定性研究不一定要事先设定假设，其理论假设可以在研究过程中逐步形成和完善，其过程发现需要进行抽象的提炼和归纳，因此是一种理论建构。选项 C 错误。定量研究注重研究问题的普遍性、代表性及其普遍指导意义，如发现 MSW 班级多数同学对案例教学的建议；其研究结论在随机抽样时可以推论。选项 D 错误。

49.【参考答案】A

【解析】本题考查**问卷类型**。自填问卷在收集资料时由被调查者填写参考答案。其问题和参考答案应用词精准和通俗，题型不能过于复杂，题量适度，版面设计利于激发被调查者的兴趣。访问问卷在收集资料时由访问员向被调查者提问并记录其回答，适合于被调查者文化水平不高、调查问题较复杂的情况，但不太适合了解敏感问题。根据题干针对的是"老年人"，当面调查的方式最适合。

50.【参考答案】D

【解析】本题考查**问卷结构**。封面信是研究者致被调查者的短信，旨在说明研究者身份、研究的目的和内容、对象选择方法、保密原则，并署名研究机构。封面信位于标题之后，要素明确，语言精练。根据题干"只抽取部分老人参与调查可能会让这些老人不理解"可知，选项 D 正确。

51.【参考答案】C

【解析】本题考查问卷设计。问题按序排列。一般而言，个人背景居首；客观题在前，主观题在后；熟悉、简单、对方感兴趣、封闭式问题置于前面；行为、态度、敏感的问题放在后面。这样有利于被调查者较快进入状态，提高问卷回答的完整度。

52. 【参考答案】D

【解析】本题考查个案研究。个案研究具有如下几个特点：(1) 凸显研究的"对象"维度。个案研究作为一种研究，更多地体现研究的"对象"维度品性，强调研究对象的个别性。题干是对"暖心服务队"进行个案研究，研究对象是"暖心服务队"。故选项C错误。(2) 手段和资料多元化。个案研究旨在全面了解研究对象，研究者可以进行多角度测量，针对多类相关主体，运用多种工作技术（如访问法、观察法、文献法、调查法；横剖研究、纵贯研究），记载多方面资料。(3) 研究步骤不甚严格。可以采用多种研究方法，个案研究难以仅仅参照某种方法的操作步骤进行各项工作。故选项A错误。(4) 资料详尽深入。由于横向研究和纵贯研究均可运用且具体方法较多，个案研究应该比单法所得资料更具广度，也更加详尽。与此同时，由于可以使用历史视角把握生活史及有关文献，且在过程中注重对象的主观感受，因此其资料也比较深入。故选项B错误。上述四个特点可综合印证选项D的正确性。

53. 【参考答案】A

【解析】本题考查老年人合法权益的主要内容及保障方式。老年人权益保障法不仅明确提出了"国家和社会应当采取措施，健全保障老年人权益的各项制度，逐步改善保障老年人生活、健康、安全以及参与社会发展的条件，实现老有所养、老有所医、老有所为、老有所学、老有所乐"的老年人权益保障的目标，而且明确规定国家建立多层次的社会保障体系，逐步提高对老年人的保障水平，建立和完善以居家为基础、社区为依托、机构为支撑的社会养老服务体系。

54. 【参考答案】B

【解析】本题考查最低生活保障标准。《社会救助暂行办法》第十条规定："最低生活保障标准，由省、自治区、直辖市或者设区的市级人民政府按照当地居民生活必需的费用确定、公布，并根据当地经济社会发展水平和物价变动情况适时调整。"

55. 【参考答案】D

【解析】本题考查社会救助政策法规。持有当地常住户口的居民，凡共同生活的家庭成员人均收入低于当地低保标准，且家庭财产状况符合当地人民政府规定条件的，可以申请低保。

56. 【参考答案】B

【解析】本题考查《女职工劳动保护特别规定》。女职工生育享受98天产假，其中产前可以休假15天；难产的，增加产假15天；生育多胞胎的，每多生育1个婴儿，增加产假15天。女职工怀孕未满4个月流产的，享受15天产假；怀孕满4个月流产的，享受42天产假。

57. 【参考答案】B

【解析】 本题考查劳动就业政策法规。对延长工时的限制，劳动法的规定主要有两种：一是人员的限制。对怀孕 7 个月以上或哺乳未满 1 周岁的婴儿的女职工，不得安排延长工作时间。二是延长工时的长度限制。一般每日不得超过 1 小时；因特殊原因需要延长工作时间的，在保障劳动者身体健康的条件下延长工作时间每日不得超过 3 小时，但是每月不得超过 36 小时。

58. 【参考答案】A

【解析】 本题考查村民委员会组织法。应当建立村务监督委员会或者其他形式的村务监督机构，负责民主理财、监督村务公开等制度的落实。其成员由村民会议或者村民代表会议在村民中推选产生，其中应有具备财会、管理知识的人员。

59. 【参考答案】C

【解析】 本题考查社区卫生服务中心房屋建筑面积。业务用房方面，明确提出了满足最低限度需要的建筑面积要求，社区卫生服务中心建筑面积不低于1000 平方米，社区卫生服务站不低于 150 平方米。

60. 【参考答案】C

【解析】 本题考查城镇职工基本医疗保险制度的覆盖范围。乡镇企业及其职工、城镇个体经济组织业主及其从业人员是否参加基本医疗保险，由各省、自治区、直辖市人民政府决定。

二、多项选择题

61. 【参考答案】B D E

【解析】 本题考查社会工作的功能。社会工作对服务对象的功能包括以下几个方面：（1）促进服务对象正常生活。（2）恢复弱化的功能。（3）促进人的发展。（4）促进人与社会环境的相互适应。题干中社工小李介入方法体现了"人在情境中"的基本观点，一方面促进单亲妈妈能力的提升，进而适应社会，故选项 D、E 正确；另一方面链接资源，为单亲妈妈找工作，协助其脱离生活困境，恢复正常生活，故选项 B 正确。

62. 【参考答案】C D E

【解析】 本题考查伦理难题处理的基本原则及步骤。社会工作者应当保护服务对象的隐私。未经服务对象同意或允许，社会工作者不得向第三方透露涉及服务对象个人身份资料和其他可能危害服务对象权益的隐私信息。在特别情况下必须透露有关信息时，社会工作者应向机构或有关部门报告，并告知服务对象有限度公开隐私信息的必要性及采取相关保护措施。如果在紧急情形下必须打破保密原则而来不及提出报告时，社会工作者事后应当提供相关的证据并补办手续，以记录必要的工作程序。阿强吸毒属于违法行为，所以不完全适用于保密原则的要求，故选项 A、B 是错误的；选项 C、D、E 符合伦理难题处理的基本原则，故正确。

63. 【参考答案】B C

【解析】 本题考查社会工作实践中的伦理难题。具体而言，社会工作者面临的伦理困境主要有以下几个方面：（1）保密问题；（2）人情与法制及规定的冲突问题；（3）价值介入与客观性的矛盾；（4）社会工作者的个人利益满足与职业的社会责任之间的冲突；（5）自我决定问题。根据题干可知王奶奶与社工小范是熟人，但小范又是养老机构的社工，应遵守机构的规则，她得知王奶奶违反了机构的规定，陷入"人情与法制及规定的冲突问题"，故选项 C 正确；王奶奶请小范为其违规行为保密，使小范陷入"保密问题"，故选项 B 正确。

64．【参考答案】A B C E

【解析】本题考查人类行为与社会环境的基本关系。人类是在环境之中生活的，同时人又具有能动性。人类行为和社会环境相互影响，二者的关系主要表现在以下几个方面：（1）人们要适应社会环境；（2）社会环境影响个人行为；（3）社会环境和生物遗传共同对人类行为产生影响；（4）人类能够改变社会环境；（5）人类行为与社会环境关系的非平衡性。从人类行为与社会环境的基本关系看，选项 D 的表述是错误的；根据题干可知，小明虽处于不利的成长环境中，但通过自己的努力适应并改善环境，减少不利环境对自己的影响。

65．【参考答案】B D E

【解析】本题考查中年阶段面临的主要问题。中年阶段面临的主要问题包括：早衰综合征、更年期综合征、婚外恋和家庭暴力。根据题干"要跟他离婚"可知选项 B 正确；"经常加班加点，下班后还要喝酒应酬"可知选项 D 正确；"下班后还要喝酒应酬，导致血脂血压都不正常"可知选项 E 正确。

66．【参考答案】B D E

【解析】本题考查服务协议的签订。根据实际情况的需要，服务协议可以是书面的，也可以是口头的。它通常包括 5 个方面的基本内容：一是服务目标；二是服务的内容和采用的方法；三是服务双方应有的权利和义务；四是服务的地点、时间、期限和次数；五是服务双方的签字。

67．【参考答案】A D E

【解析】本题考查开展服务。服务对象对社会工作者疏远可能是因为有了新的需求，社会工作者需要多加关注。对服务对象的态度变化也要运用同理心加以理解。与服务对象分享自己的感受，表达自己的真诚。这些举措都有利于继续开展服务。

68．【参考答案】A B E

【解析】本题考查个案工作专业角色的扮演。使能者即社会工作者运用自身拥有的专业知识和技巧调动服务对象自身的能力和资源，发挥服务对象的潜在能力，促使服务对象发生有效改变。联系人即社会工作者帮助服务对象与拥有资源的服务机构联系，保证服务对象能够获得合适的服务。倡导者即社会工作者利用自己的身份和权力倡议机构实行必要的改革，为缺乏资源的服务对象争取更合理的服务，或者动员服务对象一起争取一些合理的资源和服务。题干中，"激发她自立自强的潜能，鼓励她通过手工编织进行创业"是扮演使能者；"发动志愿者帮助销售产品"是扮演联系人；"动员她积极向当地政府部门争取就业资源"是扮演倡导者。

69.【参考答案】A B C

【解析】本题考查小组工作准备阶段。一般而言，小组工作的准备阶段属于制订计划的阶段，还不是小组组员参与过程的开始。在这个阶段，社会工作者必须精心遴选小组组员，了解他们的问题所在及真实需求，并在此基础上制订具体的工作方案：（1）组员的招募及遴选；（2）确定工作目标；（3）制订工作计划；（4）申报并协调资源；（5）小组的规模与工作时间；（6）活动场地及设施的选择和安排。

70.【参考答案】A C D

【解析】本题考查小组中期转折阶段。根据题干可知，小组处于中期转折阶段。这个阶段社会工作者的工作重点在于，通过专业辅导，协调和处理组员之间的竞争及各种可能的冲突，促进小组内部的良性竞争与和谐，推动小组关系走向紧密化。题干中，黄奶奶拒绝参加小组活动，并说："那是小孩子玩的游戏，好幼稚！"此时社工应先向黄奶奶解释游戏的目的，同时与组员协商，取得共识。

71.【参考答案】A B D E

【解析】本题考查小组活动设计技巧。在设计小组活动时，社会工作者需要综合分析每一名组员的生理、心理、情绪、教育程度等个体性特征，认识和把握组员的社会关系背景及文化背景，了解其以往的成长经历及成长过程中的主要问题。

72.【参考答案】A B D

【解析】本题考查进入社区的方式。社区工作的对象是整个社区，因此社会工作者进入社区之初的首要任务是让社区中的居民、团体和组织认识自己，了解自己的角色和职责，接受自己对社区的介入，与社区建立良好的专业关系。社会工作者可以通过以下几种方式让社区认识自己：(1) 积极参与社区重要活动；(2) 主办社区活动；(3) 积极介入社区事务；(4) 经常出现在社区居民之中；(5) 报道社区活动。

73.【参考答案】B C D

【解析】本题考查认识社区。了解基本情况的方法，可以通过阅读书面资料，也可以通过一些趣味的活动，邀请居民一同来认识社区。在活动的过程中，了解居民对社区的基本认识。社区基本情况包括：（1）社区的地理环境；（2）社区内的人口状况；（3）社区内的资源；（4）社区内的权力结构；（5）社区的文化特色。选项A属于社区问题分析，不属于认识社区，故不选；选项E不是认识社区的方式方法，故不选。

74.【参考答案】A E

【解析】本题考查收集社区资料的技巧。题干中，"去学校向老师了解优抚对象子女在学校的表现"采用了访问法。"运用一些量表评估优抚对象的现状"采用了问卷调查法。

75.【参考答案】A B C E

【解析】本题考查社会服务机构的筹资管理。机构要想从政府、基金会获得经费支持，在项目申请书中要说明以下内容：向政府或基金会申请这笔经费支持的意义，或申请这笔经费（有时是实物）要做什么，其用途要符合社会福利或社会公益目标，符合政府或基金会的资助目标；要说明资助的重要性，即这笔资助对于项目对象的必要性；说明资助额及申请这一数量资助的原因，需要列出较细致的项目预算；要说明怎样使用这笔资助，即怎样将这笔资助运用于机构的服务；要说明使用这笔资助可能达到的预期效果；要说明使用这笔资助的社会交代的方法，即如何向资助者报告资助项目的结果。服务项目不同、资助方不同，项目申请书的写法也略有不同，但上述几个方面是必须说清楚的。

76. 【参考答案】B C

【解析】本题考查社会工作督导的内容。社会工作督导可以通过教育性督导，有效缓解社会工作者压力。具体的工作内容是：（1）教导时间管理技巧；（2）教导沟通技巧；（3）培养价值伦理抉择能力；（4）发展压力管理培训课程。

77. 【参考答案】A C E

【解析】本题考查定量研究与定性研究。小林的研究是定量研究，小王的研究是定性研究。定性研究主要获取描述性的信息，故选项A正确。定量研究注重研究问题的普遍性、代表性及其普遍指导意义，故选项C正确。定性研究不一定要事先设定假设，其理论假设可以在研究过程中逐步形成和完善，其过程发现需要进行抽象的提炼和归纳，因此是一种理论建构，故选项E正确。选项B错在小林采用的是全面调查的方法，不是抽样调查。

78. 【参考答案】B D E

【解析】本题考查问卷设计。进行探索性工作。通过文献回顾、实地考察、访问专家，认识待研究的问题。如研究者希望对失业人士的社会支持进行研究。经过文献回顾，发现这方面的研究成果比较少。在与失业人员的交流中，研究者发现他们的社会支持涉及情感支持、社会交往、实际协助、经济协助、指导、建议等方面，从而就可以设计相应问题。

79. 【参考答案】A C E

【解析】本题考查社会政策的功能。社会政策的社会功能包括以下几个方面：（1）收入再分配功能；（2）社会投资和社会建设功能；（3）社会控制功能。本知识点在2020年教材改版后删除。

80. 【参考答案】B D

【解析】本题考查《中华人民共和国人民调解法》。当事人可以接受人民调解委员会的调解，也可以拒绝调解，在调解活动进行过程中，还可以随时要求终止调解，充分尊重当事人的意愿。故选项A错误。当事人认为无须制作调解协议书的，可以采取口头协议方式，人民调解员应当记录协议内容。故选项C错误。《中华人民共和国人民调解法》第三十三条规定："经人民调解委员会调解达成调解协议后，双方当事人认为有必要的，可以自调解协议生效之日起三十日内共同向人民法院申请司法确认，人民法院应当及时对调解协议进行审查，依法确认调解协议的效力。"故选项E错误。

# 《社会工作综合能力（初级）》
# 2020年真题参考答案与解析

## 一、单项选择题

1.【参考答案】C

【解析】本题考查社会工作含义。"社会工作是指在一定的社会福利制度框架下，根据专业价值观念、运用专业方法帮助有困难的人或群体走出困境、获得发展的职业性服务活动。"题干的关键词是"专业优势"，指的是"专业性"，"专业性"是通过专业理念和专业方法体现出来的。

2.【参考答案】D

【解析】本题考查对社会工作的三种不同理解。普通社会工作：在本职工作之外从事的、不计报酬的服务性或公益性工作。行政性社会工作：指政府部门、企事业单位和群众团体中，那些专门从事职工福利、社会救助的人所从事的助人活动。专业社会工作：由受过社会工作专业训练的人开展的助人活动。选项A属于"普通社会工作"的概念；选项B的"医疗服务"不是社会工作的内容；选项C属于"行政性社会工作"的概念。

3.【参考答案】C

【解析】本题考查社会工作的目标。社会工作的目标包括服务对象、社会和文化三个层面的目标。服务对象层面的目标包括解救危难、缓解困难、激发潜能、促进发展；社会工作在社会层面的核心目标是解决社会问题、促进社会公正。文化层面的目标指的是弘扬人道主义、促进社会团结。选项B、D是社会工作在社会层面的目标，可优先排除。题干的关键词是"增强困境儿童的内在动机"，即强调激发困境儿童的潜能的意思。选项A中"危难"会使服务对象自身生存受到严重威胁，以致生命遭遇危机的状态，题目中未涉及，排除。

4.【参考答案】D

【解析】本题考查社会工作的基本对象。社会工作的基本对象是最需要帮助的人，通常是我们社会中的特殊群体，如孤儿、孤寡老人、残疾人，以及因自然灾害和社会原因而陷入困难境地的人。选项A、B、C都属于社会工作扩展后的服务对象。

5.【参考答案】D

【解析】本题考查社会工作者的角色。直接服务是社会工作者直接为服务对象提供的服务，直接服务角色包括服务提供者、治疗者、支持者、关系协调者、倡导者。本题的服务对象为"宋大爷"，社会工作者小夏为宋大爷开展的服务就是直接服务，选项D

属于关系协调者。选项A、B、C都属于间接的服务。

6. 【参考答案】A

【解析】本题考查社会工作者的角色。治疗者指当某些服务对象发生行为偏离时，社会工作者帮助其发现自己行为的问题、重塑其行为，以及对他们的行为进行矫正，以帮助他们建立正确的行为方式和生活方式。题干的关键词是"压力""失眠"，因此，情绪舒缓是治疗的内容。选项B不属于社会工作的内容，选项C属于资源筹措者，选项D属于倡导者。

7. 【参考答案】C

【解析】本题考查社会工作的主要领域。家庭社会工作是因社会或家庭成员方面的原因使正常的家庭生活陷入困境，而由社会工作者提供支持性服务。夫妻不和、离婚遗弃、家庭暴力、亲子关系紧张等都会影响整个家庭的生活。题干的关键词是"母女之间的紧张关系"，属于家庭社会工作的范畴。

8. 【参考答案】D

【解析】本题考查社会工作专业价值观。专业价值观包括：热忱服务大众、践行社会公正、强调服务对象个人的尊严和价值、注重服务中人与人之间关系的重要性、待人真诚和守信。题干中的"自我反思和换位思考""良好的互动，交流想法，分享感受"体现的都是人与人之间的关系即注重人与人之间关系的重要性，包括设身处地地为他人着想（即换位思考）、建立积极和良性的沟通交流关系、帮助服务对象建立积极的人生观，彼此分享和相互帮助。

9. 【参考答案】D

【解析】本题考查社会工作专业价值观与专业伦理。本题可以使用排除法。选项A错误，价值观是一种对事物的偏好或判断，关注好坏、善恶等基本判断或选择，伦理更关注人类行为的正确与否或行为是否适当。选项B错误，价值观关注的是如何确定标准，伦理关注现实中如何实践价值的标准。选项C错误，价值观与伦理二者紧密联系但又彼此有差异。选项D正确，伦理是操作层面的价值观，是实践中的行为守则。

10. 【参考答案】A

【解析】本题考查社会工作伦理难题处理的一般顺序。处理伦理难题包括以下步骤：(1)认识个案中的伦理问题，包括分析社会工作者自身的价值观、责任和义务。(2)清楚识别任何个人、团体或组织影响伦理决定的境况。(3)正确认识伦理行动的各个过程以及参与其中的人，分析可能存在的利益和风险。(4)深入了解支持或反对作出有关伦理决定的理由。(5)向同事和适当的专家进行咨询。(6)作出伦理决定并记录决定过程。题干的关键词是"首先应做"，故选A。

11. 【参考答案】D

【解析】本题考查社会工作实践中的伦理原则。在社会工作实践中，社会工作者要遵循伦理原则的顺序，作出恰当的伦理抉择。社会工作原则包括保护生命原则、差别平等原则、自由自主原则、最小伤害原则、生命质量原则、隐私保密原则、真诚原则。根据题干,服务对象有暴力伤人的打算,社会工作者得知此事后并没有保密,是因为遵循了"保护生命原则",该原则高于其他所有伦理原则,社会工作者不仅有义务保护受助者的生命,更有义务保护所有人的生命。

12. 【参考答案】A

【解析】本题考查社会工作专业伦理的基本内容。根据题干,要结合社会工作者对服务对象的伦理责任来考虑恰当的做法。社会工作者对服务对象的伦理责任包括以下几点:(1)对服务对象的承诺/负责;(2)自我决定;(3)知情同意;(4)能力;(5)文化敏感性与多样性;(6)隐私和保密性。社会工作者对服务对象负有不可推卸的伦理责任,实践活动必须要以服务对象的利益为出发点,专业服务要体现尊重、保密和公平。

13. 【参考答案】B

【解析】本题考查马斯洛需要层次论。马斯洛认为人有五种基本需要,包括生理需要、安全需要、归属与爱的需要、尊重的需要、自我实现的需要。选项A"生理的需要"指人类维持自身生存的基本需要,包括衣、食、住、行等方面的需要。选项B"安全的需要"指人类要求保障自身安全、摆脱失业和丧失财产的威胁、避免职业病的侵袭、解除严酷监督等方面的需要。选项C"归属的需要"指人有一种归属于群体的感情,希望成为群体中的一员,并相互关心和照顾。选项D"尊重的需要"指人希望自己有稳定的社会地位,要求个人的能力和成就得到社会的承认。题干的关键句是:"生病了没人照顾,万一哪一天摔倒了都没有人发现",体现的是王爷爷对居家安全、人身安全的关注。

14. 【参考答案】A

【解析】本题考查家庭教养模式。家庭教养模式包括娇纵型、支配型、专制型、放任型、冲突型、民主型六种。备选项中,支配型指的是家长过分溺爱与严加管束相结合,一方面是过度保护,包揽生活中的一切;另一方面又期望过高。专制型指的是家长缺少爱心或耐心,管理方式粗暴,家庭亲子关系是一种命令与服从的关系。放任型指的是家长既缺少爱心、耐心,也缺乏责任感,对孩子放任自流。冲突型指的是家庭成员间人际关系紧张、不和谐,家庭气氛失调,价值导向不一致。题干中的关键句是:"母亲对其生活关怀备至,对其学习要求严格",符合支配型家庭教养模式的特点,即在生活方面对子女无微不至,在学习上严加管理,且老师对明明的形容也符合支配型家庭培养的孩子个性心理特征:清高孤傲、既娇且骄。

15. 【参考答案】C

【解析】本题考查同辈群体的特点。同辈群体的特点包括以下几点:(1)平等性。同辈群体成员的年龄、知识、能力等方面比较相近,他们之间的地位是平等的。(2)开放性。同辈群体内部不存在特别严格的规章制度,成员之间的交流和交往在语言、方式、话题等方面都没有限制特定的形式。(3)认同性。同辈群体是个人自由选择结合的结果,群体成员之间的交往是在自然随意的过程中进行的,成员之间相互依赖,对群体有较高的心理归属感和较强的认同性。(4)独特性。每个同辈群体都有自己独特的亚文化，这种群体的亚文化为群体成员提供了新的价值标准和行为方式。群体成员在语言、服饰、行为方式，甚至发型等方面都体现出自己的独特性。本题关键词是"关系也越来越亲密"，体现青少年之间的交往是在随意自然的过程中进行的，成员之间相互依赖，对群体有较高的心理归属感和较强的认同感。

16.【参考答案】C

【解析】本题考查考生对人类行为与社会环境的基本关系的理解。人类行为和社会环境相互影响，二者的关系主要表现在以下几个方面：（1）人们要适应社会环境；（2）社会环境影响个人行为；（3）社会环境和生物遗传共同对人类行为产生影响；（4）人类能够改变社会环境；（5）人类行为与社会环境关系的非平衡性。本题考查的是社会环境对人类行为的影响的角度，题干阐述了小李"为了尽快适应新的工作岗位"，发挥主观能动性，作出的一系列个人努力，选项C正确。选项A、B题干中没有提及，选项D是人类行为对环境的影响，均排除。

17.【参考答案】A

【解析】本题考查学龄阶段的校园欺凌的问题。校园欺凌是在学校内发生的儿童间的暴力、攻击行为。欺凌对儿童的身心健康和学习均产生不良影响。社会工作者针对校园欺凌问题可以在不同层面进行干预工作。一是针对学校进行干预工作。如推动校园文化建设、制定惩戒制度和措施；加强校园安全监控，推动成立包括学校、学生及家长在内的委员会，强化家校联络与沟通，及时发现欺凌行为并实施干预，指导教师在班级定期开展反欺凌行为的教育活动。二是针对受欺凌者、欺凌者和旁观者开展的个体干预，社会工作者应对欺凌的原因、特点和后果进行评估与诊断，制订可行性的干预方案。可采用个案咨询、小组活动的方法，结合角色扮演、情景模拟等方式，培养受欺凌儿童的自信与正确的社交技能，提高自我保护能力；纠正欺凌者的攻击行为；鼓励旁观者给予必要的帮助等。三是针对家庭开展干预工作。对父母进行教育和培训，提高父母的认识水平；改善亲子关系，纠正不当的教养方式；减少家庭中暴力行为的出现，为儿童树立行为榜样；要求父母对儿童的欺凌行为进行监督，配合学校和社会工作者开展活动等。根据题干，从个体层面开展的工作即是针对受欺凌者、欺凌者和旁观者开展的个体干预，故选项A正确。选项B、C属于针对学校进行干预的工作，选项D属于针对家庭开展的干预工作。

18.【参考答案】D

【解析】本题考查心理社会治疗模式的治疗技巧。直接治疗技巧是指直接对服务对象进行辅导、治疗的具体方法，包括反思性治疗技巧和非反思性治疗技巧；间接治疗技巧是指通过辅导第三方或者改善环境影响服务对象的具体方法。本题中社会工作者"先与小亮妈妈进行交流"，可知属于间接服务技巧，可优先排除选项A、B。"直接影响"是社会工作者通过表达自己的态度和意见促使服务对象发生改变，如社会工作者直接表达自己不同的看法、直接指出服务对象某种行为可能带来的不良后果等，都属于直接影响技巧，题干中，社会工作者是"分享了自己帮助女儿缓解压力的心得"，而不是"直接影响",排除选项C。

19. **【参考答案】** A

   **【解析】** 本题考查危机介入模式的特点。根据危机介入模式的特点,社会工作者首先应该"迅速了解服务对象的主要问题",其次"快速作出危险性判断",再次"有效稳定服务对象的情绪",最后"积极协助服务对象有效解决当前问题"。

20. **【参考答案】** A

   **【解析】** 本题考查个案工作的申请与接案阶段工作。一个求助对象找到社会工作者,作为社会工作者首先要做到的是专注聆听服务对象的需要,初步评估求助对象的问题,与有需要的求助对象协商,看他是否愿意成为自己的服务对象,并且与服务对象建立专业合作关系。

21. **【参考答案】** D

   **【解析】** 本题考查申请与接案阶段专业关系的建立。在与服务对象初次接触时,社会工作者要对于那些立即需要帮助而本机构或者社会工作者无法给予及时必要帮助的服务对象提供转介服务,即通过一些必要的手续把服务对象介绍给其他能够给予及时必要帮助的服务机构或者其他社会工作者。本题中,老齐是"社区社会工作者",小兵的问题是"吸毒",因而需要转介给专业的"禁毒社会工作者"进行介入。

22. **【参考答案】** B

   **【解析】** 本题考查服务对象问题的评估。社会工作者需要从横向和纵向两个方面进行分析:横向就是分析服务对象问题形成的影响因素,涉及生理、心理和社会3个不同层面;纵向就是分析服务对象问题发展变化的过程,包括服务对象的问题从什么时候开始的,其中经历了哪些重要的影响事件以及服务对象曾经做过什么样的努力等。选项B"就学历程"就是时间上的过程分析,属于纵向分析;选项A、C、D均属于横向分析。

23. **【参考答案】** B

   **【解析】** 本题考查个案工作中收集资料的技巧。收集资料的技巧包括以下几种:(1)会谈的运用。会谈包括自我陈述、对答方式。(2)调查表的运用。根据调查问题的安排方式,可以把调查表分为两种:结构式调查表和非结构式调查表。(3)观察的运用。对于那些涉及人与人之间互动交流或者与个人生活场景紧密关联的资料,最好采用观察的方法,因为对这些资料把握依赖个人的观察、推断和理解。根据参与的方式,可以把观察分为参与观察和非参与观察。(4)现有资料的运用。根据资料呈现的方式,可以把这些现成的资料分为文献记录和实物两类。本题中,社会工作者在帮助王先生时,采用"引导他说出了自己的成长过程及压力感受、与家人的关系以及对未来的期望"的方法,属于自我陈述。"自我陈述"是指针对服务对象个人的经历和内心的感受,社会工作者可以采取由服务对象自我陈述的方式,允许服务对象按照自己喜欢的方式讲述自己的故事和情况。这样,就能够把服务对象的内心感受和主观经验充分呈现出来。

24. **【参考答案】** C

   **【解析】** 本题考查个案工作中会谈常用技巧中的支持性技巧。选项A"专注"指社会工作者借助友好的视线接触、开放的姿势以及专心的态度关注服务对象的表达。选项B"倾听"指社会工作者用心聆听服务对象传达的信息，理解服务对象的感受。选项C"鼓励"指社会工作者运用口头语言和身体语言的方式肯定服务对象的一些积极表现。选项D"同理心"指社会工作者设身处地体会服务对象的内心感受，理解服务对象的想法和要求。题干中，小吴"握着李奶奶的手"，说"您放心，有什么都可以跟我说"，属于鼓励的内容。

25. 【参考答案】C

【解析】本题考查个案工作的会谈常用技巧。个案工作的会谈常用技巧包括支持性技巧、引导性技巧和影响性技巧。引导性技巧包括澄清、对焦、摘要。选项A"澄清"指社会工作者引导服务对象重新整理模糊不清的经验和感受。选项B"对焦"指社会工作者对服务对象偏离的话题或宽泛的讨论收窄，集中讨论的焦点。选项D"摘要"指社会工作者将服务对象的长段谈话或者不同部分的话题进行整理，概括和归纳其中的要点。选项C"对质"属于影响性技巧，指社会工作者通过直接提问等方式让服务对象面对自己在行为、情感和认识等方面不一致的地方。题干中，社会工作者指出服务对象"你的想法和行动是不是不太一样啊？"属于对质技巧。

26. 【参考答案】A

【解析】本题考查小组工作的类型。小组工作有多种类型，教育小组通过帮助小组组员学习新知识、新方法，或补充相关知识，促使成员改变其原来对于自己的问题的不正确看法及解决方式，从而实现小组组员的发展目标。成长小组旨在帮助组员了解、认识和探索自己，从而最大限度地运用自己的内在及外在资源，充分发挥自己的潜能，解决所存在的问题并促进个人正常健康地发展。支持小组一般是由具有某一共同性问题的小组组员组成的。通过小组组员彼此之间提供信息、建议、鼓励和情感支持，达到解决某一问题和成员改变的效果。治疗小组的组员一般来自那些不适应社会环境，或其社会关系网络断裂破损而导致其行为出现问题的人群。通过小组工作的活动过程，帮助小组组员了解自己的问题及其背后的社会原因，利用小组的经验交流和分享，辅以一定的资源整合或社会支持网络，以达到对小组组员的心理和社会行为问题的治疗，从而改变小组组员的行为，重塑其人格，开发其潜能，促使其成为健康、健全的社会人。根据题干中"鼻咽癌患者""病友分享自己生病前后的经历和感悟""鼓励大家重拾信心"这些关键词句来判断，应选A。

27. 【参考答案】C

【解析】本题考查小组工作的模式。选项A"互动模式"旨在通过组员之间、组员与小组及社会环境之间、小组与社会环境的互动关系，促使组员在小组这个共同体的相互依存中得到成长，增强组员的社会功能，提升其发展能力。选项B"治疗模式"的服务对象通常是有较严重的情绪问题、行为障碍、人格问题、精神异常或有社会偏差行为的人。选项C"发展模式"旨在解决和预防服务对象社会功能的衰减问题、恢复和发展服务对象的社会功能，重视的是组员个人潜力的发掘与发挥而不是治疗性辅导，应用范围极其广泛,如各种困难人群、面临危机的人群以及寻求更大自我发展的人群等。选项D"社会目标模式"关注社会责任和社会变迁,强调培养公民的社会责任、社会参与和社会行动的能力。题干中,社会工作者针对退役军人,"激发组员的主观能动性,鼓励相互支持,规划事业发展方向",符合发展模式的要求。

28. 【参考答案】D

【解析】本题考查小组工作过程的转折阶段。该阶段是组员关系走向紧密化的时期,也是小组内部权力竞争、冲突开始的阶段。社会工作者的工作重点在于通过专业辅导,协调和处理组员之间的竞争和各种可能的冲突。故选项D符合。选项A、B属于小组结束阶段,选项C属于小组开始阶段。

29. 【参考答案】B

【解析】本题考查小组工作过程的开始阶段。小组工作的开始阶段,重点在于帮助小组组员之间建立信任关系。因此,社会工作者应重点做好六项工作:协助小组组员彼此认识以消除陌生感;帮助小组组员厘清对小组的期望,提高他们对小组目标的认识;讨论保密原则和建立契约;制定小组规范;营造信任的小组气氛;形成相对稳定的小组关系结构。题干中,社会工作者组织组员制定"小组中应遵守的规则",属于小组开始阶段的建立契约。

30. 【参考答案】C

【解析】本题考查小组结束阶段社会工作者的任务。该阶段,社会工作者要处理组员的离别情绪与感受,还要协助组员保持小组经验,即帮助组员保持已经改变了的行为,并在日常生活中运用在小组中获得的成长经验。本题中,面临分别,组员间依依不舍,产生悲伤和失落感。社会工作者应协助服务对象表达情绪,巩固之前小组活动中获得的成果,鼓励和肯定组员,让她们对离开小组后的生活充满信心,故选C。

31. 【参考答案】D

【解析】本题考查评估资料收集中的小组记录方式。小组记录:记录小组每次聚会的活动过程。记录方式有过程式记录、摘要式记录、问题导向记录、录音和录像等。过程式记录是叙事性的,一步步将小组的发展情况记录下来,可以帮助社会工作者分析小组运作的整个过程。摘要式记录的焦点在于小组中的重要事件,可以由社会工作者填写,或由组员记录,也可以每次小组活动后以一些开放式问题让组员填答。问题导向记录是一种焦点非常清楚的记录,它针对某个问题,对将探讨的问题、要达到的目标界定清楚,资料的收集与此密切相关。录音和录像是记录小组过程、组员表现和社会工作者表现的重要资料。选项A属于录音录像,选项B属于过程式记录,选项C属于问题导向记录,选项D符合摘要式记录的要求。

32. 【参考答案】B

【解析】本题考查小组工作技巧中的沟通与互动技巧。"适当自我表露"是指社会工作者可以有选择地将亲身的经历、体会、态度和感受向组员坦白,向组员传递真诚,让组员感受到社会工作者的信任。选项B符合题干要求,选项A属于提问的技巧,选项C

属于鼓励的技巧，选项 D 属于及时进行小结的技巧。

33．【参考答案】B

【解析】本题考查小组工作的评估类型。没有"内容评估"的说法，排除选项 A。选项 B"过程评估"又称形成性评估，指的是对小组的整个过程进行全程评估。评估的内容包括：组员的表现评估、社会工作者的表现和技巧评估等。通过这类评估，可以发现小组中组员的变化情况，社会工作者的工作技巧，以及哪些因素导致了组员的积极变化，哪些因素导致了组员的负面变化等。选项 C"成效评估"强调成员的改变程度，社会工作者会设计一些问卷或量表，让组员根据自己的改变状况，评估小组的效果。选项 D"需求评估"是指社会工作者在小组筹备阶段对小组的需求进行正确评估。本题中，社会工作者"洞察组员在小组中的成长变化，反思社会工作者在历奇辅导中的表现和技巧"，属于过程评估的内容。

34．【参考答案】A

【解析】本题考查地区发展模式的实施策略。地区发展模式较多地在一些新建的居民区开展，社会工作者要协助居民了解社区，解决居民对社区资源不熟悉、对社区认同感不强的问题。可以通过绘制社区地图、印发宣传单等方式，向居民发放社会服务资料，告知社区资源的分布，同时可以通过一些小组课程，告知居民如何运用社会资源来改善生活。选项 A 符合"帮助居民了解社区"的做法。

35．【参考答案】D

【解析】本题考查社会策划模式的实施策略。社会策划模式的实施策略强调完整地执行一个策划过程，具体为以下步骤：（1）了解组织的使命和目标；（2）分析环境和形势；（3）自我评估；（4）界定和分析问题；（5）确定需要；（6）建立目标和达到目标的标准；（7）列出、比较并选择可行方案；（8）测试方案；（9）执行方案；（10）评估结果。选项 A 属于步骤（3），选项 B 属于步骤（4），选项 C 属于步骤（2），选项 D 属于步骤（1），题干的关键词是"首次开展"，故选 D。

36．【参考答案】B

【解析】本题考查社区照顾模式的特点和社会工作者角色。社区照顾模式的特点包括协助服务对象融入社区、强调社区责任、倡导建立相互关怀的社区。社会工作者承担倡议者角色，要求社会工作者为较为特殊的服务对象倡议和争取合适的服务。本题中，社区居民对孤独症患者不了解，担忧"孤独症患者在小区附近出入，会给居民尤其是儿童带来安全隐患"，因此该社会工作服务机构对应的策略是加强宣传倡导，并强调社区责任。

37．【参考答案】C

【解析】本题考查社区问题分析。选项 A"探寻问题起源"是指社会工作者需要找出导致社区问题产生、蔓延和加剧的原因。选项 B"界定问题"是指对问题进行界定，以明确问题的性质，为解决问题提供方向。选项 C"明确问题范围"是弄清楚问题的范围，以判断问题的大小和严重程度。选项 D"描述问题"是认识问题的起点，意在弄清问题的表现或者问题的症状。本题中，小杨引导"对该问题的大小和严重程度进行讨论"是问题范围的内容。

38.【参考答案】D

【解析】本题考查社区工作的过程目标和任务目标。"任务目标"是指解决一些特定的社区问题，包括完成一项具体的工作，满足社区需要，达到一定的社会福利目标等，如修桥铺路、安置无家可归者等。"过程目标"是指培养社区居民的一般能力，包括建立社区内不同群体的合作关系，发现和培育社区骨干参与社区事务，加强对公民权利和义务的了解，从而达到增强解决社区问题的能力、信心和技巧。故选项A、B错误，排除。地区发展模式更注重过程目标，选项C错误，故选D。

39.【参考答案】A

【解析】本题考查社区工作的会议技巧。选项A"转述"是指社会工作者用自己的话将发言者所说意见的主要内容精简地表达出来。选项B"引导"是指用某种方式暗示讨论的方向，提示讨论的重点，或再次强调讨论的程序。选项C"关注"指可以通过积极的态度、语言、肢体动作、目光接触等表示对发言者的关注。选项D"鼓励"指会议中要采用积极的态度和语言，鼓励与会者多发言，也可以直接赞扬发言者，或可以不时地略微点头示意表示对发言者的鼓励和支持。

40.【参考答案】C

【解析】本题考查社区工作的成果评估。"成果评估"主要是考查工作的成果在多大程度上实现了预定的目标。具体而言，成果评估应该回答：工作取得了哪些成果？这些成果是否达到了预期的目标？工作的成果是否由于工作之外的因素而达到？工作是否带来了预期之外的成果？选项A、B属于过程评估，选项D属于效益评估，故选C。

41.【参考答案】C

【解析】本题考查社会服务方案策划的目标制定阶段。方案策划者根据已经确定的"明确的问题"，建立目标的优先次序，其重点是考虑可拥有和可动员的资源。资源主要包括环境因素和情境状态，还有人力、财力、物力配置等。另外，还要思考以下因素：服务对象的发展阶段与特点、机构的目标、问题的急迫程度、社会正义等。本题中，社会工作者需要解决停车难的问题，题干中问的是"优先考虑的目标"，所以首先我们要选的是一个"目标"，选项A是策划方案的内容，要在订立目标之后，排除。选项B也是一个做法，目标通常不会这样表述。选项C、D是目标的表述方式，对比选C，因为我们要解决的是"停车难"的问题。此题存在争议，争议选项是B，选项B的做法是对的，但是不符合题干中的"目标"。

42.【参考答案】A

【解析】本题考查社会服务方案策划的概念。用系统概念来表达，社会服务方案策划就是：输入—方案执行过程—输出—效果。本题中，小董运用"'问题认识工作表'，了解和评估养老机构内老年人的主要问题"，属于输入的内容。

43.【参考答案】D

【解析】本题考查社会服务机构的一般结构类型。选项A"直线式"是指组织由上而下分成若干层级，各层级中每一个部门地位相等、权责相符，层级间只有直线和垂直关系。选项B社会服务机构结构没有"事业部制"这一说法。选项C"职能式"是职能部门在特定工作范围内，可以对其他管理人员下达命令的结构。选项D"直线参谋式"是指组织层级之间存在着水平和垂直关系，而参谋作为专家有责任来协调直线部门的管理者。本题中，机构发展研究中心"定期向机构理事会提交研究报告，为机构决策提供参考依据"，就是在扮演参谋的角色。

44.【参考答案】B

【解析】本题考查志愿者管理过程的工作发展与设计阶段。有效的志愿者管理应该依循8个步骤：需要评估与方案规划、工作发展与设计、招募、面谈与签约、迎新说明与训练、督导与激励、奖励表扬、评估。其中，工作发展与设计的重要任务是撰写"志愿者工作说明书"，帮助志愿者了解工作任务、工作需要的技能、需要完成的工作成果等；也可以帮助社会服务机构规范志愿者的工作责任和权利，并作为评估志愿者服务成效和机构志愿者服务管理成效的依据。选项A属于"需要评估与方案规划"，选项C是无关项，选项D属于"奖励表扬"。符合题意的是选项B。

45.【参考答案】A

【解析】本题考查社会服务机构的资金来源。社会服务机构的主要资金来源有三大类：政府资助、社会捐助和商业交易。其中，政府的资助方式一般通过购买服务和奖励来实现。选项A"政府购买服务"是由政府和社会服务机构订立购买服务的契约，政府要求社会服务机构提供其制定的公共服务或社会福利服务。选项B"以奖代补"属于政府资助的一种方式。选项C"特别事件筹资"是社会服务机构通过对特殊事件的服务，引起社会大众对机构和相关事件的关注。选项D"社会捐助"是指来自个人、企业、基金会的慈善捐款。题干的关键词是"本地民政局"，代表政府。

46.【参考答案】D

【解析】本题考查督导的类型。选项A"师徒式督导"是督导者扮演师傅的角色，提供教育训练，强调学习过程，被督导者承担更多责任。选项B"训练式督导"强调学习过程，被督导者扮演学生或受教育者的角色；但在专业方面，督导者承担更多责任。选项C"管理式督导"中督导者是被督导者的上级或主管。强调实务工作的完成及其服务质量，聚焦于某些特殊议题，督导者承担更多责任。选项D"咨询式督导"中督导者与被督导者及其工作没有直接关系和责任，是纯粹咨询角色。被督导者承担更多责任，主动寻求帮助与支持。题干中建立"微信交流群，并邀请资深社会工作者督导，为遇到问题并寻求帮助的社区工作者提供支持"，符合咨询式督导类型，故选D。

47.【参考答案】A

【解析】本题考查社会工作督导的内容。社会工作督导包含行政性督导、教育性督导和支持性督导。题干中，小邱因受到李奶奶"原本已平复的情绪再次跌入低谷"的影响，而感到"非常沮丧"。小邱的督导者首先应该提供支持性督导服务，为小邱疏导情绪。支持性督导的"疏导情绪"工作内容要求：督导者协助被督导者适应和处理服务过程中所产生的挫折、不满、失望、焦虑等情绪。

48.【参考答案】B

【解析】本题考查定量研究的特点。定量研究是在严格研究设计的基础上，采用定量测量手段收集资料，并对此统计分析。定量研究以实证主义为方法论基础，研究者被视为外人，有严格的研究设计，主要是收集和分析量化的资料、可操作的变量和统计数据，适用于研究问题已有大量资料、资料收集相对容易、需要探讨变量关系、宏观层面的大规模的调查与预测等场合。选项A、C、D为定性研究的特点，故选B。

49.【参考答案】A

【解析】本题考查问卷封面信的内容。问卷有一定的内容结构：标题、封面信、指导语、问题和答案、编码及其他。其中，封面信旨在说明调查者的身份、研究目的和内容、对象选择方法、保密原则，并注明研究机构。题干中"不记名"说明是对被调查者保护隐私。

50.【参考答案】C

【解析】本题考查问卷设计。在排序问题上，一般而言，被访者熟悉或感兴趣、简单的、封闭的问题置于前面，行为、态度、背景、敏感的问题放在后面。

51.【参考答案】B

【解析】本题考查线上调查。比较复杂的问题适合采用面对面的访谈，线上调查不适合复杂的问题。儿童的文化知识水平有限，故采用线上调查不合适。线上调查与服务对象无接触，调查者不知道问卷填写者的情况，故无法保证调查结果的准确性。排除选项A、C、D，故选B。

52.【参考答案】B

【解析】本题考查社会工作研究的一般过程。访谈属于定性研究，定性研究包含研究准备、资料收集、整理与分析、总结应用等阶段。题干中对资料"分类、归纳，将访谈资料系统化，并编码"，都属于整理资料的活动，故选B。

53.【参考答案】A

【解析】本题考查老年人合法权益保障。根据老年人权益保障法，国家建立多层次的社会保障体系，逐步提高对老年人的保障水平，建立和完善以居家为基础、社区为依托、机构为支撑的社会养老服务体系。

54.【参考答案】D

【解析】本题考查妇女婚姻家庭权益保障。妇女权益保障法在婚姻家庭权益层面上规定，父母双方对未成年子女享有平等的监护权。父亲死亡、丧失行为能力或者有其他情形不能担任未成年子女的监护人的，母亲的监护权任何人不得干涉。

55.【参考答案】D

【解析】本题考查劳动关系相关规定中的工作时间规定。根据《中华人民共和国劳动法》和《女职工劳动保护特别规定》，用人单位不得安排处于经期、孕期和哺乳期的女职工从事禁忌劳动范围内的工作。对怀孕 7 个月以上的女职工，不得延长劳动时间或者安排夜班劳动，并应当在劳动时间内安排一定的休息时间。

56．【参考答案】B

【解析】本题考查家庭暴力与虐待的救助。根据反家庭暴力法，当事人因遭受家庭暴力或者面临家庭暴力的现实危险，向人民法院申请"人身安全保护令"的，人民法院应当受理。人民法院受理申请后，应当在七十二小时内作出人身安全保护令或者驳回申请；情况紧急的，应当在二十四小时内作出。

57．【参考答案】B

【解析】本题考查收养制度。"父母优先原则"是收养法确定的收养准则，是指配偶一方死亡，另一方送养未成年子女的，死亡一方的父母有优先抚养的权利。

58．【参考答案】C

【解析】本题考查城乡居民最低生活保障制。《最低生活保障审核审批办法（试行）》第七条规定："家庭收入是指共同生活的家庭成员在规定期限内的全部可支配收入。"

59．【参考答案】B

【解析】本题考查流浪乞讨人员救助。根据《社会救助暂行办法》，公安机关和其他有关行政机关的工作人员在执行公务时发现流浪、乞讨人员的，应当告知其向救助管理机构求助。对其中的残疾人、未成年人、老年人和行动不便的其他人员，应当引导、护送到救助管理机构；对突发急病人员，应当立即通知急救机构进行救治。根据题干，小强是有认知障碍的未成年流浪乞讨人员，故选B。

60．【参考答案】D

【解析】本题考查司法救助的救助标准。根据《关于建立完善国家司法救助制度的意见（试行）》，各市、县应根据当地经济社会发展水平制定具体救助标准，以案件管辖地上一年度职工月平均工资为基准，一般在 36 个月的工资总额之内。

## 二、多项选择题

61．【参考答案】A C E

【解析】本题考查社会工作的主要领域。题干的关键词是"社区残障老年人""组织社区志愿者"，涉及残疾人社会工作、社区社会工作和老年社会工作的内容。

62．【参考答案】A D

【解析】本题考查社会工作实践中的价值观。选项 A "回应需要"要求社会工作者真诚地对待服务对象的问题和需要，及时回应他们，并通过专业服务来满足服务对象的需要。题干中小陆"最终满足了老人的心愿"，选项 A 符合。选项 B "个别化"是指社会工作者充分考虑服务对象的年龄、性别、文化背景、社会地位等提供针对性服务，不符合题意。选项 C "最小伤害"是指社工要尽力保护服务对象的利益不受到侵害，不符合题意。选项 D "接纳和尊重"是指针对服务对象的不同问题和需求，社会工作者要善于倾听、理解、回应，与服务对象一起寻找恰当的解决问题的策略和方法。题干中，通过"召开了家庭会议"沟通的方式，体现了接纳和尊重，选项 D 符合。选项 E 属于社会层面，不符合题意。

63.【参考答案】A C E

【解析】本题考查社会工作实践中的伦理决定。题干中社会工作者面临的是"隐私保密原则"，即社会工作者在提供服务的各个环节，始终遵守保护受助者个人隐私和有关信息的承诺，绝不能轻易泄露服务对象的私人信息以及同服务相关的隐私信息。选项 A 中"督导者"是指导社会工作者工作的，可以向督导者咨询，但是"向机构同事说明"是违反保密原则的做法，故选项 A 正确，选项 D 错误。选项 B 与社会工作价值观相违背，排除。选项 C、E 均正确。

64.【参考答案】B C D E

【解析】本题考查学龄前阶段面临的攻击行为问题。攻击行为是指个体因为欲望得不到满足而采取有害他人、毁坏物品的行为。学龄前儿童攻击行为常表现为打人、骂人、推人、踢人、抢别人东西（或玩具）等。攻击行为一般在 3~6 岁时出现第一个高峰，10~11 岁时出现第二个高峰。攻击方式分为暴力攻击和语言攻击两大类，男孩以暴力攻击居多，女孩以语言攻击居多。儿童攻击行为的产生有生理、家庭和社会环境等方面的原因。

65.【参考答案】C D E

【解析】本题考查中年阶段面临的主要问题。中年阶段面临的主要问题包括：早衰综合征、更年期综合征、婚外恋、家庭暴力等。选项 A 为无关项，排除。题干中，丈夫大发雷霆并不是因为"更年期"，而是因为"重男轻女"的思想，排除选项 B。"全家生活来源都依靠丈夫的工资"体现了家庭负担重，"整日担惊受怕"体现了身心压力大，选项 C 符合。丈夫对阿美"破口大骂"属于家庭暴力中的语言暴力，选项 D 符合。阿美"担惊受怕，情绪也很不稳定，感到非常无助"，遭遇情绪困扰，选项 E 符合。

66.【参考答案】B C E

【解析】本题考查个案工作开展服务阶段的社会工作专业角色。"治疗者"是指社会工作者运用专业方法与技巧消除或减轻服务对象的困扰，专注于问题的消除。"联系人"是指社会工作者帮助服务对象与拥有资源的服务机构联系，保证服务对象能够获得合适的服务。"教育者"是指社会工作者指导服务对象学习处理问题的新知识、新方法，改变原来的行为方式。"管理者"是指社会工作者对社会工作过程的有效控制，对资源、信息的协调、安排和管理。"使能者"是指社会工作者运用自身拥有的专业知识和技巧调动服务对象自身的能力资源，发挥服务对象的潜在能力，促使服务对象发生有效改变。题干中，社会工作者小宋安排梁女士学习夫妻沟通技巧、指导其丈夫督促她按时服药，是教育者，选项 C 正确；联络社区精神卫生服务站，是联系人，选项 B 正确；鼓励梁女士参加社区活动，是使能者，选项 E 正确。

67.【参考答案】B C D

【解析】本题考查个案工作会谈技巧的影响性技巧。影响性技巧是指社会工作者为服务对象提供必要的信息或者建议，让服务对象采取不同的理解和解决方法的一系列技巧，主要包括：提供信息（社会工作者借助自己的专业知识和经验向服务对象提供必要的知识和技巧）、自我披露（社会工作者有选择地袒露自己的亲身经历或者处理事情的方法，为服务对象提供参考）、建议（社会工作者根据服务对象的具体情况提出有利于服务对象改善生活状况的建设性意见）、忠告（社会工作者向服务对象指出某些行为的危害性或者必须采取的行为）、对质（社会工作者通过直接提问等方式让服务对象面对自己在行为、情感和认识等方面不一致的地方）。选项 A 是"澄清"，属于引导性技巧；选项 B 是"提供信息"，选项 C 是"建议"，选项 D 是"忠告"；选项 E 是"同理心"，属于支持性技巧。

68.【参考答案】B D E

【解析】本题考查个案工作的申请与接案阶段。该阶段包括求助者的服务申请、接案和专业关系建立 3 个步骤。对于前来寻求帮助的人，社会工作者首先需要了解他们的愿望，用心倾听诉求，进行一个简单的评估，确定是否需要立刻给予必要的帮助，可采用书面或口头形式确认服务申请。在接案过程中，社会工作者通常面临三个基本任务：鼓励求助对象积极面对改变、明确求助对象的改变要求和确认求助对象的身份。对于服务对象不切实际的要求，社会工作者要给予必要的说明和解释，让求助者正确了解机构的服务内容和范围。专业关系建立的成功与否直接影响服务对象进一步寻求服务机构帮助的信心和动力，社会工作者与服务对象在初次沟通协商过程中要专注聆听服务对象的困扰，注意运用简洁明了的语句来表达自己的同理和接纳，充分尊重求助对象自己的意见。选项 A、C 属于预估与问题分析阶段。

69.【参考答案】A B C

【解析】本题考查互动模式的实施原则。互动模式的实施原则包括：开放性原则（促使组员之间、组员与小组和社会系统之间达到开放，实现良性互动）、平等性原则（在小组中养成平等关系）、"面对面"原则（面对面地沟通、协商、讨论），题干中的三个主题分别回应这三个原则，对应选项 A、B、C。无建构性原则的说法，选项 D 属于无关项；选项 E "使能者"原则属于发展模式，故排除。

70.【参考答案】A B

【解析】本题考查主持小组讨论的限制性技巧。当一些小组组员垄断小组讨论时，或当组员的发言太抽象时，或当小组讨论脱离主题范围时，社会工作者要采取限制的手段来处理小组或小组组员的行为。这里的限制手段包括社会工作者用"是不是"等提问其他善于发言的组员或者其他未发言的组员；及时切断话题，给予适时的打岔；限定发言的时间；调整发言的次序。故 A、B 选项正确。选项 C 属于主持小组讨论的提问技巧，选项 D 属于主持小组讨论的了解技巧，选项 E 是主持小组讨论的开场技巧，均排除。

71.【参考答案】B E

【解析】本题考查小组准备阶段的组员招募与遴选任务。社会工作者通过个别会面或考察的形式，对组员进行必要遴选与评估，要求主要有：（1）共同或相似的问题，或有共同的兴趣或愿望；（2）年龄与性别（如果有此要求的话）；（3）文化水平及对某些问题的认识；（4）家庭状况；（5）职业状况；（6）对参加小组的要求。题干中，本小组对组员的要求是同时满足"初次手术""存在紧张和忧虑情绪""乳腺癌病友"3个要件。选项A不符合"初次手术"，选项C不符合"存在紧张和忧虑情绪"，选项D不符合"乳腺癌病友"，均排除。

72．【参考答案】Ａ Ｂ Ｄ

【解析】本题考查进入社区阶段的工作任务。（1）社会工作者在进入社区之前必须对自己的工作有所了解，包括：①了解自己所任职的机构；②了解机构的分工和自己的工作内容；③认识同事。（2）社工可以通过以下活动来让社区认识自己：①积极参与社区的重要活动；②主办社区活动；③积极介入社区事务；④经常出现在社区居民之中；⑤报道社区活动。选项C属于实施社区工作计划阶段任务，选项E属于制订社区工作计划阶段任务。

73．【参考答案】Ａ Ｂ Ｄ Ｅ

【解析】本题考查建立和发展社区组织阶段。管理社区组织主要关注以下几个方面：（1）服务规划；（2）行销管理；（3）财务管理；（4）人力资源管理；（5）研究与发展。研究与发展包括服务方案的评估、新服务方案的开发、组织的评估、适应和引领组织变迁等。

74．【参考答案】Ａ Ｂ Ｃ Ｅ

【解析】本题考查社区工作的主持会议技巧。题干中，要求社会工作者为了让王阿姨"感到自己的发言受到重视，同时也激励更多居民发言"，社会工作者要使用"关注、赞扬和鼓励技巧"，即采取积极的态度和语言，鼓励与会者发言，让他们感觉提出的意见受到重视，可以通过身体前倾、目光接触、略微点头示意等表示关注，可以直接赞扬发言者，如"您的意见很好""您所说的对我们很有启发""您提醒了我们没注意到的地方"等。选项D属于主持会议的邀请和提问发言技巧。

75．【参考答案】Ａ Ｂ Ｄ

【解析】本题考查社会服务方案策划的目标制定阶段。方案策划者根据已经确定的"明确的问题"，建立目标的优先次序，其重点是考虑可拥有和可动员的资源。资源主要包括环境因素和情境状态，还有人力、财力、物力配置等。另外，还要思考以下因素：服务对象的发展阶段与特点、机构的目标、问题的急迫程度、社会正义等。选项C属于方案安排阶段，排除；题干中的服务对象是"失智老人照顾者"，选项E错误。

76．【参考答案】Ｂ Ｄ

【解析】本题考查项目结束阶段任务。可结合教材中社会工作行政一般程序的"评估总结"环节、社会服务方案的策划步骤和方法的"服务评估"环节进行理解。项目评估要进行本体评估，即评价项目的投入、活动、产出、结果和成效，发现结果的质量和效率，反思项目过程及其不足的原因。方案的评估一般采用过程评估和效果评估。过程评估关注方案进行过程中服务对象和人数的变化，服务方案中必须完成的主要工作项目的完成情况、资源使用情况、经费支出情况、是否按照预定的日期进行。效果评估主要测量的是方案实施后所产生的效果，包括目标实现程度和服务对象的改变程度，对应选项B、D。选项A属于项目筹备阶段，选项C属于项目实施过程阶段，选项E属于项目计划阶段。

77．【参考答案】B C

【解析】本题考查定量研究与定性研究的特点。定量研究与定性研究存在不少区别，但是两者并非截然对立的，而是相互依存、相互渗透和相互补充的，排除选项A；定量研究的研究假设需要根据理论事先设定，定性研究不一定事先设定假设，其理论假设可以在研究过程中逐步形成和完善，排除选项D；定量研究讲究客观、严谨，研究内容事先经过了严格的设定，定性研究的研究内容可以根据情况灵活变化和调整，排除选项E。同一研究主题既可以用定量研究，也可以用定性研究，还可以将两者结合使用；定量研究是基于实证主义的方法论，定性研究是基于反实证主义的方法论。

78．【参考答案】A B D

【解析】本题考查个案研究。个案研究对单个对象（如家庭、团体、机构、组织、社区、学校或部落等）的某项特定行为或问题进行探索研究。其特点有：（1）个案研究适用于了解真实场景中的现象、考察现象与其场景边界不清、资料多元、资料不易量化或数据化等场合；（2）资料收集有特色，包括：①非正式，不拘时间地点，并用多种方法进行研究；②手段和资料多元；③详尽深入，常使用历史视角把握资料，并注重服务对象主观感受；④强调应用性研究，注重改变行为模式。根据题意，选项C错误，个案研究资料收集多元、不易量化，需要花费许多时间、不容易补充数据；选项E错误，个案研究因样本少和对象缺乏代表性，研究发现不能进行推论。

79．【参考答案】A B C D

【解析】本题考查《社会救助暂行办法》中的教育救助的形式。根据《社会救助暂行办法》，教育救助根据不同教育阶段需求，采取减免相关费用、发放助学金、给予生活补助、安排勤工助学等方式实施，保障教育救助对象基本学习、生活需求。

80．【参考答案】B C D

【解析】本题考查工伤的认定和《工伤保险条例》。根据《工伤保险条例》，（1）职工有下列情形之一的，应当认定为工伤：①在工作时间和工作场所内，因工作原因受到事故伤害的；②工作时间前后在工作场所内，从事与工作有关的预备性或者收尾性工作受到事故伤害的；③在工作时间和工作场所内，因履行工作职责受到暴力等意外伤害的；④患职业病的；⑤因工外出期间，由于工作原因受到伤害或者发生事故下落不明的；⑥在上下班途中，受到非本人主要责任的交通事故或者城市轨道交通、客运轮渡、火车事故伤害的；⑦法律、行政法规规定应当认定为工伤的其他情形。（2）职工有下列情形之一的，视同工伤：①在工作时间和工作岗位，突发疾病死亡或者在48小时之内经抢救无效死亡的；②在抢险救灾等维护国家利益、公共利益活动中受到伤害的；③职工原在军队服役，因战、因公负伤致残，已取得革命伤残军人证，到用人单位后旧伤复发的。(3) 职工有下列情形之一的，不得认定为工伤或者视同工伤：①故意犯罪的；②醉酒或者吸毒的；③自残或者自杀的。选项 A 韩某醉酒后操作失误受伤，不属于工伤，排除；选项 E，周某在医院抢救 72 小时后死亡，超过 48 小时的规定，不属于工伤，排除。

# 《社会工作综合能力（初级）》
# 2021年真题参考答案与解析

一、单项选择题

1. 【参考答案】A

【解析】本题考查考生对"社会工作者参与社会治理的途径"的理解。《中共中央关于制定国民经济和社会发展第十四个五年规划和二〇三五年远景目标的建议》指出，发挥群团组织和社会组织在社会治理中的作用，畅通和规范市场主体、新社会阶层、社会工作者和志愿者等参与社会治理的途径。推动社会治理重心向基层下移，向基层放权赋能，加强城乡社区治理和服务体系建设，减轻基层特别是村级组织负担，加强基层社会治理队伍建设，构建网格化管理、精细化服务、信息化支撑、开放共享的基层管理服务平台。加强和创新市域社会治理，推进市域社会治理现代化。因此，本题中只有选项A符合"畅通和规范社会工作者参与社会治理的途径"的要求。

2. 【参考答案】D

【解析】本题考查考生对"助人自助"的理解。社会工作者面对服务对象（受助者）不但要提供直接服务或帮助，也要鼓励其在可能的情况下自强自立、克服困难、自我决策，即"助人自助"。在助人自助中，第一个"助"与第二个"助"并不具有相同的含义，且助人自助强调的是服务对象对自我问题的解决负有首要责任。社会工作者是协助服务对象实现自助，当服务对象实现自助后，社会工作者可终止服务。

3. 【参考答案】D

【解析】本题考查考生对"互动合作"的理解。社会工作是社会工作者帮助和协助有困难、有需要的群体克服困难的过程。这一过程并不是社会工作者单向地向服务对象提供服务，而是双方合作、共同面对困难、分析问题成因、寻找解决方法，进而解决困难的过程。社会工作是对人的工作，是社会工作者与服务对象的互动过程，也是社会工作者与服务对象"一同工作"的过程。社会工作者与服务对象形成良好关系，相互配合，对解决问题十分重要。本题只有选项D体现了社会工作者与服务对象进行互动合作。

4. 【参考答案】A

【解析】本题考查社会工作的功能。社会工作的功能有四个：建构社会资本、推动社会进步、维持社会秩序、促进社会和谐。题干中的关键词"建立社区互助平台""链接社区内外资源"，属于建构社会资本的内涵。

5. 【参考答案】D

【解析】本题考查社会工作者的角色。社会工作者的角色分为直接服务角色、间接服务角色和合并服务角色。社会工作者的直接服务角色包括服务提供者、治疗者、支持者、关系协调者、倡导者；间接服务角色包括行政管理者、资源筹措者、政策影响者。选项A"关系协调者"是指社会工作者帮助服务对象学习处理社会关系的技巧，协助他们处理好与他人及环境的不和谐关系，并建立起协调关系。选项B"治疗者"即当某些服务对象因贫困、离婚、吸毒和药物依赖、犯罪和违法行为等原因，而使自己的行为发生偏离时，社会工作者就要帮助服务对象发现自己行为的问题、重塑其行为，以及对他们的行为进行矫正，以帮助他们建立正确的行为方式和生活方式。选项C"资源筹措者"是间接服务角色，指社会工作者要解决服务对象的困难和问题，常常需要联络政府有关部门、福利服务机构的负责人或同事、志愿组织甚至广大社会群体，向他们争取服务对象所需要的资源，并将它们传递到服务对象手中，以解决问题。选项D"支持者"是指社会工作者面对服务对象（受助者）不但要提供直接服务或帮助，也要鼓励其在可能的情况下自强自立、克服困难、自我决策，即"助人自助"。题干中，社工对小勤进行鼓励、开导，使其重拾信心，符合支持者的角色任务，故选D。

6. 【参考答案】A

【解析】本题考查社会工作的服务领域。选项A"司法社会工作"是指司法社会工作者综合运用社会工作专业知识和方法，在司法、禁毒、信访领域，特别是在为社区矫正对象、安置帮教对象及边缘青少年等特殊群体提供心理疏导、职业技能培训、就业安置等方面开展的社会工作服务，其目的是提升上述人员的自我机能，恢复和发展其社会功能，最终达到预防犯罪、回归社会、稳定社会秩序的综合目标。在司法社会工作中，矫正服务占有重要地位。选项B"社会救助社会工作"是指针对社会救助对象开展的社会服务。社会救助是政府或社会服务机构对物质生活面临危机的社会成员提供的物质及社会关系方面的支持和帮助。选项C"学校社会工作"主要是以帮助学生正常学习和健康成长为目的的专业服务。选项D"企业社会工作"也称工业社会工作，是指在企业中开展的社会工作。

7. 【参考答案】C

【解析】本题考查社会工作的服务领域。社会救助是政府对其成员生存权利最基本的保护。社会救助首要的是向困难人群发放食物、生存物资和金钱，以保障他们远离饥饿、疾病，保障其生命安全。题干中，居民因所带生活物品不足而产生了焦虑，因而社会工作者首先应该提供的是生活物资。

8. 【参考答案】A

【解析】本题考查社会工作价值观的基本信念。社会工作者相信每个服务对象都是独特的，每个人都有不同的生命经验，有着不同的人格特征和潜质，因此，需要专业工作者认真和真诚对待。在服务过程中，社会工作强调针对每个服务对象的特点和个性，针对性地提供专业服务，真正落实"个别关怀，全面服务"的原则。

9. 【参考答案】C

【解析】本题考查社会工作价值观的实践原则。依据题干，社工应该采取的原则是"当事人自决"。服务对象有权利在充分知情的前提下选择服务的内容、方式，并在事关服务对象利益的决策中起到主导作用。自决权是个人尊严的体现，除非万不得已，即便是社会工作者出于好意，一般也不主张社会工作者自身代替服务对象作决定，因为这样做可能不利于服务对象发展自尊和挖掘潜能。但尊重服务对象自决并非意味着社会工作者"认同"服务对象的决定，社会工作者应该在尊重服务对象自决的基础上，尽力协助服务对象获得发展。

10. 【参考答案】B

【解析】本题考查社会工作专业实践的价值观。中国社会工作专业实践的价值观包括以下几点：（1）以人民为中心，回应社会需要；（2）接纳和尊重；（3）个别化和非评判；（4）注重和谐有序，促进社会共融与发展；（5）平等待人，注重民主参与；（6）权利与责任并重；（7）个人的发展机遇、潜能提升与国家的社会发展进程相结合。注重和谐有序和共同发展是党和政府当前及未来很长一段时期内坚持的主导政策方针，也是指导社会经济建设的核心原则。社会工作是社会福利事业的重要内容，也是促进和谐社会建设的主要手段。

11. 【参考答案】D

【解析】本题考查社会工作者对服务对象的伦理责任。社会工作者对服务对象的伦理责任包括以下六个方面：（1）对服务对象的承诺/负责；（2）自我决定；（3）知情同意；（4）能力；（5）文化敏感性与多样性；（6）隐私和保密性。本题中社会工作者对服务对象大强有"知情同意"的责任，因此最恰当的做法是向社区工作者反映情况，并由社区工作者代为访问，故选D。

12. 【参考答案】B

【解析】本题考查社会工作者对专业的伦理责任。社会工作者对社会工作专业的发展有着不可推卸的责任，社会工作者要不断通过学习和实践，努力推进专业的发展，通过研究与专业评估不断改善专业服务的水准，从而改善社会福利和社会服务水平。包括：（1）注重专业的品性；（2）加强专业评估与研究。

13. 【参考答案】A

【解析】本题考查马斯洛需要层次论。选项A，尊重的需要又可分为内部尊重和外部尊重。内部尊重，即自尊，是指一个人希望在各种不同情境中有实力、能胜任、充满信心、能独立自主。外部尊重是指一个人希望有地位、有威信，受到别人的尊重、信赖和高度评价。选项B，归属与爱的需要包括两个方面的内容：一是归属的需要，即人都有一种归属于一个群体的感情，希望成为群体中的一员，并相互关心和照顾。二是友爱的需要，即人人都需要伙伴之间、同事之间的关系融洽或保持友谊和忠诚；人人都希望得到爱情，希望爱别人，也渴望接受别人的爱。选项C，安全的需要是人类要求保障自身安全、摆脱失业和丧失财产威胁、避免职业病的侵袭、解除严酷的监督等方面的需要。选项D，自我实现的需要是最高层次的需要，它是指实现个人理想、抱负，发挥个人的最大潜能,完成与自己的能力相称的一切事情的需要,也是一种创造和自我价值得到体现的需要。根据题干"在同事中树立了自己的威信,也让机构负责人和项目落地社区的领导更加信任他",可见是获得"外部尊重"需求的满足。

14. 【参考答案】D

【解析】本题考查家庭教养模式。家庭教养模式包括娇纵型、支配型、放任型、民主型、专制型、冲突型六种。选项A,娇纵型是指父母盲目地溺爱和疏于管束,构成娇纵型教养方式。在这种溺爱娇惯的家庭环境中,容易使孩子养成自我中心、骄横跋扈、疏懒散漫、贪婪无度的"霸王"心态。这种"小霸王"心态如果不能得到及时矫正,很容易发展为反社会型人格。选项B,支配型是指家长过分溺爱与严加管束相结合,构成支配型家庭教养模式。在这种家庭中,家长在生活方面对子女无微不至,在学习上严加管理。一方面是过度保护,包揽生活中的一切;另一方面又期望过高。这种方式容易使孩子形成怯懦胆小、意志薄弱、既娇且骄、清高孤傲等个性心理特征。选项C,放任型是指家长既缺少爱心、耐心,也缺乏责任感,对孩子放任自流,构成了放任型家庭教养模式。在放任型的家庭教养模式下,孩子由于得不到必要指导和正常约束,会形成缺乏自信、自制力差、不负责任、情绪波动异常、待人处世具有攻击性、易受诱惑、做事权宜敷衍、缺乏理想等心理倾向。选项D,民主型是指家庭成员间互相尊重、平等交流,对子女既有约束,又有鼓励。这种民主型教养方式下的孩子,自尊、自信、自律性强,具有创造性,社交能力强,具有成就动机等良好社会适应性的个性特征。依据题干"小伟父母彼此尊重,经常沟通孩子的教育问题,对于是否报兴趣班也会征求小伟的意见。他们鼓励小伟主动找同学玩耍",符合民主型家庭教养模式的特点,故选D。

15. 【参考答案】B

【解析】本题考查同辈群体的特点。同辈群体的特点包括:(1)平等性。同辈群体成员的年龄、知识、能力等方面比较相近,他们之间的地位是平等的。(2)开放性。同辈群体内部不存在特别严格的规章制度,成员之间的交流和交往在语言、方式、话题等方面都没有限制特定的形式。(3)认同性。同辈群体是个人自由选择结合的结果,群体成员之间的交往是在自然随意的过程中进行的,成员之间相互依赖,对群体有较高的心理归属感和较强的认同性。(4)独特性。每个同辈群体都有自己独特的亚文化,这种群体的亚文化为群体成员提供了新的价值标准和行为方式。群体成员在语言、服饰、行为方式,甚至发型等方面都体现出自己的独特性。支配性不属于同辈群体特点,排除A选项。依据题干"成员的服装、发型、饰品、言行均与其他同龄人明显不同""感到很新奇",符合"独特性",故选B。

16. 【参考答案】A

【解析】本题考查社会环境的主要构成要素。社会环境的主要构成要素包括:(1)家庭;(2)同辈群体;(3)社区;(4)学校;(5)大众传媒;(6)工作单位;(7)文化。依据题干"邻居的孩子",故选A。

17. 【参考答案】D

【解析】本题考查青少年发展阶段的主要特征。青少年的情绪发展比较丰富和强烈，出现两极发展的特征。情绪发展的两极性是指情绪的内容、强度、稳定性、概括性和深刻性等方面具有两极性。选项A是学龄阶段，选项B是青年阶段，选项C是中年阶段，均可排除。只有选项D是青少年阶段的特征。

18.【参考答案】C

【解析】本题考查心理社会治疗模式的理论假设。心理社会治疗模式将个人与环境之间的关系概括为"人在情境中"，要求社会工作者既需要深入个人的内心，了解他（她）的感受、想法和需求，还需要仔细观察周围环境对他（她）施加的影响，分析个人适应环境的具体过程。题干中，张奶奶"来省城帮儿子带小孩……抱怨待在这儿没意思"，说明在城市中可能不适应、没有朋友和熟络的关系，需要熟悉社区环境和加强人际关系。

19.【参考答案】B

【解析】本题考查心理动力反思技巧。心理动力反思是指社会工作者协助服务对象正确了解和分析自己内心的反应方式的技巧。例如，协助服务对象了解自己的情绪反应方式、认识事情的方式和动机的模式等，符合选项B的内容。选项A属于人格发展反思，是社会工作者帮助服务对象重新认识和评价自己的以往经历、调整自己人格的技巧。例如，帮助服务对象了解成长过程中的重要影响事件、周围他人对自己的影响；选项C、D属于现实情况反思，指社会工作者帮助服务对象对自己所处的实际状况作出正确的理解和分析的技巧。均可排除。

20.【参考答案】C

【解析】本题考查服务对象问题的预估分析方式。社会工作者需要从横向和纵向两个方面进行分析：横向就是分析服务对象问题形成的影响因素，涉及生理、心理和社会三个不同层面；纵向就是分析服务对象问题发展变化的过程，包括服务对象的问题是从什么时候开始的，其中经历了哪些重要的影响事件以及服务对象曾经做过什么样的努力等。选项A、B、D均为纵向分析，选项C为横向分析。

21.【参考答案】B

【解析】本题考查服务推进的原则。服务的推进应遵守以下几项原则：（1）从能做的开始；（2）从愿意合作的着手；（3）采取综合的服务策略，需要周围他人的支持和肯定。题干关键字是"优先提供"，且玲玲是因为家庭冲突而离家出走，因此首先要做的是协助建立和谐亲子关系。

22.【参考答案】C

【解析】本题考查社会资源的类型。社会资源分为正式社会资源和非正式社会资源两种：（1）正式社会资源是指由正式的社会机构和社会组织提供的社会资源，如社会服务机构、公益组织以及学校和医院等，这些机构和组织提供的就是正式的社会资源。(2) 非正式社会资源是指由服务对象在非正式的社会交往中形成的社会资源，如关心服务对象成长的家庭成员、亲属、朋友以及同伴等，他们就是服务对象改变过程中的非正式的社会资源。选项 A 是"父母"、选项 B 是"朋友"、选项 D 是"邻里",均属于非正式资源,可排除。选项 C 是"相关机构",是正式资源。

23. 【参考答案】D

【解析】本题考查个案会谈的技巧。选项 A "对焦"是指社会工作者对服务对象偏离的话题或者宽泛的讨论进行引导,将讨论集中于某个焦点。选项 B "澄清"是指社会工作者引导服务对象重新整理模糊不清的经验和感受。选项 C "忠告"是指社会工作者向服务对象指出某些行为的危害性或者必须采取的行为。选项 D "对质"是指社会工作者通过提问的形式让服务对象面对自己在行为、情感、认识等方面不一致的地方。依据题干,社工对小宋说"没有看到你的实际行动,像这样只有想法,一直找理由不行动",属于对质的表达,故选 D。

24. 【参考答案】C

【解析】本题考查会谈技巧中的同理心技巧。同理心,即社会工作者设身处地体会服务对象的内心感受,理解服务对象的想法和要求。依据题干,小吴的烦恼主要来自高考没考好,和父母因为复读、考大学的争执。选项 C 的表达符合题干要求。

25. 【参考答案】B

【解析】本题考查收集资料的方法。(1)自我陈述是指针对服务对象个人的经历和内心的感受,社会工作者可以采取由服务对象自我陈述的方式,允许服务对象按照自己喜欢的方式讲述自己的故事和情况。(2)对答方式是指对于一般性的情况,社会工作者可以采用严格的对答方式,以保证信息的完整性。(3)结构式调查表。结构式调查表有预先设计好的固定的调查问题和调查问题的答案选项,调查对象只需挑选其中认为正确的答案。(4)非结构式调查表。非结构式调查表只有预先设计好的固定的调查问题,但没有调查问题的答案选项,调查对象需要根据自己的理解填写调查问题的答案。本题干中,社会工作者"小乔采用游戏方式引导小花说出入院后的感受,并运用儿童医疗恐惧表了解其害怕程度",反映的是运用了自我陈述及结构式调查表进行资料收集。

26. 【参考答案】C

【解析】本题考查小组工作的类型。小组工作包括教育小组、成长小组、治疗小组、支持小组 4 种类型。教育小组,是指通过帮助小组组员学习新知识、新方法,或补充相关知识,促使成员改变其原来对于自己问题的不正确看法及解决方式,从而实现小组组员的发展目标。成长小组的工作旨在帮助组员了解、认识和探索自己,从而最大限度地运用自己的内在及外在资源,充分发挥自己的潜能,解决所存在的问题并促进个人正常健康的发展,如青少年的野外拓展训练营。治疗小组的组员一般来自那些不适应社会环境,或其社会关系网络断裂破损而导致其行为出现问题的人群。支持小组一般是由具有某一共同性问题的小组组员组成。通过小组组员彼此之间提供信息、建议、鼓励和情感支持,达到解决某一问题和成员改变的效果。题干提及"协助组员管理情绪和改变认知",符合治疗小组的含义,故选 C。

27. 【参考答案】D

【解析】本题考查小组工作的模式。小组工作的模式包括治疗模式、社会目标模式、互动模式、发展模式。治疗模式关注小组组员的心理和行为问题，强调通过小组活动来解决组员的社会化缺陷，重建其社会关系网络，恢复和发展其社会功能。社会目标模式关注社会责任和社会变迁，强调培养公民的社会责任、社会参与和社会行动的能力。互动模式旨在通过组员之间、组员与小组及社会环境之间、小组与社会环境的互动关系，促使组员在小组这个共同体的相互依存中得到成长，增强组员的社会功能，提升其发展能力。发展模式旨在解决和预防服务对象社会功能的衰减问题、恢复和发展服务对象的社会功能。依据题干"促进退休人员继续社会化"，符合发展模式的特点，故选D。

28.【参考答案】A

【解析】本题考查小组工作过程之确定工作目标。总目标是由该小组的类型特点及成员的问题及需求所决定，阶段性目标应该围绕着这一总目标建立。题干中总目标是"戒除酒瘾"，故选A。

29.【参考答案】D

【解析】本题考查小组规范的类型。小组规范分为三类：（1）秩序性规范，用来界定组员之间的互动准则；（2）角色规范，界定和明确组员所期望的具体角色和行为；（3）文化规范，澄清和说明小组的信念和基本价值，强调开放、平等、保密、非批判和团结合作等原则。选项A、C属于秩序性规范，选项B属于角色规范。选项D"相互尊重""非批判的态度"，符合文化规范的要求。

30.【参考答案】C

【解析】本题考查小组转折阶段社会工作者的任务。在转折阶段中，组员会对小组具有较强的认同感；在互动中出现抗拒与防卫心理；出现角色竞争中的冲突。社会工作者需要协调和处理冲突。可运用如下具体措施：（1）帮助组员澄清冲突的本质，特别是澄清冲突背后的价值观差异；（2）增进小组组员对自我的理解，如运用角色扮演的方法，复制或重现类似冲突情境，以增进自我了解和对他人处境的敏感度；（3）重新调整小组规范和契约；（4）协助组员面对和解决由冲突带来的紧张情绪和人际关系紧张；（5）运用焦点回归法，即将问题抛回给组员，让他们自己解决。题干中，组员"发生争执"，即小华和小郑关于分享照顾失智老人经验时发生的争执，小吴应该帮助双方澄清冲突本质，即价值观的差异，故选C。

31.【参考答案】D

【解析】本题考查小组结束阶段社会工作者的任务。社会工作者在此阶段要做到以下两点：（1）处理组员的离别情绪和感受；（2）协助组员保持小组经验，包括模拟训练、树立信心、寻求支持、鼓励独立、跟进服务。选项A、B是开始阶段；选项C是成熟阶段，故选D。

32.【参考答案】C

【解析】本题考查成长小组的特点。成长小组多用于各类学生及边缘群体的辅导工作，帮助组员了解、认识和探索自己，从而最大限度地启动和运用自己的内在资源及外在资源，充分发挥自己的潜能，解决所存在的问题并促进个人正常健康的发展，关注的焦点在个人的成长和正向改变。选项 A、B 是教育小组，选项 D 是支持小组，选项 C 是成长小组。

33.【参考答案】B

【解析】本题考查主持小组讨论的技巧。中立是指社会工作者应避免与组员争论，不偏袒或属意任意一方；不判断他人意见；仅提供问题，不给予参考答案；可以提供资料信息，但不予决断，仅作利弊分析或事实论述；随时保持中立的位置。鼓励是指在小组讨论中，要给予组员积极的鼓励，树立起他们的信心和安全感。引导是指社会工作者要注意把握小组的进程，并且妥善处理讨论中发生的冲突。澄清不属于小组讨论技巧，可排除。题干中，组员小李出现三次想发言均未能成功表达的情况，社工小何给予了他积极鼓励的言语支持，符合"鼓励的技巧"，即（1）对某些比较内向，或者容易害羞的成员要给予支持；注意他，投以鼓励目光，等他们获得了勇气再发言；（2）针对他们的发言，社工可以重复他们的意见，对正确的方面给予积极的鼓励，树立起他们的信心和安全感。

34.【参考答案】B

【解析】本题考查社区社会工作的目标类型。社区社会工作的目标分为过程目标和任务目标：（1）过程目标是指培养社区居民的一般能力，包括建立社区内不同群体的合作关系，发现和培育社区骨干参与社区事务，加强社区居民对公民权利和义务的了解，增强居民解决社区问题的能力、信心和技巧。（2）任务目标是指解决一些特定的社区问题，包括完成一项具体的工作，满足社区需要，达到一定的社会福利目标等，如修桥铺路、安置无家可归者等。依据选项，选项 A、C、D 均为任务目标，故选 B。

35.【参考答案】A

【解析】本题考查地区发展模式的实施策略。地区发展模式的策略包括促进居民的个人发展、团结邻里、社区教育、提供服务和发展资源、社区参与。促进居民的个人发展主要是针对社区居民之间的冷漠和疏离所采取的策略。团结邻里主要是针对社区中部分邻里关系不良而采取的策略。社区教育主要解决居民对社区资源不熟悉、社区认同感不强的问题。提供服务和发展资源主要针对的是社区服务和资源匮乏的问题。社区参与主要是处理社区面对的部分共同问题，如环境和设施问题等。社会工作者一般会通过动员居民集体参与来解决问题，还会建立居民小组来改善社区的动力系统。当居民抱怨政府对社区的共同问题应对不及时或者解决策略不当的时候，社区工作者则要以此为契机，提供一些建设性途径让居民表达意见，反映民意，建立政府与居民的联系和沟通，促进互相了解，同时也要求居民不仅仅是表达不满，更重要的是提出改善的建议和方法。题干中，居民对于加装电梯与否持不同意见。因而社工最适宜采取的实施策略是"社区参与"，听取居民意见。题干中符合"社区参与"策略的是选项 A。

36.【参考答案】D

【解析】本题考查社会策划模式的特点。社会策划模式的特点包括：注重任务目标的实现；强调运用理性原则处理问题；注重自上而下的改变；指向社区未来变化。社会工作者扮演专家的角色，用理性的态度决定解决问题的行动方案。选项A属于地区发展模式，选项B属于社区照顾模式，选项C属于个案工作方法。选项D中"专业权威""理性原则"符合社会策划模式特点。

37.【参考答案】C

【解析】本题考查社会策划模式社会工作者的角色。社会工作者的角色包括技术专家和方案实施者。（1）技术专家。社会工作者主要扮演专家的角色，包括收集社区资料，进行社区分析及社区诊断，进行社会调查、资讯提供、组织运作及评估等。（2）方案实施者。社会工作者执行有关方案，与有关机构、团体保持良好关系以利于方案的推动。备选答案中只有C选项属于社会策划模式下的社会工作者角色。

38.【参考答案】A

【解析】本题考查社区照顾模式的特点。社区照顾模式特点包括：（1）协助服务对象正常地融入社区；（2）强调社区责任；（3）强调非正规照顾的作用；（4）提倡建立相互关怀的社区。社区照顾模式的任务目标是为社会上有需要的人群提供照顾和支援，协助他们正常融入社区，协助他们在社区里过正常生活。在熟悉的环境中，有熟悉的人群，有同他们正常交往的机会，有进行正常生活的条件，这对服务对象非常有利。依据题干，故选A。

39.【参考答案】A

【解析】本题考查社区问题分析。"社区问题分析"，即对社区基本情况的了解和对社区需求的认识，社会工作者将资料加以整理，对社区问题进行描述和界定，明确问题的范围、起源和动力，发现问题的关键所在，寻找介入社区问题的合适角度。题干中"社会工作者老岳走访了社区的一些老住户和居民骨干，了解社区'违建'是怎样形成的，以及后来的发展情况"，目的是分析"违建"问题的来龙去脉，故选A。

40.【参考答案】B

【解析】本题考查社区的资源链接。除了社会工作者及其机构所掌握的资源之外，社区内外往往还有其他个人、组织和机构拥有不同的资源，将这些资源链接起来互通有无，也是资源管理非常重要的方面。良好的资源链接可以充分利用社区内外的各种资源，避免资源的闲置和浪费。依据题干，老杨需要能够支持阅读的场地或者资金支持，故选B。

41.【参考答案】B

【解析】本题考查居民骨干的培养技巧。居民骨干培养技巧包括：一是鼓励积极参与；二是提升当家作主意识；三是建立总结和反思习惯；四是协助建立民主领导风格；五是建立居民带头人权责分工的意识。依据题干，社工应该培养骨干"建立民主领导风格"，即社会工作者积极培养居民骨干的民主意识，多组织居民会议，共同协商处理社区问题。另外，社会工作者也要促进居民骨干对民主原则的全面理解和认同，民主不仅仅是少数服从多数，更包含着充分沟通、理性讨论和尊重少数等。

42. 【参考答案】C

【解析】本题考查社会服务方案策划的形式。（1）战略性策划：需求评估—明确机构的使命—预测—设计可行的战略—选择机构的战略—将战略转变为服务方案目标—方案发展—评估；（2）方案发展策划：需求评估—目标制定—考虑机构的总目标—方案目标的修订—探索各种可行方法—认识机构的局限性—选择可行性方法—方案活动的详细发展；（3）问题解决策划：认识现有的问题—界定问题—探索可行的解决方法—认识各种可能的限制—选取解决办法—设计完整的计划—发展评估计划；（4）创新性策划：认识特殊问题或状态—列出清楚的目标—收集其他机构创新的方法—提供资讯给机构的决策者思考—考虑政治、经济、社会方面的阻力—选择理想的方法—发展计划用作评估和拓展。依据题干，选择C。

43. 【参考答案】A

【解析】本题考查社会服务机构的多功能型团队。多功能型团队是指来自同一等级、不同专业领域的成员组成，共同来完成某一项任务的团队，其有效性在于能够使机构内（甚至机构间）不同领域的成员之间可以交换信息，激发出新的观点，解决面临的问题，协调复杂的项目。在社会工作领域最典型的多功能型团队是为处于多重困难的服务对象而提供的个案管理服务。多功能型团队的不足之处，主要表现在其形成的早期阶段要消耗大量的时间。一方面团队成员需要花费时间学会处理复杂多样的工作任务；另一方面团队成员之间，尤其是那些专业背景、经历和观点不同的成员之间，需要花费时间建立起信任才能真正地合作。选项B属于自我管理型团队，选项D属于问题解决型团队，故选A。

44. 【参考答案】B

【解析】本题考查志愿者管理的内容和过程。有效的志愿者管理包括需要评估与方案规划、工作发展与设计、招募、面谈与签约、迎新说明与训练、督导与激励、奖励表扬及评估八个步骤。其中工作发展与设计的重要任务是撰写志愿服务工作说明书，帮助志愿者了解工作任务、需要技能、需完成的工作成果等，用以规范志愿者的工作责任和权利，并作为评估志愿者服务成效和机构志愿者服务管理成效的依据。选项A属于"需要评估与方案规划"，选项C属于"迎新说明与训练"，选项D属于"评估"，均可排除。

45. 【参考答案】C

【解析】本题考查个人捐款的动机。个人捐款的动机包括以下几个方面：（1）个人需要。满足个人自尊、被社会肯定或成为习惯等。（2）外界影响。受亲戚、朋友、同事等影响而捐款。（3）利他动机。以利他主义为中心，愿意雪中送炭帮助他人；或受宗教观念影响等。选项A、B属于企业捐款。选项C、D属于个人捐款。根据题干，招募"爱心大使"动员身边的亲朋好友发起"一起捐"，属于外界影响。

46. 【参考答案】B

【解析】本题考查社会服务机构的筹资方式。社会服务机构的筹资方式包括以下几种：（1）项目申请；（2）私人恳请与电话劝募；（3）特别事件筹资活动。项目申请一一般是针对政府和基金会的资助。私人恳请是与捐款人面对面表达捐款需求的方式，比较注重人际关系。"特别事件"，指的是重大灾害发生时、纪念日等事件。特别事件筹资活动一般通过记者会、研讨会、展览会、义卖会、演唱会等活动开展。依据题干，小张是通过与画廊负责人的私人关系，为孤独症儿童家庭筹集资金。"私人恳请"是机构领导人、员工和志愿者与他们潜在的捐款人面对面会谈，表达需求、寻求帮助、请求捐款的筹集方式，属于较为私人、注重人际关系的筹款方式，故选B。

47．【参考答案】D

【解析】本题考查社会工作督导教育性功能。教育性功能要求督导者不仅要提供被督导者完成工作所需要的知识，还需要协助社会工作者由"知"转为"做"。督导者通过个别督导或者团体会谈，发挥知识、能力、学习与自我觉醒反馈的效能。主要包括：(1) 教导有关"服务对象群"的特殊知识；(2) 教导"社会服务机构"的知识；(3) 教导有关"社会问题"的知识；(4) 教导有关"工作过程"的知识；(5) 教导有关"工作者本身"的知识；(6) 提供专业性"建议和咨询"。题干中提到用教育性督导缓解被督导者的压力，就是提供管理压力、舒缓压力的方法或者技巧。选项A、B、C属于支持性功能，故选D。

48．【参考答案】B

【解析】本题考查定性研究的特点。定性研究注重具体独特的现象，收集和分析非数字化资料，描述回答者所经历的现实，探索社会关系，从而对个体进行理解、阐释和深度描述。定性研究不一定事先设定假设，其理论假设可以在研究过程中逐步形成和完善，其过程发现需要进行抽象的提炼和归纳，才有可能达到理论层面，排除选项A。定性研究注重研究对象、有助于发现研究问题的个别性和特殊性，研究发现不作推论，排除选项C。定性研究把自然情境作为资料源泉，花费相当多时间深入具体情境中，研究者对自己行为及与研究对象之间的关系进行动态反思和调适，尽量设法使自身被研究对象视为自己人。故排除选项D。

49．【参考答案】D

【解析】本题考查问卷调查。当被调查者文化水平较低或调查问题较复杂时，使用访问问卷特别合适，排除选项A。问卷调查收集数据的内容、时间、格式基本统一，从而资料处理相对容易并便于比较分析，排除选项B。描述性研究的问卷应多围绕基本问题展开，解释性研究的问卷要围绕研究假设展开，排除选项C。问卷要有信度与效度。有较高信度，表明测量结果比较稳定，测量结果受时间、地点和对象变化的影响较小；有良好效度，表明测量结果较好地揭示了实际情况，故选D。

50．【参考答案】B

【解析】本题考查问卷调查的设计原则。问题和答案的设计需要注意多方面细节。一是关于答案。开放式问题的答案应注意空间大小的适当性，封闭式问题中单项选择的答案必须满足穷尽性和互斥性。二是关于语言。问题语言应该简短明了，避免双重含义，不要有倾向性，对敏感问题注意提问方式。三是关于排序。一般而言，被访者熟悉或感兴趣的、简单的、封闭式的问题可以置于前面，行为、态度、背景、敏感的问题放在后面。这利于被调查者较快进入状态，提高问卷回答的完整度。四是关于题数。一份问卷最好让被调查者能在 30 分钟左右完成为宜。选项 A、D 设计不符合穷尽性原则，选项 C 更符合面向居民进行调查的问法，不适合面向社会工作者进行，故选 B。

51．【参考答案】C

【解析】本题考查问卷的类型。问卷有自填问卷和访问问卷两种。自填问卷是由被调查者自己填写答案的问卷，其提问和答案应该用语准确、含义明确、通俗易懂、题型简单、题量不大。访问问卷是由访问员向被调查者提问并记录其回答的问卷。当被调查者文化水平较低或调查问题较复杂时，使用访问问卷特别合适。题干中，社工向高中生了解校园欺凌情况，该内容属于敏感话题，且高中生具有一定的填答能力。

52．【参考答案】A

【解析】本题考查个案研究的特性。个案研究的资料收集有其特色。特色之一是非正式，可以不拘时间、地点并用多种方法进行研究，排除选项 B。特色之二是手段和资料多元，研究者可以运用各种手段，采用不同角度，进行访问、观察、记录等，详细记载研究对象的各方面资料。访问记录、观察记录、个人文稿、官方文献、新闻报道、他人评论等都是其重要的资料载体，排除选项 D。特色之三是详尽深入，对个人生活史及有关文献都加以考虑，常使用历史视角把握资料，并在此过程中注重服务对象的主观感受，排除选项 C。特色之四是强调应用性研究，注重改变行为的模式。

53．【参考答案】D

【解析】本题考查老年人家庭赡养权利。老年人权益保障法第十六条规定："赡养人应当妥善安排老年人的住房，不得强迫老年人居住或者迁居条件低劣的房屋。……老年人自有的住房，赡养人有维修的义务。"排除选项 A。老年人权益保障法第十四条规定："赡养人应当履行对老年人经济上供养、生活上照料和精神上慰藉的义务，照顾老年人的特殊需要。赡养人是指老年人的子女以及其他依法负有赡养义务的人。赡养人的配偶应当协助赡养人履行赡养义务。"我国法律中并没有将子女配偶的赡养义务单独列入法条，只是规定子女的配偶具有协助的义务，排除选项 B。老年人权益保障法第十五条规定："赡养人应当使患病的老年人及时得到治疗和护理；……对生活不能自理的老年人，赡养人应当承担照料责任。"选项 C 的"亲自照料"说法错误，可排除。赡养人的赡养义务是一项法定责任，赡养人不得放弃继承权或其他理由，拒绝履行赡养的义务。故本题选 D。

54．【参考答案】B

【解析】本题考查残疾人劳动就业权利。根据《残疾人就业条例》，集中使用残疾人的用人单位中从事全日制工作的残疾人职工，应当占本单位在职职工总数的 25% 以上。

55．【参考答案】A

【解析】本题考查《关于进一步加强事实无人抚养儿童保障工作的意见》。民政部在 2019 年发布的《关于进一步加强事实无人抚养儿童保障工作的意见》中规范了认定流程申请。事实无人抚养儿童监护人或受监护人委托的近亲属填写《事实无人抚养儿童基本生活补贴申请表》，向儿童户籍所在地乡镇人民政府（街道办事处）提出申请。情况特殊的，可由儿童所在村（居）民委员会提出申请。

56.【参考答案】A

【解析】本题考查民法典中的继承编。民法典规定，继承从被继承人死亡时开始，既可以是生理死亡也可以是被宣告死亡时开始。如果公民失踪或被宣告失踪后又被宣告死亡的，以法院判决中确定的失踪人的死亡日期，为继承开始的时间。

57.【参考答案】C

【解析】本题考查离婚登记流程规定。民法典第一千零七十七条规定："自婚姻登记机关收到离婚登记申请之日起三十日内，任何一方不愿意离婚的，可以向婚姻登记机关撤回离婚登记申请。"

58.【参考答案】A

【解析】本题考查延长工作时间的劳动报酬支付规定。劳动法规定，安排劳动者延长工作时间的，应当支付不低于工资的150%的工资报酬。休息日安排劳动者工作又不能安排补休的，支付不低于工资的200%的工资报酬。法定休假日安排劳动者工作的，支付不低于工资的300%的工资报酬。

59.【参考答案】C

【解析】本题考查失业保险金领取的期限。《失业保险条例》第十七条规定："失业人员失业前所在单位和本人按照规定累计缴费时间满1年不足5年的，领取失业保险金的期限最长为12个月；累计缴费时间满5年不足10年的，领取失业保险金的期限最长为18个月；累计缴费时间10年以上的，领取失业保险金的期限最长为24个月。重新就业后，再次失业的，缴费时间重新计算，领取失业保险金的期限可以与前次失业应领取而尚未领取的失业保险金的期限合并计算，但是最长不得超过24个月。"根据题干，小贾单位和个人缴费累计为9年6个月，领取失业保险金期限为18个月。

60.【参考答案】A

【解析】本题考查城镇职工基本医疗保险制度的缴费办法。根据《关于建立城镇职工基本医疗保险制度的决定》，确立的城镇职工基本医疗保险的缴费办法是：基本医疗保险费由用人单位和职工共同缴纳，用人单位缴费率应控制在职工工资总额的6%左右，职工缴费率一般为本人工资收入的2%。随着经济发展，用人单位和职工缴费率可作相应调整。

二、多项选择题

61.【参考答案】ACD

【解析】本题考查社会工作的目标中"服务对象层面的目标"。社会工作在服务对象层面的目标包括以下几个方面：（1）解救危难。面对危难，社会工作的基本目标是：寻求资源（包括物质资源和社会资源）。（2）缓解困难。帮助有困难、有需要的人缓解压力、克服困难。(3) 激发潜能。社会工作强调"助人自助",这里的核心是要增强服务对象的内在能力。(4) 促进发展。当一个人或一群人遇到困难时,社会工作者施以援手,通过增加知识、学习技能、学习建立人际关系等方式,使个人或群体得到发展,实现自己的人生目标。选项A、C、D符合"促进发展"目标。

62.【参考答案】CD

【解析】本题考查社会工作者对机构的伦理责任。社会工作者对社会服务机构的伦理责任主要包括以下五个方面:(1) 社会工作者有责任维护机构的政策与立场;(2) 社会工作者应对机构的相关资料和信息进行保密;(3) 社会工作者应妥善使用和保存机构的文件信息和其他相关资料;(4) 社会工作者有责任促进机构与政府及其他机构的合作关系;(5) 社会工作者有责任协调服务对象与机构的关系。选项A、B、E属于对专业的伦理责任,可排除。

63.【参考答案】ACD

【解析】本题考查社会工作实践中的伦理决定。社会工作实践中的伦理原则包括:保护生命、差别平等、自由自主、最小伤害、生命质量、隐私保密和真诚原则。选项A,保护生命原则是指在社会工作实践中,保护生命原则高于其他所有伦理原则,社会工作者不仅有义务保护受助者的生命,也包括保护其他所有人的生命。选项B,差别平等原则是指社会工作者要在实践中既以平等的方式对待服务对象,同时又要注重服务对象的差异,在助人过程中充分把握好平等待人和个别化服务的理念。选项C,自由自主原则主要体现为社会工作者充分调动服务对象在服务参与中的积极性和能动性,充分尊重服务对象的意见,鼓励服务对象表达不同意见,注重倾听服务对象的意见和声音,尊重服务对象在服务过程中的选择和决定。选项D,最小伤害原则是指社会工作者在作伦理决定和提供服务中,要尽力保护服务对象的利益不受到侵害,要最大可能地减少甚至预防伦理决定和服务对服务对象的身体、心理和精神上的可能伤害,尽可能实现利益最大化。选项E,隐私保密原则是指社会工作者一旦与服务对象签订了服务协议,就要在提供服务的各个环节,始终遵守保护受助者个人隐私和有关信息的承诺,绝不能轻易泄露服务对象的私人信息以及同服务相关的隐私信息,以保护服务对象的个人权益。题干中"从安全角度出发",符合保护生命原则;"王爷爷……拒绝改造,老杨与王爷爷沟通后,发现现在的居家环境在他的生命历程中具有特殊意义,只……进行局部改造",符合自由自主原则;"结合安全评估结果,……建议基本保留现有格局,只对存在安全隐患的卫生间进行局部改造",符合最小伤害原则。

64.【参考答案】ACDE

【解析】本题考查社会工作对青少年网络成瘾问题的干预。社会工作对青少年网络成瘾问题的干预可以从预防与治疗两个层面进行。在预防层面,成人社会要为青少年创造良好的成长环境,协助青少年有效融入家庭、学校和社会之中,防止青少年因为无法处理好现实生活中的压力而沉溺于网络。在治疗层面,社会工作者需要充分运用社会工作关于人类行为与社会环境之间关系的理论以及优势视角的理论,有效帮助。选项A、

D、E是针对小刚的网瘾行为而制定的直接治疗方法，而选项C属于间接治疗方法，能够有助于治疗网瘾问题。

65.【参考答案】A B D E

【解析】本题考查青年阶段的主要特征和面临的主要问题。青年阶段：(1) 个体的生理发展完全成熟，处于生理发展上的"黄金时期"。(2) 感知、记忆、想象能力均达到成熟水平，并进入人生最佳时期。(3) 人生观成熟，社会情感有明显发展（友谊与爱情的发展），心理适应力强，认知发展表现为能力发展。青年阶段面临的主要问题是社交婚恋问题、性别歧视问题及就业问题。根据题干，小魏的主要问题是"一直宅在家中，很少和同学来往，也没有认识新的朋友"，指的是社交问题及就业问题。

66.【参考答案】A C D

【解析】本题考查危机介入的基本服务内容。由于危机介入模式是围绕着服务对象的危机而展开的调适和治疗工作，它的目的是在有限的时间内快速、有效地帮助服务对象摆脱危机的影响，因而危机介入模式注重不同服务介入技巧的综合运用。其重要原则包括及时处理、限定目标、输入希望、提供支持、恢复自尊、培养自主能力。选项A、C、D均属于围绕小贾的危机状态而提供的介入服务，选项A符合及时处理原则，选项C符合提供支持及恢复自尊原则，选项D符合输入希望原则。选项B属于行为治疗模式，选项E属于心理社会模式，可排除。

67.【参考答案】B C

【解析】本题考查建立关系的会谈技巧。"建立关系的会谈"的主要目的是帮助社会工作者与服务对象建立专业的合作关系。为了保证专业关系的顺利建立，社会工作者在这种会谈中的工作重点是创造一种宽松、信任的谈话氛围，让服务对象能够自由地表达自己的感受和想法。选项B、C符合题意。

68.【参考答案】A B C

【解析】本题考查评估与结果阶段的成效评估。所谓评估是指对个案的服务效果和效率进行评定。它的主要内容涉及三个方面：一是服务对象的改变状况，包括哪些方面得到了改善以及改善的程度、哪些方面没有得到改善；二是工作目标的实现程度，包括哪些工作目标实现了以及实现的程度、哪些没有实现；三是服务介入工作的人力、物力和其他资源的投入，包括服务介入的人员、时间、经费以及其他资源等。

69.【参考答案】A B D E

【解析】本题考查小组成熟阶段小组和组员的一般特点。小组成熟阶段是小组工作与活动的理想阶段，组员能够更加紧密地联合与互动，更容易达成有共识的决策，更顺畅和更有效地开展活动。主要表现如下：(1) 小组的凝聚力大大增强。小组对组员有很强的吸引力，组员对小组的投入程度很深，愿意承担和分担更多的职责和任务（故选项B、E正确）。(2) 组员关系的亲密程度更高。组员之间、组员与小组之间的关系更亲密，对社会工作者的依赖则大大减弱。当然，由于组员亲疏关系及喜好的差异，小组内部也会出现次小组，在大多数情况下，这类次小组仅仅表现为互动和相互关怀的差异

(选项A"组员小艾经常与身边的组员窃窃私语,不参与小组讨论",体现的正是小组内部出现了"次小组"现象,表现为与身边组员和其他组员互动方面的差异,故选项A正确)。(3)组员对小组充满了信心和希望(故选项D正确)。(4)小组的关系结构趋于稳定。根据题干,选项A、B、D、E属于小组成熟阶段组员的特点,选项C属于小组开始阶段的特点。

70. 【参考答案】C E

【解析】本题考查小组讨论的限制技巧。当一些小组组员垄断小组讨论时,或者当组织成员的发言太抽象时,或者当小组讨论脱离主题范围时,社会工作者要采取限制手段来处理小组或者组员的行为。本题中只有选项C、E符合限制技巧使用的条件。

71. 【参考答案】A B E

【解析】本题考查小组的效果评估。小组按计划完成自己的任务后,社会工作者需要对自己的工作进行总结。一方面是了解小组是否完成了自己预定的目标和任务,另一方面为以后主持类似的小组积累经验。因此,在小组的结束阶段,社会工作者会设计一些问卷或量表,让组员根据自己的改变情况,来评估小组效果。常用的方法有小组结束后的跟进访谈、组员的自我评估报告、小组目标实现表、小组满意度调查、小组感受卡、小组领导技巧记录表等。选项C、D属于过程评估。

72. 【参考答案】A B C D

【解析】本题考查管理社区组织的任务。管理社区组织应关注以下几个方面:(1)服务规划;(2)行销管理;(3)财务管理;(4)人力资源管理;(5)研究与发展。社会工作者在组织成立之初,可能亲自承担较多管理工作。发展过程中,应注重建立和完善组织的内部规章制度,发现和培养组织的领导者,最终不再直接负责组织的管理工作。选项E"承担财务工作"错误,可排除。

73. 【参考答案】A B E

【解析】本题考查与社区居民接触的工作技巧。接触社区居民是一个有意识的工作过程,因此社会工作者必须清楚接触居民的目标和出发点。根据接触居民的目标选择"合适"的接触对象,可以是曾认识的居民、受社区事件影响的有关人士,或是属于不同的有代表性的社区组织或利益群体的成员,注意排列接触的优先次序。对于接触时间也要认真选择。事先要对所接触的居民的需要和问题有所认识,从对方的兴趣入手,预备一些话题协助打开"话匣子"。社会工作者要留意社区居民的文化背景,初次接触时,穿着要得体,不应和居民的差异太大,要给居民一种整洁、大方、成熟和可信任的感觉。要预估接触居民时他们的反应,保证接触时以热忱、微笑和冷静的态度应对具体情境,不过多地被居民和自己的沮丧、失望、悲伤或愤怒情绪影响。对于居民而言,社会工作者是陌生人,他们没有义务与你交谈,拒绝社会工作者也属正常,因此无须感到挫折和气馁,可总结经验教训不断尝试。最后要对所接触居民居住的区域情况有所了解,夜间访问要准备手电筒一类的设备,找认识的居民带路,或与同事做伴前往等。选项C、D与进一步建立信任关系的目标有所违背,可排除。

74.【参考答案】B C

【解析】本题考查社区工作中主持会议的技巧。社区工作中主持会议的技巧包括以下几种：(1) 提问和邀请发言。为了鼓励和协助与会者发表意见，带动讨论，让与会者有平等参与的机会，提问和邀请发言是常用的技巧。社会工作者可以向全体与会者提问，如"大家怎么看这个问题"，以鼓励自由发言，提高与会者的参与程度。当需要特定人士的意见或者需要阻止个别人垄断发言机会时，社会工作者可以通过个别点名的方式提问和邀请发言。提问时要尽量用开放性的问题，让发言者有较大自由发表空间；每次提问时应集中于一个问题，避免双重性或者连续性的问题。(2) 摘要、综合和总结。在会议进程中，社会工作者要善于进行摘要、综合和总结。摘要的技巧是指将某些长篇的发言简化为几点重要意见，在讨论已进行一段或者将结束时把意见摘要地归纳出来，使与会者清楚地掌握会议和意见的重点。依据题干，小刘"点名让平日较活跃的老张先发言""对大家的争论内容进行了梳理总结"，选项B、C符合题意。

75.【参考答案】A B C D

【解析】本题考查社区活动策划方案的技巧。(1) 活动策划过程。遵循社区工作重视居民参与的原则。其过程包括：①掌握活动的基本目标：服务对象的特点、组织的目的、问题的解决、提升居民意识。②衡量服务对象的特点、需要、兴趣。③符合机构的宗旨、赞助团体的期望。④评估本身拥有的资源以及可以动员的资源。⑤制订初步计划：订立具体目标、确定服务对象、设计活动形式、制定活动进度表。⑥评估可行性。⑦确立详细计划。⑧预期困难及解决方法。(2) 方案计划书的要素。一份方案计划书通常应具备以下要素：方案名称、缘起与依据、宗旨与目的、举办单位、实施时间、实施地点、工作人员、服务对象、工作内容与工作方法、预算经费、预期效果、预案。选项E不属于方案的环节设计，可排除。

76.【参考答案】A B E

【解析】本题考查志愿者参与社会服务的动机。志愿者参与社会服务的动机各有不同，有以自我为中心的动机，也有以利他和社会为中心的动机。(1) "以自我为中心的动机"包括：①想获得工作经验，学习新技术；②希望感觉到被需要，受他人尊重；③填补心灵空虚；④能表现和证明自己；⑤自我成长；⑥相信将来"善有善报"。(2) "以利他和社会为中心"的动机包括：①希望帮助别人，希望世界变好；②以行动表达对他人的同情心；③喜欢认识不同年龄层的新朋友，参与一些活动，扩大社会接触面；④受亲戚、朋友、老师和家长的影响而参加服务；⑤基于宗教信仰，为人服务的理念；⑥想尽一点社会责任；⑦想以行动尽力谋求改变。选项C、D属于"以自我为中心的动机"。

77.【参考答案】A B C

【解析】本题考查定量研究的特性。满意度调查表属于定量研究。(1) 定量研究很大程度上排除了研究者对研究对象的影响，研究者往往被研究对象视为外人。(2) 定量研究一般依托某些理论，形成假设，再通过收集资料和分析数据来验证假设。(3) 定量研究的逻辑方法是演绎法。首先通过文献回顾和实地探索，归纳提炼出研究问题和研究框架，然后进行研究设计，再依托问卷、统计表等工具收集资料。（4）追求研究资料和研究结论的精确性。（5）定量研究主要收集和分析量化资料，定量研究注重研究问题的普遍性、代表性及其普遍指导意义，其研究结论在随机抽样时可以推论。调查表中的问题不可以根据评估时的情况随时修订，选项 D 错误；调查表便于社会工作者从研究者视角分析资料，了解服务对象的满意情况，选项 E 错误，可排除。

78.【参考答案】A C E

【解析】本题考查定性研究的特性。定性研究的特性包括以下几点：（1）定性研究把自然情境作为资料源泉，花费相当多时间深入具体情境中，研究者对自己行为及与研究对象之间的关系进行动态反思和调适，尽量设法把被研究对象视为自己人。（2）定性研究不一定事先设定假设，其理论假设可以在研究过程中逐步形成和完善，其过程发现需要进行抽象的提炼和归纳，才有可能达到理论层面。（3）定性研究的研究问题、研究计划和内容可以根据当时当地的情况适当修订，并在资料收集过程中同步分析资料。（4）定性研究主要获取描述性的、非数字的信息。（5）定性研究注重研究对象、有助于发现研究问题的个别性和特殊性，研究发现不作推论。选项 B、D 属于定量研究，可排除。

79.【参考答案】A B C

【解析】本题考查工伤认定申请流程。《工伤认定办法》规定，提出工伤认定申请应当填写《工伤认定申请表》，并提交下列材料：（1）劳动、聘用合同文本复印件或者与用人单位存在劳动关系（包括事实劳动关系）、人事关系的其他证明材料；（2）医疗机构出具的受伤后诊断证明书或者职业病诊断证明书（或者职业病诊断鉴定书）。

80.【参考答案】A B E

【解析】本题考查怀孕女职工的劳动保护相关规定。《女职工劳动保护特别规定》规定了用人单位不得因女职工怀孕、生育、哺乳降低其工资、予以辞退、与其解除劳动或者聘用合同。女职工在孕期不能适应原劳动的，用人单位应当根据医疗机构的证明，予以减轻劳动量或者安排其他能够适应的劳动。题干没有提到小芳的合同是否到期，选项 C 也没有明确合同到期时小芳是否处在孕期，故不选。选项 D 明显错误，选项 A、B、E 符合相关规定。

# 《社会工作综合能力（初级）》
# 2022年真题参考答案与解析

## 一、单项选择题

1.【参考答案】D

【解析】本题考查乡镇（街道）社会工作站的建设。2020年10月，民政部召开加强乡镇（街道）社会工作人才队伍建设推进会，接着民政部办公厅发布《关于加快乡镇（街道）社工站建设的通知》，要求抓住社会工作人才评价、人才培育、人才使用和机构建设等关键环节，打造一支让党和政府放心、让人民群众满意的专业人才队伍；要聚焦社会救助、养老服务、儿童关爱、社区治理等民政工作领域，加快建立健全乡镇（街道）社会工作人才制度体系；力争到"十四五"末，实现乡镇（街道）都有社会工作站，村（社区）都有社会工作者提供服务。乡镇（街道）社会工作站要坚持专业化、高质量发展方向，聚焦重点人群，发挥专业优势，加大人才培养，规范机构建设，强化督导支持。

2.【参考答案】D

【解析】本题考查社会工作的特点。社会工作者介入的大多是比较复杂的问题，在解决这些问题的过程中既需要社会工作者之间的分工，也需要他们之间的合作，很多时候社会工作者也要与其他人员合作，共同解决服务对象所遇到的比较复杂的问题。因此，多方协同、共同努力解决问题是社会工作的一个特征。比如，要帮助失业人员再就业，社会工作者就要与本机构（组织）中的同事、社区工作者、劳动部门的工作人员等多方面的人员合作。团队协同解决问题是社会工作的一个重要特点。题干中"五社联动"指的是社区、社会组织、社工、社会资源及社区自治组织的联动，属于多方协同。

3.【参考答案】B

【解析】本题考查社会工作对社会的功能。社会工作对社会的功能主要包括以下几个方面：（1）维持社会秩序。社会工作在一般的意义上来说是具体解决社会问题的专业活动，对困难人群问题的解决不但可以给他们以实际的帮助，而且可以减少因问题激化可能产生的对社会秩序的冲击，从而有助于社会稳定。(2) 建构社会资本。社会工作以人为本，解决社会问题，通过举办关爱困难群体的公益活动，链接社会资源，可以增加他们的相互信任，促进社会成员之间良好关系的建立，促使社会资本的增加，或使社区的社会资本更加丰厚，有助于建立一个相互关怀的社会。选项B通过策划公益活动，呼吁社会各界人士关爱贫困家庭儿童，体现了建构社会资本，选项B正确。(3) 促进社会和谐。社会工作以人为本，致力于在社会成员之间建立相互支持的关系，社会工作所擅长的、面对面的、深入人心的、人性化的服务，在化解矛盾和冲突时会产生促进社会和谐的作用。（4）推动社会进步。社会工作作为一种社会力量以其针对性强、服务细致、人性化和标本兼治的特点，开展面对困难群体的服务，会有助于他们问题的解决，社会进步的最主要标准是困难群体生活状况的改善。选项A、C、D是社会工作者对服务对象的功能。

4. 【参考答案】C

【解析】本题考查社会工作的基本服务对象。从发展中国家的实践来看，社会工作的基本服务对象依然是那些最值得帮助的人。如孤儿、孤寡老人、残疾人，以及因自然灾害和社会原因而陷入困难境地的人。这些人之所以最值得帮助是因为他们的生活十分困难，如果没有他人的帮助可能会危及生命。在家庭、亲友、社区不能向他们提供基本支持的情况下，政府和社会要承担起基本的责任。在政府的福利资源有限时，这些人就会成为被优先救助和帮助的人，也就成为社会工作的基本服务对象。

5. 【参考答案】A

【解析】本题考查社会工作的要素。社会工作者不只是一个个体概念，同时也是一个团队概念，即从事社会工作的不只是指单个的社会工作者，也指他们的团队及其所在的机构。因为在许多情况下，社会工作者是在团队及其机构的直接支持下或以组织的形式开展工作的（选项A正确）。社会工作价值观是通过专业教育形成的，又是在服务实践中养成的（选项B错误）。社会工作的服务对象不仅包括在生活上遇到困难自己难以解脱的个人，贫困和成员关系严重失调的家庭，也包括陷入困境的社会群体以及内部关系不佳、缺乏发展活力的社区（选项C错误）。对于助人活动，不能将其简单地理解为社会工作者对服务对象的单向支持，即认为它只是指社会工作者简单地提供帮助的活动。实际上，助人活动是双方围绕解决困难和问题而展开的持续互动（选项D错误）。

6. 【参考答案】A

【解析】本题考查社会工作者的角色。社会工作者可以而且应该影响社会政策，使之更加完善，这就是扮演政策倡导者的角色。社会工作者是在政策的范围内开展工作的，社会工作本身也常常是在落实某些社会政策。一项符合实际的、及时的社会政策会解决许多问题。当社会工作者在服务过程中发现某些问题具有普遍性时，就应该向有关政府部门提出建议，制定、修订和完善政策。这也就是政策倡导的过程。政策倡导可以避免社会问题的再次发生和减缓社会问题。在这种情况下，社会工作者就扮演着政策影响者的角色。题干中"小张撰写了调研报告，提交给政府相关部门"，建议"将重大疾病康复期的关键必需药品纳入医疗保险报销范围"，体现了政策影响者的角色。

7. 【参考答案】C

【解析】本题考查社会工作领域。题干中的服务对象是老年人，服务内容是教老年人学习用手机查询健康码等信息，属于老年社会工作。老年社会工作是以老年人为对象的专业服务，是用社会工作理念和方法帮助老年人解决其面临问题的服务。

8. 【参考答案】B

【解析】本题考查社会工作价值观。反移情是指在服务过程中，社会工作者可能会将生活中某个重要人物的情感、态度和属性转移到服务对象身上，但反移情不是必然发生的（选项A错误）。社会工作者服务他人的同时，要做好自我照顾，不断提升自己的专业能力（选项B正确）。社会工作者应当保护服务对象的隐私。未经服务对象同意或允许，社会工作者不得向第三方透露涉及服务对象个人身份资料和其他可能危害服务对象权益的隐私信息。除非在特别情况下必须透露有关信息时，社会工作者应向机构或有关部门报告，并告知服务对象有限度公开隐私信息的必要性及采取相关保护措施（选项C错误）。社会工作者要以服务对象的利益为本，以满足服务对象的需要为优先考虑，保护服务对象的合法权益不受损害（选项D错误）。

9. 【参考答案】D

【解析】本题考查社会工作专业伦理的主要内容。（1）社会工作者对服务机构的伦理责任。社会工作者主要受雇于各种社会服务机构，在特定的组织环境下开展专业服务。因此，如何处理好与服务机构的关系，在伦理上把握好责任和义务，是社会工作者专业实践中必须考虑的问题。(2) 社会工作者对同事的伦理责任。社会工作是一项服务协作和注重团队努力的专业活动，非常强调同事之间的合作精神。在专业服务过程中，社会工作者应彼此尊重、相互帮助。(3) 社会工作者对社会的伦理责任。社会工作的核心目标是促进社会福利的发展和促进社会进步，因此，社会工作者的职责和专业实践始终对社会有着不可推卸的责任和道义承担。每一名社会工作者都应在专业范围内，各尽其责，尽心尽力，为推动社会变迁及发展、促进社会正义而不懈努力。（4）社会工作者对社会工作专业的伦理责任。社会工作作为一个专业群体，每一名社会工作者都对该专业的发展负有责任。同时，社会工作者的实践本身也在影响专业的社会评价与专业权威。因此，社会工作者有责任促进专业的权威及其发展。

10. 【参考答案】A

【解析】本题考查社会工作伦理决定的核心价值观。无论何时何地，社会工作者在作伦理抉择时，都必须优先考虑下列两个核心价值观，它们对社会工作的实践和专业使命意义非凡。（1）尊重受助者的尊严和独特性。（2）努力促成受助者的自我决定。面对老林的情况，社会工作者小李既要尊重老林的决定，又要协助其顺利达成自决。选项D，在机构内筹款和题干中老林"不愿意麻烦别人，从未对别人说起过自己的困难"相违背，相比之下，选项A更符合"努力促成受助者的自我决定"。

11. 【参考答案】D

【解析】本题考查社会工作实践中的伦理原则。（1）保护生命原则。（2）差别平等原则。（3）最小伤害原则。（4）生命质量原则。尹奶奶想"再婚"却遭到儿女反对，情绪消沉，社会工作者小王制定个案服务方案，协助尹奶奶解决问题，通过沟通让儿女理解了尹奶奶，使尹奶奶的生命质量得到了提升，故选D。

12. 【参考答案】B

【解析】本题考查社会工作专业伦理守则。在实际工作中，社会工作者不仅要考虑政策的指引，还要考虑服务机构的立场和原则，更要结合具体的情境，包括服务对象的问题与需要，正确运用处理人际关系、助人问题方面的技巧。由于社会工作是一种助人活动，同时又多数是在政府社会福利体制内进行的专业活动，社会工作者要兼顾公平与效率、专业与非专业、个人与群体、单位与外部机构、短期利益与长期利益等关系的问题。医务社会工作者不能置身事外，既要表达出对赵爷爷的同理心，又要向其解释相关制度要求，以缓解医患冲突。

13. 【参考答案】A

【解析】本题考查马斯洛需要层次论。马斯洛需要层次论认为生理需要是人类维持自身生存的最基本需要，包括衣、食、住、行等方面的需要。如果这些需要得不到满足，人类的生存就成了问题。只有最基本的需要达到维持生存所必需的程度后，其他的需要才能成为新的激励因素。

14. 【参考答案】C

【解析】本题考查同辈群体的特点。同辈群体的特点包括以下几点：（1）平等性。(2)开放性。(3)认同性。(4)独特性。张叔叔喜欢旅游，与有相同爱好的朋友经常分享彼此的旅游经验，并结伴旅游，符合认同性的群体特点。

15. 【参考答案】C

【解析】本题考查人类行为与社会环境的基本关系。人类是在环境之中生活的，同时人又具有能动性。人类行为和社会环境相互影响，二者的关系是复杂的，主要表现在以下几个方面：一是人们要适应社会环境。任何人都必须在一定的社会环境中生活，所以人们需要使自己的行为符合社会环境的要求，学习社会环境所允许和要求的行为。二是社会环境影响个人行为。社会环境影响着人们行为的大致方向。各年龄段人的行为都会受到社会环境的影响，但所受影响的程度可能有所不同（选项B、D错误）。三是社会环境和生物遗传共同对人类行为产生影响。同样良好的遗传特性也需要依托适当的社会环境才能发挥作用。人的发展是遗传和环境相互影响的产物，其路径取决于遗传因素和外部环境影响之间复杂的相互作用。四是人类能够改变社会环境。人类可以改变自然环境，也可以改变社会环境。领袖人物或者大众的一致行为，对社会环境的影响作用巨大（选项A错误）。五是人类行为与社会环境关系的非平衡性。总的来说，人类行为与社会环境相互影响的力度并不是平衡的，社会环境对人类行为的影响要大一些（选项C正确）。

16. 【参考答案】D

【解析】本题考查学龄阶段儿童的主要特征。学龄阶段儿童语言的发展主要表现在口头语言、书面语言和内部语言的发展上。内部语言的发展是儿童语言发展的高级阶段，这个阶段他们已经能够不出声地思考问题。在学龄阶段，儿童注意的稳定性逐渐增强，注意的范围逐渐扩大，注意的分配能力逐渐提高，注意的转移能力逐渐增强。小学三年级的娜娜（学龄阶段），她在放学路上发现小妹妹哭泣（观察），并猜想她发生了什么事情（思考）。选项A为学龄前阶段的心理发展特征，选项B为青少年阶段的心理发展特征，选项 C 为学龄阶段的社会性发展特征。

17.【参考答案】B

【解析】本题考查**学龄阶段儿童面临的校园欺凌问题**。社会工作者针对校园欺凌问题可以在不同层面进行干预工作。一是针对学校进行干预工作。二是针对被欺凌者、欺凌者和旁观者开展的个体干预，应对欺凌的原因、特点和后果进行评估与诊断，制订可行性的干预方案。可采用个案咨询、小组活动的方法，结合角色扮演、情景模拟等方式，培养被欺凌儿童的自信与正确的社交技能，提高自我保护能力；纠正欺凌者的攻击行为；鼓励旁观者给予必要的帮助等。三是针对家庭开展干预工作。依据题干"针对小书个人"的服务，选项 B 正确。

18.【参考答案】D

【解析】本题考查**危机介入模式的特点**。危机介入模式的特点可以说是围绕着危机展开的。由于服务对象处于危机的状态中，所以社会工作者必须在非常有限的时间内快速、有效地解决服务对象的困扰，让服务对象摆脱危机的影响。危机介入模式的运用对社会工作者提出了很高的要求，这也形成了危机介入模式的自身特点。迅速了解服务对象的主要问题、快速作出危险性判断、有效稳定服务对象的情绪及积极协助服务对象解决当前问题。小林已经多次表现出厌世的想法，社会工作者小夏首先要做的就是及时进行危险性评估。

19.【参考答案】B

【解析】本题考查**接案工作中的转介**。与服务对象初次接触的过程，社会工作者还有一项工作任务：对于那些立即需要帮助而机构或者社会工作者无法给予及时必要帮助的服务对象，为其提供转介服务，即通过一些必要的手续把服务对象介绍给其他能够给予及时必要帮助的服务机构或者其他社会工作者。对于服务对象来说，寻求服务机构的帮助是一件不容易的事，社会工作者应尽可能减少对服务对象的伤害，在转介之前需要征得服务对象的同意，并且说明转介的理由。小赵要将王女士的案件进行转介服务，则需要提前告知王女士相关信息，经过预估和问题分析，小赵目前的工作就是转介，选项 C 错误，选项 D 不恰当，选项 A 直接拒绝没有进行转介服务不恰当，故选 B。

20.【参考答案】D

【解析】本题考查**社会工作者在开展服务过程中的专业角色**。联系人：社会工作者帮助服务对象与拥有资源的服务机构联系，保证服务对象能够获得合适的服务。特别对于那些面临多重生活困扰或者需要转介的服务对象来说，社会工作者常常需要承担这种专业角色，如帮助服务对象联系社会爱心人士，为服务对象提供必要的物质帮助，或者联系专业的心理咨询机构，为服务对象提供深度的心理辅导。题干中提到：针对小宁的情况，小王找来大学生志愿者辅导她学习，属于链接相关资源，故选 D。

21.【参考答案】B

【解析】本题考查**专业关系的建立**。从初次与求助对象接触，倾听求助对象的要求，到接受求助对象成为机构的服务对象，社会工作者在整个过程中有一项非常重要的任务，就是专业关系的建立。由于这是社会工作者与服务对象第一次正式接触，因此，专业关系建立的成功与否将直接影响服务对象进一步寻求服务机构帮助的动力和信心。社会工作者在与服务对象的初次沟通协商过程中应专注倾听服务对象的困扰，注意运用简洁明了的语句表达自己的同理和接纳，避免将求助对象界定为有问题的人。另外，社会工作者也要充分尊重求助对象自己的意见，让求助对象自己决定是否接受机构的专业服务。

22．【参考答案】D

【解析】本题考查个案会谈技巧中的支持性技巧。支持性技巧是社会工作者借助口头和身体语言让服务对象感受到被理解、被接纳的一系列技巧，主要包括：（1）专注。（2）倾听。（3）同理心。（4）鼓励。题干中社会工作者小华说"是你自己有勇气面对""一直都很有勇气"，是采用语言鼓励服务对象。

23．【参考答案】C

【解析】本题考查个案会谈的类型。个案会谈有多种不同的分类，根据会谈的目的和功能，可以把个案会谈分为建立关系的会谈、收集资料的会谈、诊断性会谈、治疗性会谈和一般性咨询会谈5种类型。题干中社会工作者小马帮助李大爷分析利弊，并提供相关信息，属于一般性咨询会谈。

24．【参考答案】B

【解析】本题考查个案会谈技巧中的支持性技巧。支持性技巧是社会工作者借助口头和身体语言让服务对象感受到被理解、被接纳的一系列技术，主要包括：专注、倾听、同理心、鼓励。其中，同理心是指社会工作者设身处地体会服务对象的内心感受，理解服务对象的想法和要求。

25．【参考答案】D

【解析】本题考查成效评估的方式。所谓评估是指对个案工作的服务效果和效率进行评定。评估可以采取不同的方法，经常采用的有：一是由服务对象评估服务工作的开展状况以及对服务工作的满意程度，选项A只涉及满意度问卷，未涉及个案开展情况的评估；二是由社会工作同行评估服务工作的开展状况；三是由服务机构评估社会工作者的服务工作开展状况，选项B、C错误。为了准确评估服务工作的开展状况，采用多种评估方法是比较有效的方式，可以通过郭女士再次填写量表测评心理状态，与接案初填写的量表进行对比，可通过数据对比了解本次服务开展的效果如何。故选项D符合题意。

26．【参考答案】A

【解析】本题考查互动模式的实施原则。社会工作者在开展互动模式下的小组工作时，应坚持实施和贯彻以下工作原则：（1）开放性的互动。（2）平等性的互动。（3）"面对面"的互动。选项B、D为发展模式的实施原则，选项C为无关项。社会工作者老许带领组员开展系列活动，并运用多种技巧促进组员分享感受，符合开放性互动的原则。

**27.**【参考答案】C

【解析】本题考查小组沟通与互动技巧。在沟通的过程中，社会工作者可用自身示范的方式，引导组员模仿，如提问的技巧以及给予回馈的方式等。依据题干，"组员因为不知道如何进行分享而陷入沉默"，社会工作者应该向组员示范"如何分享，分享什么"，选项C中，社会工作者小徐向组员介绍了自己的作品，符合题意。

**28.**【参考答案】A

【解析】本题考查小组开始阶段成员的特点。在小组的开始阶段，由于初入小组，组员往往不知道自己该做什么，故在心理和行为上容易出现矛盾、困惑和焦虑等问题。这一阶段组员的具体表现有以下几种：（1）矛盾的心理与行为特征；（2）小心谨慎与相互试探；（3）沉默而被动；（4）对社会工作者的依赖性。依据题干，组员"沉默、观望者较多；……讨论较少"等特征，说明该小组正处于开始阶段。

**29.**【参考答案】D

【解析】本题考查社会工作者主持小组讨论的技巧。社会工作者在运用了解的技巧时应该做到：随时观察和感觉组员的语言、认知、情绪、行为，适时给予支持和鼓励。根据题意，社会工作者小曹本意是邀请小姜发言，小姜还没开口，小姜妈妈就抢先说话，对此小姜表现出欲言又止。小曹这时应该打断小姜妈妈，让小姜发言，选项D符合题意。选项A，社会工作者小曹邀请小姜发言，小姜妈妈抢先说，选项A忽视了这个小组问题，不利于小组进程发展；选项B认同小姜妈妈的说法，进一步标签小姜不爱说话；选项A、B忽视了小姜的"欲言又止"。选项C的表达对小姜妈妈有批评、指责之意，不符合社会工作专业价值观不批判的原则。

**30.**【参考答案】B

【解析】本题考查小组转折阶段组员的特点。从小组工作的开始阶段完成之后，就进入小组工作的转折阶段。这个阶段是组员关系走向紧密化的时期，也是小组内部权力竞争开始的时期。这个阶段社会工作者的工作重点在于，通过专业辅导，协调和处理组员之间的竞争及各种可能的冲突，促进小组内部的良性竞争与和谐，推动小组关系走向紧密化。（1）对小组具有较强的认同感；（2）互动中的抗拒与防卫心理；（3）角色竞争中的冲突。本题中选项B体现出角色竞争中的冲突，符合题意。选项A是开始阶段；选项C是结束阶段；选项D是后期成熟阶段。

**31.**【参考答案】C

【解析】本题考查社会工作者与组员沟通的技巧。专注与倾听能有效地传达对组员的尊重和接纳的信息。社会工作者要通过语言的和非语言的专注，让组员感受到自己处在一个比较安全的关系之中，从而鼓励组员自由、放松地表达自己的感受。同时，社会工作者在倾听时要注意组员所说的重点，尤其是一些没有预料到的信息。在未完全听懂对方的真正意思前，一定不要与之争辩。高奶奶"担心别人听不懂，越来越着急"，所以社会工作者小徐需要安抚她的情绪，鼓励她。

**32.**【参考答案】A

【解析】本题考查小组活动设计技巧、小组的规模与工作时间。在设计小组活动时，社会工作者应该掌握和考虑以下四点：（1）紧扣小组目标；（2）考虑组员的特征及能力；（3）应包含小组活动目标、组员特征、人数多寡、时间分配、场地设施等基本要素；（4）应包含经验分享环节。选项A中的组员为幼儿园中的儿童，综合考虑其年龄段的注意力集中状况，时间不宜太长，将每节时长定为10~20分钟较为适宜，体现了小组活动设计中的"考虑组员的特征及能力"技巧。综上所述，本题应选A。

33．【参考答案】B

【解析】本题考查社会工作者在小组转折阶段的任务。在转折阶段，社会工作者应该认识到组员经过处理抗拒和冲突的过程，会养成一定的自我管理、自我决策的能力，但尚未达到完全独立自主的状态。这时，社会工作者还需要适当控制小组的进程，引导组员以小组为中心的互动，创造一个以小组为中心的环境解决情境，以期更好地实现小组目标。选项A，放任不管是错误的；选项C、D，小组有既定的计划及活动安排，因为莉莉个人的原因，就把这个小组的计划和活动安排调整，是不合适的，社会工作者要平衡对小组组员的责任。社工要用游戏活跃气氛，调动莉莉的积极性，鼓励她回归小组。

34．【参考答案】A

【解析】本题考查小组评估类型。小组评估包括过程评估和结果评估。小组过程评估是在小组发展中，收集相关资料，以显示组员变化和小组的发展过程状况。根据检测结果，对小组计划进行适当调整和改变，以便更加符合组员和小组发展的需要。在对小组过程评估时需要注意以下两点：第一，评估内容需要根据小组的目标和进程来决定。例如，在一个行为治疗小组中，我们检测的内容与目标行为有关，如检测目标行为的频率、严重性和持续性，引起该行为的前因后果等。而在一个发展性小组中，检测的重点可能是组员参与的程度和完成家庭作业的情况。第二，常用收集资料的方法有标准化测量工具（问卷和量表）、自我报告、行为计量表、口头意见回馈、日记和日志、社会工作者的观察记录、小组过程记录、总结记录、书面评估表、组员作业和作品等。选项B、C、D为结果评估。

35．【参考答案】D

【解析】本题考查地区发展模式的特点包括以下几种。地区发展模式的特点：（1）较多关注社区共同性问题。（2）注意通过建立社区自主能力来实现社区的重新整合。这个过程能够提高居民沟通、交流、分享、理解、分析、协商等能力，培养互谅共融的意识。这种能力和意识将来也可以"迁移"到社区其他问题的分析中，从而提升社区居民的自主能力（选项D正确）。（3）在地区发展模式中，过程目标的地位和重要性超过任务目标（选项A错误）。（4）地区发展模式特别重视居民的参与。地区发展模式是自下而上的服务模式（选项B错误）。选项A、B为社会策划模式的特点，选项C为社区照顾模式的特点。

36．【参考答案】C

【解析】本题考查社区照顾模式。社区照顾模式包括在社区照顾、由社区照顾和对社区照顾等。"由社区照顾"是指由家庭、亲友、邻里、志愿者等所提供的照顾和服务。"由社区照顾"的核心是强调动员社区内的资源，发动在社区内的亲戚、朋友和邻里协助提供照顾。如以社区为本的康复计划，目的是用低廉而非专业的康复服务取代集中化和机构化的昂贵方式。"由社区照顾"的重点是积极协助困难群体和有需要的人士在社区中重新建立支持网络。网络大致可以分为以下3类：（1）提供直接服务的网络；（2）服务对象自身的互助网络（选项C正确）；（3）社区紧急支援网络。选项A为院舍照顾；选项B为"在社区照顾"；选项D为无关项。

37.【参考答案】C

【解析】本题考查社区基本情况分析。进入社区后，社会工作者应对社区的基本情况有一个认识和了解。社区基本情况包括社区的地理环境、社区内的人口状况、社区内的资源、社区内的权力结构、社区的文化特色。了解社区文化特色，不仅有利于激发社区居民的参与热情，而且有助于更加深入地了解社区。选项A为社区权力结构，选项B为社区人口状况，选项D为社区内资源，故选C。

38.【参考答案】A

【解析】本题考查社区问题分析。社区问题分析包括描述问题、界定问题、明确问题的范围、问题的起源和动力。选项B、C为"明确问题的范围"，选项D属于"问题的起源和动力"，故选A。

39.【参考答案】D

【解析】本题考查社区需要分析。关于需要的类型，英国学者布赖德·肖归纳总结出4种类型。(1) 规范型需要。这种需要是专业人员、行政人员或专家学者依据专业知识和现有规定或规范，所指出的特定需要标准。(2) 感觉型需要。当个人被问及是否需要某一特定服务并作出回应时，其反应就是感觉型需要。(3) 表达型需要。当个人把自身的感觉型需要通过行动来表达和展现时，即成为表达型需要。(4) 比较型需要。需要的产生是基于与某种事物所作的比较。选项A属于感觉型需要，选项B属于规范型需要，选项C属于表达型需要，故选D。

40.【参考答案】A

【解析】本题考查实施社区工作计划的管理社区资源。对社区资源的管理包括对资源现状的分析、资源开发、资源的链接以及维系等方面的工作。题干中小李及其项目团队走访多个组织，了解他们的服务现状，属于对资源的分析，故选A。

41.【参考答案】D

【解析】本题考查收集社区资料的方法。收集社区资料的方法包括文献分析法、观察法、访问法、问卷调查法、社区普查法等。根据题干，要深入了解社区需要并与居民建立关系，最适宜的方法是访问法。

42.【参考答案】A

【解析】本题考查主持会议的技巧。进一步说明是指当与会者所表达的意见不明确或者不完整时，社会工作者可以帮助他们进一步说明他们的意见。例如："您刚才说希

69

望居委会能出面解决问题,那您希望居委会在哪些方面做工作呢?"这也有助于其他与会者更准确地理解发言人的立场和观点,避免猜度和误会。

43.【参考答案】B

【解析】本题考查社区工作评估。根据评估的目的,可以将评估分为三大类:过程评估、成果评估、效益评估。过程评估,顾名思义是对工作过程质与量的评估,重点在于对有关的工作过程进行描述,包括投入的资源和人员配置、一系列工作的优先次序、各个程序的进展状况等。过程评估应该回答以下问题:开展工作的步骤是怎样的?工作中投入了多少人力、物力、财力和时间?这些资源是如何在不同工作部门和工作环节之间分配的?过程评估可以帮助社会工作者了解整个工作的进程和实施情况,有助于发现和改善工作过程中的问题。

44.【参考答案】A

【解析】本题考查社会服务机构的团队式结构类型。(1)多功能型团队。多功能型团队是指由来自同一等级、不同专业领域的成员组成,共同来完成某一项任务的团队。其有效性在于能够使机构内(甚至机构间)不同领域的成员之间交换信息,激发出新的观点,解决面临的问题,协调复杂的项目。(2)问题解决型团队。社会服务机构的多数团队是问题解决型团队,这些团队的成员每周用几个小时来碰头开会,讨论如何提高服务效率、提升服务质量和改善工作环境等问题,成员也会就如何改进服务流程和服务技术相互交换看法或提供建议。(3)自我管理型团队。自我管理型团队也被称为高绩效团队,自然形成的工作小组,被赋予了较大的自主权,集计划、指导、监督和控制于一身,包括控制工作节奏、决定工作任务的分配、安排工作休息等。这种类型的团队通常由10~16人组成,是真正独立自主的团队,他们不仅探讨问题怎么解决,并且自己设计解决问题方案并实际执行,且对工作结果承担全部责任。依据题干"各部门不同专业人员"完成"制订工作方案,建立服务标准"任务,符合多功能型团队特点。

45.【参考答案】B

【解析】本题考查教育性督导的内容。教育性督导,包括教导有关"服务对象群"的特殊知识、"社会服务机构"的知识、有关"社会问题"的知识、有关"工作过程"的知识、有关"社会工作者本身"的知识、提供专业性"建议和咨询"。根据题意,老杨向小林讲解了养老院里老人的生活规律、饮食习惯和兴趣爱好,属于教育性督导。

46.【参考答案】C

【解析】本题考查企业捐款的动机。企业捐款的动机可以归纳为以下5种:一是市场营销。二是公共关系。三是自我利益。四是税法策略。五是社会联谊(俱乐部)。依据题干,某企业"以展示企业社会责任",属于公共关系的动机。

47.【参考答案】B

【解析】本题考查社会服务机构的运作。授权是指上级主管部门适当地将职权移交给下属的过程。授权的主要目的是让社会服务机构发挥最大效率,授权也有助于提高下属或员工的满意度、工作动机。授权意味着权益的授予和职责的建立,既包括上下级之间发生的短期权责转移与接受关系，也包括从组织结构角度的长期制度化的分权行为。社会服务机构主管可授权的内容包括以下几种：一是分派任务。即指派下属或员工完成多项任务，机构主管在任务分派时必须考虑分派给具有执行权力的下属。二是授予权力。在任务分派出去之前，权力应当作为能够用来完成任务的工具而进行授予，目的是保证下属能良好地运用权力、完成任务。三是明确责任。机构主管将权力授予下属的同时，还应告知下属对分派的任务和接受的权力所要担负的责任，这些责任不仅包括执行过程，也包括及时汇报、沟通和协调。依据题意，社会工作者还需要做的是明确责任。

48. 【参考答案】D

【解析】本题考查社会工作者最常面临的压力来源。一是来自服务对象的压力。二是来自工作的压力。三是来自机构的行政压力。四是来自社会对社会工作认知的压力，包括社会公众对社会工作专业不了解、服务对象对社会工作不了解、社会服务机构的领导和同事对社会工作不了解、其他专业对社会工作专业的质疑、社会工作者要不断为专业解释等。依据题干，新入职的社会工作者小王"发现居民对社会工作不了解""为如何介绍社会工作而烦恼"，是来自社会对社会工作认知的压力，故选D。

49. 【参考答案】B

【解析】本题考查定性研究的特点。定性研究不一定事先设定假设，其理论假设可以在研究过程中逐步形成和完善，其过程发现需要进行归纳，才可能达到理论层面（选项A属于定量研究的特点）。定性研究注重具体独特的现象，收集和分析非数字化资料，描述回答者所经历的现实，探索社会关系，从而对个体进行理解、阐释和深度描述。定性研究把自然情境作为资料源泉，花费相当多时间深入具体情境中，研究者对自己行为及与研究对象之间的关系进行动态反思和调适，尽量设法将被研究对象视为自己人（选项B属于定性研究的特点）。访谈法是定性研究收集资料的方法，定性研究的三种访谈形式为非正式会话式访谈、引导式访谈（半结构式访谈）和标准化开放式访谈，没有结构式访谈法（选项C表述错误）。在定量研究中，研究者多被视为旁观者，研究者是以自己的视角解剖研究对象的世界，研究一般是依托某些理论提出若干假设，并以接触性的或控制性的手法收集数量资料，资料是非整体的，其结果有时具有可推论性（选项D属于定量研究的特点）。

50. 【参考答案】A

【解析】本题考查调查问卷的设计。调查问卷要以回答者视角为主，关注其教育程度及语言习惯，避免过长和过于复杂，保持卷面简洁，让回答者认可、容易理解并回答（选项A正确）。问题按序排列方面，个人背景一般居首；客观题在前，主观题在后；熟悉、简单、对方感兴趣、封闭式问题置于前面；行为、态度、敏感的问题放在后面（选项B、C错误）。对问卷进行排版要注意版面、字体、行间距、外观等，使问卷整齐、宽松、醒目，以利于被调查者答题（选项D错误）。

51. 【参考答案】C

【解析】本题考查问卷设计的内容。问题是问卷的核心所在，有态度、行为和状态三种类型。态度说明对某个议题的看法，例如："你对XY社工师事务所提供的服务满意吗？"行为代表实际行动状况，例如："过去一星期你上过网吧几次？"状态涉及人口社会特征、个人经历及其他信息，如性别、年龄、文化程度、婚姻状况、收入水平等。选项A、B为状态指标，选项D为态度指标，故选C。

52. 【参考答案】C

【解析】本题考查问卷调查的内容。问卷调查较为客观，采用匿名访问，有利于获得真实信息（选项A、D错误）。问卷以回答者视角为主，关注其教育程度及语言习惯，避免过长和过于复杂（选项B错误）。态度指标是指被访者对某些事项的感受或看法，满意度调查属于态度指标类型问卷（选项C正确）。

53. 【参考答案】A

【解析】本题考查老年人合法权益的主要内容及保障方式。根据老年人权益保障法第十七条规定："赡养人有义务耕种或者委托他人耕种老年人承包的田地，照管或者委托他人照管老年人的林木和牲畜等，收益归老年人所有。"

54. 【参考答案】A

【解析】本题考查妇女合法权益的主要内容及保障方式。妇女在岗位录用、薪酬、晋升晋级、专业技术职务评定等各方面享有与男子平等的权利，各单位应当坚持男女平等的原则，不得歧视妇女（选项A正确）。妇女权益保障法第五十五条规定："妇女在农村集体经济组织成员身份确认、土地承包经营、集体经济组织收益分配、土地征收补偿安置或征用补偿以及宅基地使用等方面，享有与男子平等的权利。"第五十六条规定："……不得以妇女未婚、结婚、离婚、丧偶、户无男性等为由，侵害妇女在农村集体经济组织中的各项权益。"（选项B错误）。第五十八条规定："妇女享有与男子平等的继承权。妇女依法行使继承权，不受歧视。"（选项C错误）。第五十九条规定："丧偶儿媳对公婆尽了主要赡养义务的，作为第一顺序继承人，其继承权不受子女代位继承的影响。"（选项D错误）。

55. 【参考答案】C

【解析】本题考查残疾人的劳动就业权利。《残疾人就业条例》第十一条规定："集中使用残疾人的用人单位中从事全日制工作的残疾人职工，应当占本单位在职职工总数的25%以上。"

56. 【参考答案】C

【解析】本题考查城乡居民最低生活保障政策法规。《最低生活保障审核确认办法》第八条规定："符合下列情形之一的人员，可以单独提出申请：（一）最低生活保障边缘家庭中持有中华人民共和国残疾人证的一级、二级重度残疾人和三级智力残疾人、三级精神残疾人；（二）最低生活保障边缘家庭中患有当地有关部门认定的重特大疾病的人员；（三）脱离家庭、在宗教场所居住三年以上（含三年）的生活困难的宗教教职人员；（四）县级以上人民政府民政部门规定的其他特殊困难人员。"

57. 【参考答案】B

**【解析】**本题考查工伤保险政策法规。《工伤保险条例》第十四条规定："职工有下列情形之一的，应当认定为工伤：（一）在工作时间和工作场所内，因工作原因受到事故伤害的；（二）工作时间前后在工作场所内，从事与工作有关的预备性或者收尾性工作受到事故伤害的；（三）在工作时间和工作场所内，因履行工作职责受到暴力等意外伤害的；（四）患职业病的；（五）因工外出期间，由于工作原因受到伤害或者发生事故下落不明的；（六）在上下班途中，受到非本人主要责任的交通事故或者城市轨道交通、客运轮渡、火车事故伤害的；（七）法律、行政法规规定应当认定为工伤的其他情形。"第十五条规定："职工有下列情形之一的，视同工伤：（一）在工作时间和工作岗位，突发疾病死亡或者在48小时之内经抢救无效死亡的；（二）在抢险救灾等维护国家利益、公共利益活动中受到伤害的；（三）职工原在军队服役，因战、因公负伤致残，已取得革命伤残军人证，到用人单位后旧伤复发的。职工有前款第（一）项、第（二）项情形的，按照本条例的有关规定享受工伤保险待遇；职工有前款第（三）项情形的，按照本条例的有关规定享受除一次性伤残补助金以外的工伤保险待遇。"第十六条规定："职工符合本条例第十四条、第十五条的规定，但是有下列情形之一的，不得认定为工伤或者视同工伤：（一）故意犯罪的；（二）醉酒或者吸毒的；（三）自残或者自杀的。"

58. **【参考答案】** D

**【解析】**本题考查青少年合法权益的主要内容及保障方式。劳动法第五十八条规定："国家对女职工和未成年工实行特殊劳动保护。未成年工是指年满十六周岁未满十八周岁的劳动者。"

59. **【参考答案】** A

**【解析】**本题考查城乡居民基本医疗保险制度相关规定。社会保险法第二十五条规定："国家建立和完善城镇居民基本医疗保险制度。城镇居民基本医疗保险实行个人缴费和政府补贴相结合。享受最低生活保障的人、丧失劳动能力的残疾人、低收入家庭六十周岁以上的老年人和未成年人等所需个人缴费部分，由政府给予补贴。"

60. **【参考答案】** B

**【解析】**本题考查基层政府在社区治理体系中的作用。本知识点属于教材外，但是属于考纲，也是社会工作者应知应会的内容。根据《中共中央 国务院关于加强和完善城乡社区治理的意见》规定："二、健全完善城乡社区治理体系……（二）有效发挥基层政府主导作用。各省（自治区、直辖市）按照条块结合、以块为主的原则，制定区县职能部门、街道办事处（乡镇政府）在社区治理方面的权责清单；依法厘清街道办事处（乡镇政府）和基层群众性自治组织权责边界，明确基层群众性自治组织承担的社区工作事项清单以及协助政府的社区工作事项清单；上述社区工作事项之外的其他事项，街道办事处（乡镇政府）可通过向基层群众性自治组织等购买服务方式提供。建立街道办事处（乡镇政府）和基层群众性自治组织履职履约双向评价机制。基层政府要切实履行城乡社区治理主导职责，加强对城乡社区治理的政策支持、财力物力保障和能力建设指导，加强对基层群众性自治组织建设的指导规范，不断提高依法指导城乡社区治理的能力和水平。"

## 二、多项选择题

61.【参考答案】A B E

【解析】本题考查社会工作的服务领域。首先排除选项C、D，本题中未涉及。家庭社会工作是因社会或家庭成员方面的原因使正常的家庭生活陷入困境，而由社会工作者提供的支持性服务，家庭社会工作以家庭整体为服务对象，其目的是通过协调家庭成员之间、家庭与环境之间的关系，帮助恢复家庭的正常生活，发挥其正常功能。在现代社会，由于社会与经济的快速变迁，部分家庭成员或整个家庭难以适应而陷入困境，进而影响整个家庭的正常生活。题干中指明社会工作服务机构为20户困难家庭提供服务，需要了解家庭困难的原因，为家庭提供针对性的帮助，因此选项E正确。根据题干，在街道社区开展的工作，属于社区社会工作；为困难家庭服务属于社会救助，故选择A、B、E。

62.【参考答案】A B

【解析】本题考查社会工作价值观的实践原则。（1）接纳。在专业服务过程中，社会工作者要从内心接纳服务对象，将他们看作工作过程中的重要伙伴，对服务对象的价值偏好、习惯、信仰等都应保持宽容与尊重的态度，绝不能因为服务对象的生理、心理、种族（民族）、性别、年龄、职业、社会地位、信仰等因素对他们有任何歧视，更不能因为上述原因而拒绝为服务对象提供社会服务。（2）非评判。社会工作虽然是一种价值主导的专业实践，但社会工作者仍要避免将自己的价值观强加于服务对象，不应指责和批判服务对象的言行与价值观，更不应将自己的负面情绪发泄在服务对象身上。（3）个别化。每个人都应当有权利和机会发展个性，社会工作者应当尊重服务对象的个体差异，不应当使用一般或统一的服务方法回应他们的独特需要，要充分考虑到服务对象在性别、年龄、职业、社会地位、政治信仰、宗教以及精神或生理残疾状况等方面存在的价值差异及其与社会主流价值之间可能存在的冲突。（4）保密。社会工作者应当保护服务对象的隐私。未经服务对象同意或允许，社会工作者不得向第三方透露涉及服务对象个人身份资料和其他可能危害服务对象权益的隐私信息。在特别情况下必须透露有关信息时，社会工作者应向机构或有关部门报告，并告知服务对象有限度公开隐私信息的必要性及采取相关保护措施。（5）当事人自决。在社会工作实践中，社会工作者要与服务对象保持良好的沟通。社会工作者有义务向服务对象提供必要的信息。服务对象有权利在充分知情的前提下选择服务的内容、方式，并在事关服务对象利益的决策中起到主导作用。个别化强调特殊、个性化的表现，题干只说明"制订符合其需求的服务方案"，没有突出个性化，D不选。

63.【参考答案】A C D E

【解析】本题考查社会工作伦理原则。社会工作的服务过程强调"独特性"，社会工作者在提供服务时应当注重个别化，注重服务对象的个性化需求。独居老年人群体主要面临的问题包括居家安全问题和容易产生孤独感，"生活存在困难，又不愿求人"，因而社会工作者依据独居老人的需求提供服务，包括倡导住宅进行适老化改造，鼓励子女多探望，倡导政府出台相关政策，扩充独居老人的社会资源，协助独居老人更好地适应老年期，故选项A、C、D、E正确。社会工作者要尊重服务对象的自决权，不能强迫或是违背服务对象的意愿，选项B中"说服老人参加社区活动"违背了服务对象自决原则，选项B错误。

64. **【参考答案】** B C D

**【解析】** 本题考查社会环境的主要构成要素的大众传媒。随着社会的发展，大众传媒对人的行为和社会实践的影响越来越大。大众传媒对人类行为的影响主要表现在以下几个方面：第一，可以为受众提供支持其固有立场、观点和行为的有关情况，从而增强受众的固有观念和行为；第二，在争议不大且没有其他因素干扰的情况下，大众传媒只要重复传播内容，就能直接改变受众的行为模式（选项B正确）；第三，大众传媒可以使受众改变其原有的立场（选项C正确，依据题干"觉得中老年人也和年轻人一样，可以打扮自己、展示自己"）；第四，可以提供信息引导人们的行为（选项D正确，依据题干"购买主播推荐的产品，改变自己的穿衣搭配风格"）；第五，为受众提供行为规范，供他们选择。选项A、E的表述内容与题干中许阿姨的变化表述不符。

65. **【参考答案】** C D E

**【解析】** 本题考查青年阶段的就业问题。就业是青年阶段重要的社会任务，是青年人从家庭、学校走向社会，从心理成熟走向社会成熟的重要标志。目前，全国就业形势严峻，无论是高学历的大学生，还是中低学历的青年人，都面临巨大的就业压力。大学生就业已成为引起广泛关注的社会性问题。影响青年就业的因素主要有：一是用人单位方面的因素。这主要包括用人单位的录用条件高，提供的待遇较低，工作较差等。二是就业信息不完善。社会为青年提供权威、可靠的就业信息不足，就业信息渠道不畅通。三是服务不完善。各级政府、各部门之间相互连接、高效、有序的就业服务体系还没有完全搭建好，影响广大的青年就业。四是学校人才培养与产业人才需求脱节。学校教育与市场需求的脱节是造成青年大学生毕业即失业的重要原因。针对青年就业问题，社会工作者的干预措施主要有：一是要帮助青年提高自身的就业能力，准确定位自己的职业发展目标，有的放矢地进行求职择业；二是推动政府不断完善就业的服务体系，健全就业市场、人才市场、劳动力市场的信息相互贯通和共享机制，营造有利于人才合理流动的大环境；三是帮助在就业中受挫的青年宣泄其负面情绪，促使其作冷静、理智和创造性的思考，协助其认识自身拥有的资源和潜能。选项A与推动就业没有明显关系，选项B不符合题意。

66. **【参考答案】** A B C D

**【解析】** 本题考查现有资料的运用。文献记录是有关服务对象日常生活状况的文字记录，如学生的成绩单、低保家庭的低保证明、医院的健康检查证明等，都属于这种类型的资料，它们是社会工作者了解服务对象日常生活状况的重要资料。

67. 【参考答案】A D E

【解析】本题考查个案服务的目标。依据题意，刘老伯认为女儿去世都是自己的错，所以应该减少其自责；作息时间混乱，应该调整刘老伯的作息规律；把自己关在家里，不与任何人联系，应该恢复其社会关系。选项B表述不清晰，与题干内容无关；清理杂物不是社会工作者的任务，选项C错误。

68. 【参考答案】A C D

【解析】本题考查专业合作关系的维持。在服务的推进过程中，社会工作者与服务对象之间的专业合作关系的维持也非常重要，它不仅直接影响服务对象的配合程度，而且对服务效果的维持也发挥着重要作用。为了保持良好的专业合作关系，社会工作者在与服务对象的交往中需要做到以下3点。(1)接纳。即无论服务对象面临什么问题，社会工作者都愿意理解服务对象，不是关注服务对象的问题，而是关心问题背后服务对象的发展要求。(2)无条件关怀。即在服务开展过程中社会工作者不评价服务对象（选项C正确），尊重服务对象的价值（选项A正确），且相信服务对象是可以改变的（选项D正确）。(3)真诚。即社会工作者在服务开展过程中对自己的感受保持开放的态度，并且愿意与服务对象交流和分享自己的真实感受。选项B、E属于需求评估，不符合题意。

69. 【参考答案】B D E

【解析】本题考查小组工作的结案阶段社会工作者的任务。在结案阶段，服务对象面对专业服务的结束都会出现不同程度的心理矛盾。为了帮助服务对象顺利面对服务工作的结束，社会工作者需要做好以下几项工作：一是预先告知服务对象，让服务对象对服务结束做好准备；二是巩固服务对象在已经开展的服务工作中获得的改变和进步（选项B、E正确）；三是与服务对象一起进一步探讨影响问题解决的因素，为服务对象结案之后独立面对问题做好准备；四是鼓励服务对象表达结案时的情绪，与服务对象一起探讨结案后的跟进服务（选项D正确）。选项A、C是转折阶段的任务。

70. 【参考答案】A B C

【解析】本题考查主持小组讨论的限制性技巧。限制的技巧是指当一些小组组员垄断小组讨论时，或当组员的发言太抽象时，或当小组讨论脱离主题范围时，社会工作者要采取限制的手段来处理小组或小组组员的行为。这里的限制手段包括社会工作者用"是不是"等提问其他善于发言的组员或者其他未发言的组员；及时切断话题，给予适时的打岔；限定发言的时间；调整发言的次序。依据题意，该小组是"照顾者减压小组"，本节活动"邀请组员讲述压力来源和减压方法"。选项A"引发对地区医疗差异的讨论"、选项C"讲述了其他年轻病友因患病无法工作并对家人产生的内疚感"，属于脱离主题范围；选项B超过规定发言时间。选项D、E符合小组主题，不需要限制。

71. 【参考答案】C D E

【解析】本题考查主持小组讨论时中立的技巧。在小组讨论中，可能因为某一个问题的观点不一致而发生争论，而争论的双方都希望社会工作者能支持自己的观点。此时，社会工作者的中立很重要，应避免与组员争论，不偏袒或属意任意一方（选项B错误）；不判断他人意见（选项C正确）；仅提供问题，不给予参考答案；可以提供资料信息，但不予决断（选项E正确），仅作利弊分析或事实论述（选项D正确）；随时保持中立的位置。在本题情境中，选项A中的保持沉默是主持小组讨论的"沉默的技巧"，但在此时运用沉默技巧时机不当，不应等待小钱和小邹自行停止争论，而应适时使用"中立的技巧"；选项B做法错误。综上所述，本题应选C、D、E。

72. 【参考答案】A C D

【解析】本题考查社区工作评估的分类。根据评估的目的，可以将评估分为3大类：过程评估、结果评估、效益评估。每一类评估分别关注的是工作的不同侧面，因此可以帮助社会工作者从不同的角度对社区工作进行总结。(1) 过程评估。是对工作过程的质与量的评估，重点在于对有关的工作过程进行描述，包括投入的资源和人员配置、一系列工作的优先次序、各个程序的进展状况等。过程评估应该回答以下问题：开展工作的步骤是怎样的，工作中投入了多少人力、物力、财力和时间，这些资源是如何在不同工作部门和工作环节之间分配的。过程评估可以帮助社会工作者了解整个工作的进程和实施情况，有助于发现和改善工作过程中的问题。(2) 结果评估。对结果的评估，主要是考查工作在多大程度上实现了预定的目标。具体来说，结果评估应该回答以下问题：工作取得了哪些成果？这些成果是否达到了预期的目标？工作的成果是否由于工作之外的因素而达到？工作是否带来了预期之外的效果？成果评估可以帮助社会工作者了解有关工作是否能使服务对象发生改变以及变化的程度如何，也有助于确定工作成功和失败的原因。(3) 效益评估。效益评估注重服务的成本收益分析，关注的是所取得的工作成果与所付出的代价孰大孰小的问题。由于效益评估重视的是实现工作目标的资源成本，所以可以帮助决策者和社会工作者在不同的工作方案之间进行效益比较，选择成本较小而收益较高的方案。选项B为结果评估，选项E为效益评估。

73. 【参考答案】B C D

【解析】本题考查居民骨干培养技巧。居民骨干培养技巧包括以下几个方面：(1) 鼓励参与。针对部分居民骨干缺乏自信、自我认同感不高的情况，社会工作者要对他们在实践过程中的突出表现给予鼓励和肯定。社会工作者也要不断向居民骨干灌输"当家做主"的理念，协助他们建立自主和自立的意识，对应题干中"肯定了夏阿姨在关键时刻能够主动担当"（选项B正确）。(2) 建立民主领导风格。社会工作者应积极培养居民骨干的民主意识，多组织居民会议，共同协商处理社区问题。另外，社会工作者也要促进居民骨干对民主原则的全面理解和认同。(3) 培训工作技巧。社会工作者一般通过训练、实习、示范、阅读文章、观看影音教材、亲身体验、观察、讨论和角色扮演来提升居民骨干的能力，并教导人际关系、主持会议、演讲、组织、资源动员、沟通、管理、带领小组、游说谈判、总结归纳等多方面技巧。另外，社会工作者要帮助居民骨干从实践中学习和吸收知识与经验，培养总结和自省的习惯。居民骨干通过总结实践工作中的成败得失，扬长避短，不断成长和进步，对应题干中"并与她一起分析这次参赛失利的原因"（选项C正确）。(4) 增强管理能力。居民骨干中相当部分的人缺乏管理知识，依靠热情工作，不懂得权责分工，将许多工作集中在自己身上。社会工作者应加强居民骨干的权责分工意识，让他们认识到只有分工合作，才能做好社区工作，对应题干中"建议她将部门工作分配给队里的几位积极分子"（选项D正确）。选项A属于无关项，选项E题干中没有提到。

74.【参考答案】A B D E

【解析】本题考查进入社区的方式。进入社区的方式包括以下几种：（1）积极参与社区重要活动。如参加社区在节假日举办的活动或在社区已形成的传统活动中争取亮相的机会，让大家逐渐熟悉和了解自己（选项D正确）。（2）主办社区活动。社会工作者所在的机构可以出面主办一些社区活动，邀请居民和其他社区团体参加，主动营造与社区其他成员互动的机会，也可借此宣传介绍自己所在机构的服务（选项C错误，活动的目的不是"认识社区"，而是认识社会工作者和自己所在的服务机构）。（3）积极介入。社区事务社会工作者应积极参与讨论社区事务，出席相关的会议，提供意见和建议，并在力所能及的范围内提供适当的帮助（选项A正确）。（4）经常出现在社区居民之中。社会工作者应经常在社区内走动，尤其应注意在居民聚集的公共场所稍作停留，如社区广场、花园、健身设施周边等地方，主动与居民打招呼，话家常，拉近与居民的距离。对居民骨干、潜在的服务对象等"重点"居民，社会工作者也可以采取登门拜访的方式（选项B正确）。（5）报道社区活动。社会工作者也可以定期或不定期地出版工作简报、通讯，或者向社区的报纸、期刊投稿，报道自己机构在社区所开展的活动（选项E正确）。

75.【参考答案】A B D E

【解析】本题考查选择理想的可行性方案。策划者可选用"可行性方案模型"来筛选理想方案，这个模型中有6个筛选标准。一是效率，指方案资源投入和服务产出比值（选项D正确）；二是效果，指方案实现目标的程度以及带来的服务对象的改变（选项E正确）；三是可行性，指实施这个方案达到成功的程度，包括方案是否实际可行，机构是否可以完成这个方案，机构过去完成这类方案的记录，方案计划是否适当（选项B正确）；四是重要性，指这个方案是不是唯一达到目标的，且必须推进的程度；五是公平，指这个服务方案能否公平地提供给需要的个人或团体的程度（选项A正确）；六是附加结果，关注的是方案中所产生的意外（目标之外）的效果，包括对社会所产生的正面和负面效果。

76.【参考答案】A B D

【解析】本题考查志愿者管理的内容与过程。有效的志愿者管理应该依循8个步骤：需要评估与方案规划、工作发展与设计、招募、面谈与签约、迎新说明与训练、督导与激励、奖励表扬、评估。其中，迎新说明是为了让志愿者进一步了解社会服务机构的使命目标、服务对象、内容和运作方式，使志愿者积极地工作，促进机构目标的实现。志愿者训练对促进志愿者的工作表现，增进工作满足感和提升志愿服务工作整体素质具有重要意义。志愿者训练包括知识、技巧和态度三方面的灌输和交流，其主要内容包括：

一是让志愿者认识志愿服务的意义，了解机构政策目标和理想使命，促进志愿者个人目标和机构目标达成一致（选项B正确）；二是根据服务岗位的要求，对志愿者进行实务训练，包括相关知识、技巧和态度，以确保服务质量达到应有的水平（选项A正确）；三是通过训练提升志愿者的服务信心，帮助他们挖掘潜能，促进志愿者个人发展（选项D正确）。选项C和E属于需要评估与方案规划阶段的内容。

77.【参考答案】C E

【解析】本题考查问卷设计的原则。问题和答案的设计需要注意多方面细节。（1）关于答案。开放式问题的答案应注意空间大小的适当性，封闭式问题中单项选择的答案必须满足穷尽性和互斥性。其中，穷尽性指答案包含所有可能，互斥性指不同答案并不交叉。如"性别"分男女，就同时满足了上述要求；"婚姻状况"分"未婚""已婚""离婚""丧偶"，就没有满足互斥性。（2）关于语言。问题语言应该简短明了，避免双重含义，不要有倾向性，对敏感问题注意提问方式。"双重含义"，如"你父母支持你就读社会工作专业吗"就包含了父亲支持与否和母亲支持与否两个问题，在父母意见不同时被访者就难以回答。（3）关于排序。一般而言，被访者熟悉或感兴趣的、简单的、封闭式的问题可以置于前面，行为、态度、背景、敏感的问题放在后面。这利于被调查者较快进入状态，提高问卷回答的完整度。（4）关于题数。无论研究内容、性质、方法、资源、礼品、对象兴趣等方面状况如何，回答问卷所花时间越短越好。有时，设计者或研究者希望获得尽可能多的问题答案，但这可能导致被访者的随意圈填和空白，从而降低了问卷调查的质量。根据经验，一份问卷最好在被调查者30分钟左右完成为宜。题中选项A带有倾向性；选项B违背穷尽性；选项D有双重含义，排除。

78.【参考答案】A B C

【解析】本题考查个案研究的方法。个案研究有自身的优缺点。优点在于以下几个方面：一是它可以了解研究对象各方面的状况，进而对其有全面和深入的认识（选项A正确）；二是有助于澄清概念和确定变量，从而有利于做进一步的实证研究；三是有助于进行探索性研究，发现重要的变项以及提供有用的范畴，从而拟定假设或建立理论；四是由于资料广泛深入，有利于客观、深入、准确地把握研究对象的问题、需要及其原因机制，有利于提出有效和具体的处理办法或解题方案（选项B、C正确）。但个案研究也存在很多缺点，比如需要花费许多时间，不容易补充数据，样本很少和对象缺乏代表性，研究发现也不能进行推论。个案研究与社会工作个别化理念的一致性。个案研究的资料收集和分析在临床社会工作的需求测评阶段具有不可替代的作用。把握其技术要领、明确其优缺点是社会工作研究人员和实务人员专业能力的重要体现。选项D、E属于定量研究的特征。

79.【参考答案】A B C D

【解析】本题考查婚姻家庭政策法规。民法典第一千零六十二条规定："夫妻在婚姻关系存续期间所得的下列财产，为夫妻的共同财产，归夫妻共同所有：（一）工资、奖金、劳务报酬；（二）生产、经营、投资的收益；（三）知识产权的收益；（四）继承或者受赠的财产，但是本法第一千零六十三条第三项规定的除外；（五）其他应当归共同所有的财产。"

80.【参考答案】A B D E

【解析】本题考查劳动就业政策法规。劳动法第四十九条规定："确定和调整最低工资标准应当综合参考下列因素：（一）劳动者本人及平均赡养人口的最低生活费用；（二）社会平均工资水平；（三）劳动生产率；（四）就业状况；（五）地区之间经济发展水平的差异。"

# 《社会工作综合能力（初级)》
# 2023年真题参考答案与解析

一、单项选择题

1. 【参考答案】A

【解析】本题考查社会工作的基本对象。社会工作的服务对象不仅包括在生活上陷入困境自己难以解脱的个人、经济困难和成员关系严重失调的家庭，也包括陷入困境的社会群体以及内部关系不和谐、缺乏发展活力的社区。从发展中国家的实践来看，社会工作的基本对象依然是那些最需要帮助的人，如孤儿、孤寡老人、残疾人，以及因自然灾害和社会原因而陷入困难境地的人。这些人之所以最需要帮助是因为他们的生活十分困难，如果没有他人的帮助可能会危及生命。在家庭、亲友、社区不能向他们提供基本支持的情况下，政府和社会要承担起基本的责任。在政府的福利资源有限时，这些人就会成为被优先救助和帮助的人，更能发挥社会工作的专业服务优势。故选A。

2. 【参考答案】D

【解析】本题考查社会工作要素。社会工作的基本要素包括服务对象、社会工作者、价值观、助人活动及专业方法。社会工作者秉持利他主义，从事的是专业服务工作（选项A错误）。社会工作的基本对象是最需要帮助的人，通常是我们社会中的困难群体，如孤儿、孤寡老人、残疾人，以及因自然灾害和社会原因而陷入困难境地的人（选项B错误）。社会工作者运用角色具有一定程度的综合性。社会工作价值观是通过专业教育形成的，也是在服务实践中养成的。社会工作方法已经成为一个复杂的体系，主要有个案工作、小组工作和社区工作等几种，与一般的助人服务是有区别的（选项C错误）。社会工作助人活动不是一个单向支持过程，而是双方围绕解决困难和问题而展开的持续互动。助人活动是社会工作者采用专业方法，基于其价值观向服务对象提供帮助或服务，以及与服务对象进行互动与合作的过程，是社会工作的外在体现。故选D。

3. 【参考答案】A

【解析】本题考查社会工作对象的扩大。要注意结合社会工作的基本对象来加以理解。社会工作的基本对象具体包括以下几类：（1）孤儿、无依无靠的老人、残疾人。（2）精神病患者。（3）因失业而陷入生存困境者。社会工作的扩大对象是指：从帮助物质生活上最困难的人，逐步扩展到所有基本生活遇到困难的人，从困难民众到一般公众。选项BCD都是基本对象，故选A。

4. 【参考答案】D

【解析】本题考查社会工作者的主要角色。资源筹措者也称为资源链接者。社会工作者为了有效助人，常常需要联络政府部门、企事业单位、社会组织（包括基金会）和广大社会成员，向他们筹集服务对象所需要的资源，可以说，为服务的顺利开展而筹措资源是社会工作者的重要责任。筹措资源之后，社会工作者有时是将它们传递到服务对象手中，有时则将社会资源同服务对象链接起来，这种角色又叫资源链接者。因此，为确保服务的顺利开展并获取所需资源是社会工作者的主要责任之一。根据题干，选项D更能体现社会工作者资源链接、筹措的能力。故选D。

5. 【参考答案】B

【解析】本题考查社会工作者的能力要求。社会工作是实务型的工作，它以一系列的具体活动将社会工作者和服务对象联结起来，利用多种资源去实现主要目标，这就需要社会工作者具备几种重要能力，包括：沟通与建立关系的能力，促进和使能的能力，评估和计划的能力，提供服务和干预的能力以及在组织中工作的能力。社会工作都是在一定的组织体系中进行的，这个组织体系既包括某一具体的社会服务机构，也包括社会服务机构与其他组织形成的关系系统。社会工作者是依靠这种组织化的运作来实现助人目标的。社会工作者要具有能合理配置组织资源，有效地输送社会福利资源，监督这一过程的合理性与有效性，有效地促进服务任务的完成等能力。根据题干，此题选B。

6. 【参考答案】A

【解析】本题考查社会工作的主要服务领域。老年社会工作是以老年人为对象的专业服务，是用社会工作理念和方法帮助老年人解决其面临的问题的服务。尊老、敬老是中华民族的传统美德，我国有促进老有所养、老有所医、老有所学、老有所为、老有所乐的相关政策，在落实这些政策的过程中都需要社会工作的介入。根据题干，此题选A。

7. 【参考答案】A

【解析】本题考查社会工作的价值观。社会工作价值观对社会工作者与服务对象、社会工作者与服务机构以及社会工作者同行之间的关系进行了详细的规定，决定了社会工作者在特定情形下采取的工作手法与干预策略（选项C错误）。社会工作专业价值观的建立与履行是社会工作专业化的重要前提，也是社会工作专业区别于其他专业的一个标志（选项A正确）。在社会工作领域，专业价值目标包括终极目标和工具性目标（选项B错误）。社会工作的价值观在全世界不同国家均需要共同遵守专业的规定（选项D错误）。故选A。

8. 【参考答案】C

【解析】本题考查社会工作实践中面临的伦理议题。社会工作者的专业活动中涉及一系列的伦理议题。其中，维持专业界限，即专业关系，是至关重要的。当社会工作者在处理与服务对象的关系时，如果超越了专业的界限，就可能陷入所谓的双重关系的困境。在中国的人情社会环境中，双重关系的情况可能会在某种程度上给服务对象带来一些实际的好处。然而，这种现象在社会工作过程中也会带来很多负面的影响。双重关系的存在可能会导致服务对象被利用，破坏了伦理的实际约束效果，并可能满足社会工作者的个人需求，削弱社会工作者的公正性和专业判断力。因此，为了处理好与服务对象的专业关系，社会工作者需要具备一定的伦理智慧和分辨能力，以便在人情社会和职业道德之间找到平衡。根据题干，此题选 C。

9.【参考答案】D

【解析】本题考查**社会工作实践过程中的伦理难题**。伦理难题本质上是价值多元和矛盾性的结果，也是社会工作过程中责任与义务之间的冲突的具体表现。社会工作实践中的伦理难题的产生是多方面原因造成的，包括目标的冲突、价值观的冲突、身份与角色的冲突以及利益冲突等，故选项 A、B、C 是错误的。社会工作领域的伦理难题，一方面反映了人类社会不同文化、心理认知和制度之间的矛盾；另一方面反映了社会工作实践中服务对象自决与专业干预之间的矛盾与张力。故选 D。

10.【参考答案】A

【解析】本题考查**社会工作实践中的伦理决定**。在社会工作实践中，社会工作者要遵循伦理原则的顺序，作出恰当的伦理抉择。社会工作伦理原则包括保护生命原则、差别平等原则、自由自主原则、最小伤害原则、生命质量原则、隐私保密原则、真诚原则。在社会工作领域，尤其是心理辅导过程中，如服务对象所陈述的个人隐秘资料中涉及第三方利益相关者的生命安全（比如服务对象在辅导中透露自己曾想或计划谋害第三方），社会工作者则有义务将相关信息知会第三方利益相关者，以确保其生命财产的安全，并提前做好相应的预防和准备。根据题干，此题选 A。

11.【参考答案】D

【解析】本题考查**社会工作实践中的伦理决定**。社会工作者面临的伦理困境之一是人情与法制及规定的冲突问题。如何正确和有效地区分人情、法制与规定的影响及后果，常常使社会工作者陷入困境。选项 A 损害了服务对象的权益，违背了社工的伦理守则。选项 B 在以后的服务中对冯奶奶更加照顾，违背了公平平等待人的原则。选项 C 直接拒绝，不利于双方关系的建立和后续服务的开展。根据题干，最合适的做法是 D。

12.【参考答案】C

【解析】本题考查**马斯洛的需要层次论**。马斯洛认为人有五种基本需要，包括生理需要、安全需要、归属与爱的需要、尊重的需要、自我实现的需要。选项 A "生理需要"是指人类维持自身生存的基本需要，包括衣、食、住、行等方面的需要。选项 B "尊重需要"是指人希望自己有稳定的社会地位，要求个人的能力和成就得到社会的承认。选项 C "归属与爱的需要"包括两方面的内容：一是归属的需要，人都有一种归属于一个群体的感情，希望成为群体中的一员，并相互关心和照顾。二是友爱的需要，即人人都需要伙伴之间、同事之间的关系融洽或保持友谊和忠诚，人人都希望得到爱情，希望爱别人，也渴望得到别人的爱。选项 D "安全需要"是指人类要求保障自身安全、摆脱失业和丧失财产的威胁、避免职业病的侵袭、解除严酷监督等方面的需要。题干中"自发组建了家长互助群，以分享照顾经验，形成相互支持"体现了归属与爱的需要。故选 C。

13. 【参考答案】D

【解析】本题考查阿尔德弗尔的ERG理论。ERG理论是阿尔德弗尔提出的一种与马斯洛需要层次理论密切相关但又有些不同的理论。他把人的需要分为三类，即生存的需要、关系的需要和成长的需要。(1) 生存的需要。这类需要关系到人的机体的存在或生存，包括衣、食、住、行以及工作组织为使其得到这些要素而提供的手段。(2) 关系的需要。这是指发展人际关系的需要。这种需要通过工作中或工作以外与其他人的接触和交往得到满足。(3) 成长的需要。这是个人自我发展和自我完善的需要。这种需要通过发展个人的潜力和才能，使个人得到满足。故选D。

14. 【参考答案】B

【解析】本题考查家庭教养模式。家庭教养模式包括娇纵型、支配型、专制型、放任型、冲突型、民主型。题干中的关键句是"父母对他的日常生活照顾非常用心，几乎包揽了一切事务；在学习上对小明非常严厉，要求学习成绩一定要保持在班级前五名"，符合支配型家庭教养模式的特点，即在生活方面对子女无微不至，在学习上严加管理。故选B。

15. 【参考答案】A

【解析】本题考查家庭的功能。家庭的功能是指家庭对其成员所起的积极作用。具体来讲，家庭有情感支持、性爱满足、繁衍后代、社会化和经济支持等功能。其中社会化是指，家庭是人的社会化的重要场所，可以为孩子提供角色模型供孩子模仿学习，为将来更好地适应社会打下良好的基础。根据题干，此题选A。

16. 【参考答案】D

【解析】本题考查人类行为的特点。人类行为的特点主要有以下几方面：适应性、多样性、发展性、可控性、整合性。选项A"适应性"，人类行为的根本目的是适应环境，维持个体及种族的繁衍，并在适应环境的同时不断地改变自身的生存、生活环境。选项B"发展性"，人类行为是连续不断的发展过程，现在行为是过去行为的继续，而现在行为又将成为未来行为的基础。选项C"多样性"，人类行为是一个复杂系统，存在着各个不同的侧面，有外显的和内隐的，有来自遗传的和后天习得的，有生理范畴的和社会范畴的，多种多样，十分复杂。选项D"可控性"，人类行为是人发出的行为，人类能有意识地控制和调节自身的行为，使其向着目标前进。根据题干，老马下定决心开始健康饮食、规律运动、加入社区马拉松团体体现的是行为的可控性的特点。故选D。

17. 【参考答案】A

【解析】本题考查心理社会治疗模式的理论假设。(1) 对人的成长发展的假设。心理社会治疗模式认为，人生活在特定的社会环境中，涉及生理、心理和社会三个方面因素的影响。(2) 对服务对象问题的假设。心理社会治疗模式假设，服务对象问题产生的原因可以概括为三个方面：不良的现实生活环境、不成熟或者有缺陷的自我和超我功能以及过分严厉的自我防卫机制和超我功能。(3) 对人际沟通的假设。心理社会治疗模式十分重视人际沟通交流的状况，认为它是保证个人与个人之间进行有效沟通交流的基础，也是形成个人健康人格的重要条件。(4) 对人的价值的假设。心理社会治疗模式坚持认为每个人都是有价值的，即使是暂时面临困扰的服务对象，也具有自身有待开发的潜能。心理社会治疗模式的目标就是帮助服务对象发掘自己的潜在能力，促进自身健康地成长。根据题干，依据服务对象的优势去发掘服务对象的能力，符合A。

18. 【参考答案】B

【解析】本题考查心理社会治疗模式的诊断阶段。运用综合的诊断方式对服务对象的有关资料进行整理和分析，寻找服务对象问题产生、变化的原因和过程，这个阶段称为心理社会治疗模式的诊断阶段。心理社会治疗模式的诊断包括心理动态诊断、缘由诊断和分类诊断。心理动态诊断是对服务对象的人格的各部分之间的互动关系进行评估。如意识与无意识之间的关系，就是心理动态诊断的重要内容。缘由诊断则是对服务对象的困扰产生、变化的过程进行分析。例如，服务对象的困扰是什么时候产生的、有什么重要的影响事件、在服务对象的成长过程中有什么样的变化等，是对服务对象个人历史的考察。分类诊断是对服务对象问题的生理、心理和社会三个方面的影响因素作出判断。根据题干，此题选B。

19. 【参考答案】C

【解析】本题考查危机介入模式的发展阶段。危机出现之后，服务对象的身心会出现一系列的变化以应对现实生活中的危机情境。危机的发展一般可以分为四个基本阶段：危机、解组、恢复及重组。在重组阶段，服务对象从混乱的生活中重拾自信，恢复新的平衡生活，通常这个阶段还包括家庭关系的重建。根据题干"与丈夫沟通无果后，心情低落的她向社会工作者求助"，属于寻找适应危机环境的新的解决方法，故选C。

20. 【参考答案】A

【解析】本题考查个案工作接案阶段的任务。每个求助对象来到服务机构请求帮助的愿望是不同的，有的仅是进行咨询，有的是第一次寻求正式的帮助，有的具有失败的求助经验，有的是被迫寻求帮助。对于前来寻求帮助的人，社会工作者首先需要了解他们的愿望，用心倾听他们的诉求，进行一个简要的评估，确定是否需要立即给予必要的帮助。故选A。

21. 【参考答案】A

【解析】本题考查个案工作服务计划的制订。在服务计划制订过程中，社会工作者需要创造条件鼓励服务对象参与。服务对象的参与不仅能够激发服务对象改变动机，更为重要的是，这样的服务计划制订为社会工作者与服务对象之间的平等交流提供了机会，让服务计划更能够反映服务对象的发展需求。根据题干，服务对象是小包，应鼓励其参与服务计划的制订。故选A。

22. 【参考答案】B

【解析】本题考查链接社会资源的方式。在社会资源链接过程中，社会工作者需要根据资源存在的方式以及提供过程中的要求采用不同的方法，常见的有6种：(1) 资源的提供；(2) 资源的发现；(3) 资源的培育；(4) 需求的表达；(5) 利益的协调；

(6) 权益的保护。根据题干，服务对象小婷被室友认为难以接近，被孤立。社会工作者邀请室友讨论，分析小婷现状的原因，让室友体验被孤立的感觉，属于需求的表达。故选 B。

23．【参考答案】D

【解析】本题考查个案会谈的技巧。影响性技巧是社会工作者为服务对象提供必要的信息或者建议，让服务对象采取不同的理解和解决方法的一系列技巧，主要包括：(1) 提供信息。社会工作者借助自己的专业知识和经验向服务对象提供必要的知识和技巧。(2) 自我披露。社会工作者有选择地袒露自己的亲身经历或者处理事情的方法，为服务对象提供参考。(3) 建议。社会工作者根据服务对象的具体情况提供有利于服务对象改善生活状况的建设性意见。(4) 忠告。社会工作者向服务对象指出某些行为的危害性或者必须采取的行为。(5) 对质。社会工作者通过直接提问等方式让服务对象面对自己在行为、情感和认识等方面不一致的地方。当服务对象发现自己的行为、情感和认识不一致时，通常会有一些不愉快的感受，社会工作者需要通过对质把服务对象的注意力集中在未来可改变的方面，而不是仅仅关注谁的责任。选项 A、B 属于支持性技巧，选项 C 属于引导性技巧。选项 D 属于影响性技巧中的自我披露，故选 D。

24．【参考答案】A

【解析】本题考查个案会谈的技巧。根据专业技巧运用的目的和作用，可以把个案会谈技巧分为支持性技巧、引导性技巧和影响性技巧。选项 A "对质"，社会工作者通过直接提问等方式让服务对象面对自己在行为、情感和认识等方面不一致的地方。当服务对象发现自己的行为情感和认识不一致时，通常会产生一些不愉快的感受，社会工作者需要通过对质把服务对象的注意力集中在未来可改变的方面，而不是仅仅关注谁的责任。选项 B "建议"为影响性技巧，社会工作者根据服务对象的具体情况提供有利于服务对象改善状况的建设性意见。选项 C "忠告"为影响性技巧，社会工作者向服务对象指出某些行为的危害性或者必须采取的行为。选项 D "对焦"为引导性技巧，社会工作者对服务对象偏离的话题或者宽泛的讨论进行引导，将讨论集中于某个焦点。通过题干中"我能理解，但您的想法与行动有一定的差距，您对此有什么打算吗？"可以看出运用的专业技巧是对质，故选 A。

25．【参考答案】B

【解析】本题考查小组工作类型。小组工作类型包括教育小组、成长小组、治疗小组、支持小组。教育小组是指通过帮助小组组员学习新知识、新方法，或补充相关知识不足，促使成员改变其原来对于自己问题的不正确看法及解决方式，从而实现小组组员的发展目标。通过题干中"让准妈妈们了解到孕中、孕后可能产生的各种需求，并学习新的知识和解决问题的办法"可以看出，小组类型是教育小组，故选 B。

26．【参考答案】D

【解析】本题考查小组工作的模式。发展模式下的小组工作，特点是鼓励组员积极参与小组活动，积极表达自己并找出小组共同的兴趣和目标，形成积极的小组互助关系，促进组员和小组的共同成长。为此，社会工作者在运用发展模式时，应坚持贯彻以下两个原则：一是积极参与原则。即要协调和鼓励组员在小组活动中主动表达自己的困惑或者对发展的建议，积极分享和学习自我发展的经验。二是"使能者"原则。既要支持、帮助小组组员通过各种活动，相互关心、相互帮助和分享，更要发展认知，激发潜能，提升组员寻求解决问题的办法，整合社会资源及自我发展的能力。故选 D。

27. 【参考答案】B

【解析】本题考查小组工作的过程。小组工作是一个由不同阶段而组成的动态过程。比较普遍的做法是将小组工作的过程划分为五个阶段：准备阶段、开始阶段、中期转折阶段、后期成熟阶段和结束阶段。社会工作者通过个别会见或资料考察的形式，对上述可能的小组组员进行必要的筛选和评估。遴选和评估的要件主要有：一是共同或相似的问题，或者有共同的兴趣和愿望；二是年龄和性别（如果有此要求的话）；三是文化水平及对某些问题的认识；四是家庭状况；五是职业状况；六是对参加小组的要求。题干中"通过小组活动学习儿童心理健康知识、儿童兴趣爱好培养的方法和儿童家庭照顾技巧等"评估的是候选人共同的兴趣或愿望，故选 B。

28. 【参考答案】A

【解析】本题考查小组工作过程的准备阶段。涉及小组规模、工作时间、活动场地及设施的选择和安排。不同规模的小组具有不同的功能，5 人的小组比较适合讨论，8 人的小组最容易完成任务。小组时间定为 90 分钟，时间过长，不符合儿童的特点，故选项 B 错误。治疗小组一般在 5~7 人，故选项 C 错误。服务对象是高龄老人，运用线上平台不合适，故选项 D 错误。运用排除法，此题选 A。

29. 【参考答案】B

【解析】本题考查小组工作的开始阶段的任务。在小组开始阶段，促进组员的相互认识、订立小组契约和规范都是增加小组安全感和信任感的重要手段。因此，社会工作者要致力于营造信任的小组气氛：（1）主动与组员沟通，建立信任关系。可以运用同理心，站在组员的角度考虑问题，倾听他们的问题，并作出真诚有效的回应。（2）创造机会让组员表达自己的想法，通过组员间的相互回馈和关怀自然地产生信任。（3）寻找并强调组员之间的相似性，可以邀请组员分享人生经验或感兴趣的事情等，当组员发现彼此之间存在相似性时，小组的凝聚力就开始产生。（4）澄清组员之间的可能误解，在小组开始阶段，由于组员互相不熟悉，或不愿意与其他组员继续沟通，可能会出现一些误解。因此，要积极引导组员相互沟通并协助对方澄清误解。（5）培养组员积极倾听他人意见的良好习惯。根据题干，社会工作者在此阶段更适合为组员创造机会表达自己，故选 B。

30. 【参考答案】C

【解析】本题考查小组工作转折阶段组员的常见特征。在转折阶段，组员之间沟通和互动比小组初期有所增强，但自我肯定、安全感受与真诚的互动尚未完全实现，组员之间会在价值观、权力位置、角色扮演等方面产生矛盾和冲突。这一阶段组员最常见的显著特征包括以下几种：（1）对小组具有较强的认同感；（2）互动中的抗拒与防卫心理；（3）角色竞争中的冲突。随着熟悉程度的增加，一些组员希望更真实地表达自己不同的意见和分歧，有时也会对别人批评和指责。同时，随着自我意识和权力意识的增强，一些组员可能会通过权力竞争来争取自己在小组中的位置，为了竞争，有些组员可能会出现攻击性语言和行为。在这种情况下，有些组员可能因感受不到安全和满足就会在这个阶段退出。此外，有的组员会自满于自己在小组中的角色，挑战社会工作者，对社会工作者提出质疑，表现出不配合的态度。选项C老吴的表现符合这一特征，故选C。

31. 【参考答案】D

【解析】本题考查小组工作结束阶段社会工作者的任务。小组的结束阶段是小组的完结期，已达到预期目标，也是小组历程的最后阶段。不过，这个阶段既是指小组最后结束的时期及过程，如最后一次聚会或活动，也包括社会工作者在小组结束后对一些组员的跟进服务。在结束阶段，社会工作者的任务主要是处理好组员的离别情绪，帮助组员保持他们获得的小组经验。选项D中社会工作者所设置的问题是协助组员保持小组经验，故选D。

32. 【参考答案】C

【解析】本题考查主持小组讨论的限制性技巧。当一些小组组员垄断小组讨论时，或当组员的发言太抽象时，或当小组讨论脱离主题范围时，社会工作者要采取限制的手段来处理小组或小组组员的行为。这里的限制手段包括：社会工作者用"是不是"等提问其他善于发言的组员或者其他未发言的组员；及时切断话题，给予适时的打岔；限定发言的时间；调整发言的次序。根据题干，小组讨论偏离主题范围，故选C。

33. 【参考答案】A

【解析】本题考查主持小组讨论技巧。主持小组讨论的技巧包括开场、了解、提问、鼓励、限制、摘述、沉默、中立、引导、讨论结束的技巧。选项A"摘述"的技巧，当小组讨论中遇到以下情况时，需要社会工作者进行摘述：讨论阶段性结束时；讨论主题被岔开时；变换主题时；组员的发言过长时；组员的发言过于复杂或宽泛时；组员意见对立或争执很久时；组员的发言声音过小时；组员在发言中语言出现障碍时。选项B"鼓励"的技巧，在小组讨论中，对某些比较内向，或者容易害羞的成员要给予支持，不要逼他发言，而是注意他，投以鼓励的目光，等他们获得了勇气再发言。对他们的发言，社会工作者可以重复他们的意见，对正确的方面给予积极的鼓励，以树立起他们的信心和安全感。选项C"引导"的技巧，讨论中有时出现你一言我一语，场面气氛热烈但又偏离方向的情况，此时会议主持人要用某种方式暗示讨论的方向，提示讨论的重点，或再次强调讨论的程序，从而保证讨论会正常有序地进行。选项D"了解"的技巧，社会工作者在运用了解的技巧时应该做到：随时观察和感觉组员的语言、认知、情绪、行为，适时给予支持和鼓励；随时注意小组组员动力的运作，适时将自己对小组的感觉与思考反馈给组员；要给予组员安全的小组气氛，使每一名小组组员没有戒备地流露真实的自我，并勇于接受讨论中有时因证据不足的挫折。根据题干，此题选A。

34．【参考答案】C

【解析】本题考查社会策划模式的实施策略。社会策划模式的实施策略强调完整地执行一个策划过程，具体为以下步骤：①了解组织的使命和目标；②分析环境和形势；③自我评估；④界定和分析问题；⑤确定需要；⑥建立目标和达到目标的标准；⑦列出、比较并选择可行方案；⑧测试方案；⑨执行方案；⑩评估结果。选项A属于步骤④，选项B属于步骤⑦，选项C属于步骤②，选项D属于步骤③。分析环境和形势，即社会工作者要收集环境发展趋势方面的资料，了解对新计划有影响力的人士和团体，分析他们的利益和需要。此外，还要考虑如何获得财政支持和人力支持，并预测整体环境的改变和发展趋势，了解新计划可能面对的机会、竞争和障碍。故选C。

35．【参考答案】A

【解析】本题考查社会工作者在社区照顾模式中的角色。在社区照顾模式中，社会工作者的角色主要有以下几种：（1）治疗者；（2）辅导者和教育者；（3）经纪人；（4）倡议者；（5）顾问。根据题干，小李为小玲联系了一家特殊教育学校，扮演经纪人（或称中介者）角色。此外，小李是通过整合社区资源为服务对象开展服务，属于社区照顾模式。故选A。

36．【参考答案】D

【解析】本题考查社区问题分析。社区问题分析包括描述问题、界定问题、明确问题的范围、问题的起源和动力。根据题干，选项B、C为"明确问题的范围"。社会工作者在描述问题时不应只关注客观存在的事实和状况，还要关注社区成员对现状的感知和察觉，明白居民对问题的认识和描述，理解居民对问题的体验感受。故选D。

37．【参考答案】B

【解析】本题考查社区基本情况分析。进入社区后，社会工作者应对社区的基本情况有一个认识和了解。社区基本情况包括社区的地理环境、社区内的人口状况、社区内的资源、社区内的权力结构、社区的文化特色。社区内的资源主要包括社区里的公共设施、教育机构、医疗单位、社区组织、金融机构、商业场所等。社会工作者可以从以下几方面了解社区资源：一是它们所在的位置和日常运作以及对社区居民生活的影响；二是资源利用情况；三是社区居民参与状况。此外，社会工作者也需要了解社区目前提供了哪些社会服务，以及是如何输送给社区居民的。故选B。

38．【参考答案】B

【解析】本题考查社区基本情况分析。访问社区居民、拜访社区居委会主任、参与社区内的重要会议和活动都是了解社区内权力结构的渠道。社会工作者通过了解，不难发现经常参与或热心社区事务的居民和活跃分子，这些人可能是社区居委会成员，或是在社区内有重要影响力的人大代表、政协委员、社会名人，或者仅是积极关心社区的居民。故选B。

39．【参考答案】C

【解析】本题考查建立和发展社区组织。社会工作者在社区组织的管理中所扮演的角色应随着组织的发展而有所不同。组织成立之初,社会工作者可能亲自承担较多的管理工作;发展过程中,社会工作者应注重建立和完善组织的内部规章制度,发现和培养组织的领导者;最终,社会工作者不再直接担负组织的管理工作,只在必要时为组织提供咨询服务,实现社区组织的自我管理。故选C。

40.【参考答案】C

【解析】本题考查社区需要分析。关于需要的类型,英国学者布赖德·肖归纳总结出4种类型。(1)规范型需要。这种需要是专业人员、行政人员或专家学者依据专业知识和现有规定或规范,所指出的特定需要标准。(2)感觉型需要。当个人被问及是否需要某一特定服务并作出回应时,其反应就是感觉型需要。(3)表达型需要。当个人把自身的感觉型需要通过行动来表达和展现时,即成为表达型需要。(4)比较型需要。需要的产生是基于与某种事物所作的比较。如一些居民获得了服务,但另一些相类似的人却没有得到同样的服务,这些不知者在他们了解这些情况后便会产生新的需要。选项A是"按市相关文件",属于规范型需要;选项B"建议参照邻市……的标准",属于比较型需要;选项D"认为……",是一种主观感受,属于感觉型需要。选项C中"入院排队"是一种行为,属于表达型需要,故选C。

41.【参考答案】B

【解析】本题考查社区工作的常用技巧——会议技巧。题干中提及"在会议进行中",故本题考查的是会议中的技巧。选项D属于会议前的内容,故错误。会议中主要的工作是尽可能按照会议议程一项一项地讨论,每项议程的时间分配尽量严格掌握,适当分配发言和讨论的时间,故选项A错误。对与会者的意见会议主持人不要急于自己回应,应将意见抛给大家回应、讨论,协助与会者多沟通意见,多回应其他人的意见,故选项C错误。会议主持人要多做聚焦、归纳、摘要和总结工作,要保持客观、中立和公正的态度,仔细聆听参加者的讨论和意见,不能强迫与会者接受自己的意见。讨论如果成熟,要协助与会者作出决定,但不要太快用投票表决,而是让与会者对决定的优劣之处进行充分讨论,尽量达成共识。故选B。

42.【参考答案】C

【解析】本题考查"社区活动策划的技巧"之"制订初步计划"。在初步计划中通常包括订立具体目标、确定服务对象、设计活动形式、制定整个活动的进度表。其中,第一步就是要订立具体目标,即对活动所要达到的结果有清晰的界定,使工作人员有明确的努力方向。故选C。

43.【参考答案】C

【解析】本题考查社会工作行政的一般程序。社会工作行政的程序大致涉及组织分析、方案策划、人力组织、效能发挥与资金运作以及评估总结。从机构发展的角度看,组织分析是社会工作行政不可忽略的基础工作。组织分析包含组织外部环境和内部机制分析。组织外部环境分析包括以下三个方面:一是识别和评估组织和服务对象的关系;二是识别与评估组织和其他组织的关系;三是识别并评估组织与收入来源的关系(选项

C）。组织内部机制分析包括以下五个方面：一是识别法人权限和使命（选项B）；二是了解组织结构和管理风格；三是评估工作和服务（选项A）；四是评估人事政策、实施办法和实施情况；五是评估技术资源和系统的效用（选项D）；等等。故选C。

44. 【参考答案】D

【解析】本题考查服务的评估。方案的评估一般采用两种方法：过程评估和效果评估。过程评估关注方案进行过程中服务对象和人数的变化，服务方案中必须完成的主要工作项目的完成情况、资源使用情况、经费支出情况、是否按照预定的日期进行。效果评估主要测量的是方案实施后所产生的效果，包括目标实现程度和服务对象的改变程度。根据题干，"提高了儿童对社区的认识，搭建了儿童交流平台，提升了儿童社区参与意识"为效果评估。故选D。

45. 【参考答案】B

【解析】本题考查社会服务机构的团队式结构。社会服务机构因需要解决的各类社会问题相对复杂，涉及不同领域、不同学科、不同专业的服务提供者，需要采用团队方式提供服务。管理学大师斯蒂芬·罗宾斯根据团队的存在目的，拥有自主权的大小，将团队分成三种类型：多功能型团队、问题解决型团队和自我管理型团队。根据题干，"每周一上午他都安排工作例会，请同事们介绍上周的服务情况，并就某个特定人群的服务优化进行交流讨论，让大家发表意见和提出建议"，符合问题解决型团队，故选B。

46. 【参考答案】A

【解析】本题考查社会服务机构的运作。社会服务机构主管可授权的内容包括以下几种：一是分派任务。即指派下属或员工完成多项任务，机构主管在分派任务时必须考虑分派给具有执行权力的下属（秘书长将任务分解后指派给相关职能部门，体现了分配任务）。二是授予权力。在任务分派出去之前，权力应当作为能够用来完成任务的工具而进行授予，目的是保证下属能良好地运用权力、完成任务（根据工作量授予部门主管人员使用调配权，体现了授予权力）。三是明确责任。机构主管将权力授予下属的同时，还应告知下属对分派的任务和接受的权力所要担负的责任，这些责任不仅包括执行过程，也包括及时汇报、沟通和协调。题干中看到已经完成了分派任务、授予权力，故选A。

47. 【参考答案】C

【解析】本题考查企业捐款的动机。企业捐款的动机可以归纳为以下5种：（1）市场营销。（2）公共关系。（3）自我利益。（4）税法策略。（5）社会联谊（俱乐部）。依据题干，某企业"履行企业的社会责任，提升企业良好声誉"，属于公共关系，故选C。

48. 【参考答案】C

【解析】本题考查社会工作督导的内容。行政性督导，指的是指导督导对象明确工作职责，增强组织认同，积极面对组织管理中的挑战，有效利用组织服务资源，达成组织服务使命。教育性督导，包括教导有关"服务对象群"的特殊知识、"社会服务机构"的知识、有关"社会问题"的知识、有关"工作过程"的知识、有关"社会工作者本身"的知识,提供专业性"建议和咨询"。支持性督导,指的是通过提供压力疏导和情感支持,激发督导对象工作热情,营造安全和信任的工作氛围,提高督导对象的工作成就感、自我价值感和专业归属感。题干中"肯定小李工作中所作的努力,协助他处理受挫的情绪"体现了支持性督导,故选C。

49.【参考答案】A

【解析】本题考查定量研究。定量研究的逻辑方法是演绎法。首先,通过文献回顾和实地探索,归纳提炼出研究问题和研究框架;其次,进行研究设计;最后,依托问卷、统计表等工具收集资料,它追求研究资料和研究结论的精确性。根据题干,此题选A。

50.【参考答案】D

【解析】本题考查问卷调查。问卷调查采用匿名访问,有利于获得真实信息,故选项B错误。收集到较多对象的资料,有利于中和个别人士的极端回答;收集数据的内容、时间、格式基本统一,资料处理会相对容易并便于比较分析;在同一时段访问众多对象,则节省不少资源。然而,问卷调查要求访谈员有较好素质,这在大规模研究中较难达到;问卷调查要求被研究者有一定文化,故选项C错误。对地域也有一定要求;某些举行的问卷调查中访谈员无法当面指导和记录,填答质量可能难以保证,因此,综合考虑研究对象的特征、研究目的、资源可行性及相关因素,是问卷调查质量的重要保证。设计问卷的原则之一是以回答者视角为主,关注其教育程度及语言习惯,避免过长和过于复杂,保持卷面简洁,让回答者认可、容易理解并回答,故选项A错误。

51.【参考答案】D

【解析】本题考查问卷设计。问题和答案的设计需要注意多方面细节。关于答案,开放式问题的答案应注意空间大小的适当性,封闭式问题中单项选择的答案必须满足穷尽性和互斥性。其中,穷尽性指答案包含所有可能,互斥性指不同答案并不交叉。如"性别"分男、女,就同时满足了上述要求;"婚姻状况"分"未婚""已婚""离婚"就没有满足互斥性。A、B、C选项不符合穷尽性,故选D。

52.【参考答案】D

【解析】本题考查个案研究。个案研究适用于了解真实场景中的现象、考察现象与其场景边界不清、资料多元、资料不易量化或数据化等场合。个案研究的资料收集有其特色。特色之一是非正式,可以不拘时间、地点并用多种方法进行研究。特色之二是手段和资料多元,研究者可以运用各种手段、采用不同角度进行访问、观察、记录等,详细记载研究对象的各方面资料(选项D正确)。访问记录、观察记录、个人文稿、官方文献、新闻报道、他人评论等都是其重要资料载体。特色之三是详尽深入,对个人生活史及有关文献都加以考虑,常使用历史视角把握资料并在此过程中注重服务对象的主观感受。特色之四是强调应用性研究,注重改变行为的模式。个案研究的结论不能推广,故选项A错误;个案研究是对单个对象(如家庭、团体、机构、组织、社区、学校等)的某项特定行为或问题进行探索研究,故选项C错误;寻找原因、提出策略、建构理论、协助发展和提升绩效是个案研究的目标,故选项 B 错误。

53.【参考答案】C

【解析】本题考查妇女权益保障法。国家保障妇女享有与男子平等的劳动权利和社会保障权利。妇女在岗位录用、薪酬、晋升晋级、专业技术职务评定等各方面享有与男子平等的权利,各单位应当坚持男女平等的原则,不得歧视妇女,故选项 A 错误。与妇女签订劳动(聘用)合同或者服务协议中不得规定限制女职工结婚、生育的内容,故选项 B、D 错误。任何单位均应根据妇女的特点,依法保护妇女在工作和劳动时的安全和健康,不得安排不适合妇女从事的工作和劳动。妇女在经期、孕期、产期、哺乳期受特殊保护。任何单位不得以结婚、怀孕、产假、哺乳等情形,辞退女职工、单方解除劳动(聘用)合同或者服务协议。各单位在执行国家退休制度时,不得以性别为由歧视妇女。故选 C。

54.【参考答案】C

【解析】本题考查未成年人保护法。根据最新的未成年人保护法第四条:保护未成年人,应当坚持最有利于未成年人的原则。故选 C。

55.【参考答案】B

【解析】本题考查《社会救助暂行办法》。县级人民政府民政部门以及乡镇人民政府、街道办事处应当对获得最低生活保障家庭的人口状况、收入状况、财产状况定期核查。故选 B。

56.【参考答案】D

【解析】本题考查《职工带薪年休假条例》。《职工带薪年休假条例》第五条规定:"……单位确因工作需要不能安排职工休年休假的,经职工本人同意,可以不安排职工休年休假。对职工应休未休的年休假天数,单位应当按照该职工日工资收入的300%支付年休假工资报酬。"故选 D。

57.【参考答案】B

【解析】本题考查社会保险法。在失业保险金的领取时间方面,社会保险法第四十六条规定了领取失业保险金的期限与累计缴费年限之间的关系。失业人员失业前所在单位和本人按照规定累计缴费时间满1年不足5年的,领取失业保险金的期限最长为12个月;累计缴费时间满5年不足10年的,领取失业保险金的期限最长为18个月;累计缴费时间10年以上的,领取失业保险金的期限最长为24个月。重新就业后,再次失业的,缴费时间重新计算,领取失业保险金的期限可以与前次失业应领取而尚未领取的失业保险金的期限合并计算,但是最长不得超过24个月。故选 B。

58.【参考答案】D

【解析】本题考查劳动合同法。根据劳动合同法第四十条第(二)项:劳动者不能胜任工作,经过培训或者调整工作岗位,仍不能胜任工作的,用人单位提前三十日以书面形式通知劳动者本人或者额外支付劳动者一个月工资后,可以解除劳动合同(选项 D 正确)。劳动法第二十九条规定,当劳动者有下列情形之一时,禁止用人单位解除劳动合同：①患职业病或者因工负伤并被确认丧失或者部分丧失劳动能力的，故选项 C 错误；②患病或者负伤，在规定的医疗期内的，故选项 B 错误；③女职工在孕期、产期、哺乳期内的，故选项 A 错误；④法律、行政法规规定的其他情形。劳动合同法进一步对用人单位在各种不同情形下能否以及如何解除劳动合同作了较为详细的规定。故选 D。

59. 【参考答案】D

【解析】本题考查《中华人民共和国人民调解法》。《中华人民共和国人民调解法》第四条规定："人民调解委员会调解民间纠纷，不收取任何费用。"故选 D。

60. 【参考答案】B

【解析】本题考查《慈善组织认定办法》。《慈善组织认定办法》第六条规定："申请认定为慈善组织，社会团体应当经会员（代表）大会表决通过，基金会、社会服务机构应当经理事会表决通过；有业务主管单位的，还应当经业务主管单位同意。"故选 B。

二、多项选择题

61. 【参考答案】C D E

【解析】本题考查社会工作的特点。社会工作维持社会秩序的功能与一般行政管理有所不同：行政管理倾向于运用行政力量，即自上而下的行政系统和权力解决问题（选项 A、B 错误）。维持社会稳定是其直接目标，社会工作则通过服务来化解矛盾、解决问题，从而达到维持社会秩序的效果（选项 C 正确）。在解决问题的方法上社会工作不但强调社会秩序的重要性，也强调不尽合理的社会结构和制度环境会造成社会问题，因而要通过改变环境、完善制度来解决问题（选项 E 正确）。社会工作强调以人为本，以服务对象为中心，尊重服务对象，这些体现了人性化的关怀（选项 D 正确）。所以，社会工作可以从更深层次上发挥维持社会秩序的功能。故选 CDE。

62. 【参考答案】A B C D

【解析】本题考查社会工作价值观的操作原则。社会工作价值观主要包括基本信念（尊重、独特性、相信人能改变）和操作的实践原则（接纳、非评判、个别化、保密、当事人自决）两方面。选项 A、B 属于尊重和接纳，选项 C 属于个别化，选项 D 属于独特性。选项 E "劝说"说法错误。故选 ABCD。

63. 【参考答案】B D

【解析】本题考查社会工作专业伦理。选项 A，服务对象为本是正确的，错误在后面接受老张的请求，因为老张的请求是不愿工作，让小王为其直接申请最低生活保障，不符合老张长远的利益，故错误；选项 C，解决服务对象问题的核心需要服务对象的参与，小王可以咨询督导的意见，不能直接和督导商议解决问题的办法，故错误；低保的政策是要去看家庭人均收入，需要进行评估，并且老张目前是存在需求的，选项 E 直接说不符合和终止服务是错误的。故选 BD。

64. 【参考答案】A D

【解析】本题考查人类行为与社会环境的基本关系。人类行为和社会环境相互影响，二者的关系主要表现在以下几个方面：(1) 人们要适应社会环境（选项 A 正确）；(2) 社会环境影响个人行为（选项 B 错误）；(3) 社会环境和生物遗传共同对人类行为产生影响（选项 D 正确）；(4) 人类能够改变社会环境；(5) 人类行为与社会环境关系的非平衡性（选项 C、E 错误）。故选 AD。

65.【参考答案】A C E

【解析】本题考查学龄前阶段面临的主要问题及社会工作者的任务。防止学龄前儿童对电子产品产生依赖可以采取以下措施：一是对孩子看电子产品的时间加以限制，学龄前儿童一般每天使用电子产品时间应控制在 40 分钟以内，故选项 E 正确。家长要选择适合孩子的内容，让孩子定时观看。二是要多带孩子参加户外活动，故选项 A 正确。提高他对其他娱乐活动的兴趣，从而转移孩子对电子产品的注意力，故选项 C 正确。三是创造一个好的家庭环境，父母以身作则，少使用电子产品。选项 B、D 的做法都不适宜。故选 ACE。

66.【参考答案】A B C D

【解析】本题考查个案工作中的接案阶段。从初次与求助对象接触，倾听求助对象的要求，到接受求助对象成为机构的服务对象，社会工作者在整个过程中有一项非常重要的任务，就是专业关系的建立。由于这是社会工作者与服务对象第一次正式接触，因此，专业关系建立的成功与否将直接影响服务对象进一步寻求服务机构帮助的动力和信心（选项 A、D 正确）。社会工作者在与服务对象的初次沟通协商过程中应专注聆听服务对象的困扰（选项 B 正确），注意运用简洁明了的语句表达自己的同理和接纳（选项 C 正确），避免将求助对象界定为有问题的人。另外，社会工作者也要充分尊重求助对象自己的意见，让求助对象自己决定是否接受机构的专业服务。选项 E 小陆与马女士专业关系的建立完全取决于她的合作意愿，说法过于绝对，故排除。故选 ABCD。

67.【参考答案】A B D

【解析】本题考查社会工作者在个案工作中的角色扮演。在个案服务中，社会工作者扮演的专业角色包括：(1) 使能者。(2) 联系人。(3) 教育者。(4) 倡导者。(5) 治疗者。题干中"为小安的亲戚讲解照顾注意事项，发放儿童糖尿病的知识手册"，体现了教育者角色，选项 A 正确；"联系社区医生，提供疾病管理指导"，体现了资源链接者和联系人角色，选项 D 正确；"安排小安参加有针对性的游戏活动，缓解其因以往经历引发的问题"，体现了治疗者的角色，选项 B 正确。故选 ABD。

68.【参考答案】A B C

【解析】本题考查个案工作服务的开展阶段。服务的开展阶段，社会工作者有四项主要任务：服务的推进、专业角色的扮演、专业合作关系的维持、链接社会资源与协调服务。选项 D、E 都不是开展阶段的内容，其中选项 D 属于接案阶段的内容，选项 E 属于预估阶段的内容。故选 ABC。

69.【参考答案】A B D

【解析】本题考查小组活动设计技巧。结合题干，社工为社区精神障碍康复者开展职业技能训练小组活动，要选择的答案是跟职业技能训练相关的内容，包括职业着装训练、简历制作学习、面试技巧交流。而服药时间管理、运动康复训练是跟健康管理相关的内容。故选 ABD。

70. 【参考答案】A B C E

【解析】本题考查小组过程评估。小组过程评估是在小组发展中，收集相关资料，以显示组员变化和小组的发展过程状况。常用收集资料的方法有标准化测量工具（问卷和量表）、自我报告（选项 A 正确）、行为计量表（选项 E 正确）、口头意见回馈、日记和日志（选项 B 正确）、社会工作者的观察记录（选项 C 正确）、小组过程记录、总结记录、书面评估表、组员作业和作品等。故选 ABCE。

71. 【参考答案】A B C E

【解析】本题考查小组工作中的沟通和互动技巧。沟通和互动技巧包括组员沟通以及促进组员之间沟通两个层面的技巧。其中，与组员沟通的技巧包括：（1）营造轻松、安全的氛围。(2) 专注与倾听。(3) 积极回应。(4) 适当自我表露。(5) 对信息进行磋商。(6) 适当帮助梳理。(7) 及时进行小结。"热情地向组员们介绍自己并亲切地问候组员"体现了社会工作者营造轻松、安全的氛围，故选项 E 正确。"组员发言时非常注重眼神交流"体现了社会工作者的专注与倾听，故选项 C 正确。"适时讲述自己对于组员分享感受的理解"体现了社会工作者积极回应以及适时自我表露，故选项 A、B 正确。根据题干，此题选 ABCE。

72. 【参考答案】C D

【解析】本题考查社会策划模式的实施策略。社会策划模式的实施策略强调完整地执行一个策划过程，具体为以下步骤：①了解组织的使命和目标；②分析环境和形势；③自我评估；④界定和分析问题；⑤确定需要；⑥建立目标和达到目标的标准；⑦列出、比较并选择可行方案；⑧测试方案；⑨执行方案；⑩评估结果。社会工作者一般都是社会服务组织（包括街道办事处、社区服务中心、以社区为本的非营利服务机构等）的成员，其所服务的组织或机构都有一套服务信念和使命，用来表示其存在的价值和提供服务的意义，故选项 A 错误、选项 C 正确。使命代表了社会服务组织未来的理想、蓝图、目标和信念，故选项 E 错误。明确的服务使命可以鼓励社会工作者的认同，并指导他们明确工作的方向、范围、重要性、意义，以指导工作目标的建立。组织目标则指出了组织所要解决的社会问题和满足的社会需要，故选项 B 错误、选项 D 正确。故选 CD。

73. 【参考答案】A B C D

【解析】本题考查实施社区工作计划中的管理社区资源。对社区资源的管理包括对资源现状的分析、资源开发、资源的链接以及维系等方面的工作。其中，资源开发在社区工作中通常涉及的是人力和资金，尤其是志愿者的招募和活动经费的筹措。招募志愿者时可以通过发布广告、张贴海报、散发宣传单等方式向社区或社会公开招募，故选项 B 正确；也可以通过已有的志愿者或社区团体及组织进行招募，故选项 A 正确。如果活动经费不足，可以采用寻找赞助、私人劝募、公益募款等方式筹措资金，故选项 C、D

正确；但要注意公益募款应遵守相关的法规。故选 ABCD。

74. 【参考答案】A B C D

【解析】本题考查社区分析中收集社区资料的方法。收集社区资料的方法包括文献分析法（选项 B 正确）、观察法（选项 A 正确）、访问法（选项 C 正确）、问卷调查法、社区普查法（选项 D 正确）。题干中说的是社区居民对加装电梯的意见，选项 E 说的是访问小区电梯安装公司的负责人，故排除。故选 ABCD。

75. 【参考答案】A D E

【解析】本题考查社会服务方案的策划步骤和方法中的可行性方案模型。策划者可选用"可行性方案模型"来筛选理想方案，这个模型中有 6 个"筛选标准"：一是效率，指方案资源投入和服务产出比值。二是效果，指方案实现目标的程度以及带来的服务对象的改变。三是可行性，指实施这个方案达到成功的程度，包括方案是否实际可行，机构是否可以完成这个方案，机构过去完成这类方案的记录（选项 A 正确），方案计划是否适当。四是重要性，指这个方案是不是唯一达到目标的途径，且必须推进的程度。五是公平，指这个服务方案能否公平地提供给有需要的个人或团体的程度（选项 D 正确）。六是附加结果，关注的是方案产生的意外（目标之外）的效果，包括对社会所产生的正面和负面效果（选项 E 正确）。根据题干，采用"可行性方案模型"筛选理想方案，是服务方案策划中已经完成了问题认识与分析、目标界定阶段后开展的方案安排阶段。选项 B 属于目标界定的内容；选项 C 属于决定资源需求和争取资源的内容。故选 ADE。

76. 【参考答案】B D E

【解析】本题考查志愿者管理的内容与过程。有效的志愿者管理应该依循 8 个步骤：需要评估与方案规划、工作发展与设计、招募、面谈与签约、迎新说明与训练、督导与激励、奖励表扬、评估。工作发展与设计的重要任务是撰写"志愿服务工作说明书"帮助志愿者了解工作任务、工作需要的技能、需要完成的工作成果等（选项 A 错误）。志愿者在奉献时间、知识和技能时，更重视自我的收获（选项 B 正确）。需要评估与方案规划过程主要包括进行志愿者评估、机构本身评估和服务对象需要评估（选项 C 错误）。社会越来越关注志愿服务所带来的负面效果，这也迫使社会服务机构加强管理（选项 D 正确）。志愿者训练包括知识、技巧和态度三方面的灌输和交流（选项 E 正确）。故选 BDE。

77. 【参考答案】B D

【解析】本题考查定量研究与定性研究的特点。定量研究与定性研究的特点包括：(1) 研究者与研究对象的关系。定量研究很大程度上排除了研究者对研究对象的影响，研究者往往被研究对象视为外人（选项 D 正确）。定性研究花费相当多时间深入具体情境中，尽量设法将被研究对象视为自己人。(2) 研究和理论的关系。定量研究一般依托某些理论，形成假设，再通过收集资料和分析数据来验证假设，研究过程中要严格执行（选项 C 错误）。定性研究不一定事先设定假设，其理论假设可以在研究过程中逐步形成和完善（选项 B 正确）。(3) 研究策略。定量研究的逻辑方法是演绎法。事前归纳提炼出研究问题和研究框架;定性研究的研究问题、研究计划和内容可以根据当时当地的情况适当修订。(4)资料特性。定量研究主要收集和分析量化资料,定性研究则主要获取描述性的、非数字的信息。(5)结果范围。定量研究注重研究问题的普遍性、代表性及其普遍指导意义,其研究结论在随机抽样时可以推论。定性研究则注重研究对象,有助于发现研究问题的个别性和特殊性,研究发现并不作推论(选项A错误)。多角度测量法可以整合定量研究和定性研究的不同技术,选项E本身描述正确,但不是定量研究与定性研究的特点,故不选。故选BD。

78. 【参考答案】BCD

【解析】本题考查定性研究。行动研究是研究者与被研究者一起参与"研究"和"行动"的研究方法。根据题干描述,服务对象并未参与研究和行动(选项A错误)。根据题干采用"深度访谈、焦点小组和非参与观察"方法收集资料,说明该研究资料收集方法和资料多元(选项B正确)。根据题干描述,可知采用的是个案研究,个案研究有助于进行探索性研究,发现重要的变项以及提供有用的范畴,从而拟定假设或建立理论(选项D正确)。个案研究由于资料广泛深入,本方法有利于客观、深入、准确地把握研究对象的问题、需要及其原因机制,有利于提出有效和具体的处理办法或解题方案(选项C正确)。根据题干描述"了解精神障碍人士及其家属接受服务的过程,分析家属服务参与对精神障碍人士康复的作用",说明家属也是被研究者(选项E错误)。故选BCD。

79. 【参考答案】ACDE

【解析】本题考查老年人权益保障法。老年人权益保障法第十四条规定:赡养人应当履行对老年人经济上供养、生活上照料和精神上慰藉的义务,照顾老年人的特殊需要(选项A正确)。第十九条规定:赡养人不得以放弃继承权或者其他理由,拒绝履行赡养义务(选项B错误)。第十六条规定:赡养人应当妥善安排老年人的住房,不得强迫老年人居住或者迁居条件低劣的房屋(选项C正确)。第十五条规定:赡养人应当使患病的老年人及时得到治疗和护理;对经济困难的老年人,应当提供医疗费用。对生活不能自理的老年人,赡养人应当承担照料责任(选项D正确);不能亲自照料的,可以按照老年人的意愿委托他人或者养老机构等照料。第十三条规定:老年人养老以居家为基础,家庭成员应当尊重、关心和照料老年人(选项E正确)。故选ACDE。

80. 【参考答案】ABDE

【解析】本题考查未成年人保护法。未成年人保护法第三十九条规定:学校应当建立学生欺凌防控工作制度,对教职员工、学生等开展防治学生欺凌的教育和培训。学校对学生欺凌行为应当立即制止(选项A正确),通知实施欺凌和被欺凌未成年学生的父母或者其他监护人参与欺凌行为的认定和处理(选项E正确);对相关未成年学生及时给予心理辅导、教育和引导(选项B正确);对相关未成年学生的父母或者其他监护人给予必要的家庭教育指导(选项D正确)。故选ABDE。

# 后 记

党的二十大擘画了全面建设社会主义现代化国家、以中国式现代化全面推进中华民族伟大复兴的宏伟蓝图，吹响了奋进新征程的时代号角。全面建设社会主义现代化国家，必须有一支规模宏大、结构合理、素质优良的人才队伍。在这一项伟大而艰巨的事业中，广大社会工作者前途光明，任重道远，急需在认真学习理论的同时，积极运用专业的方法、科学的技能服务于所从事的工作，为全面建设社会主义现代国家、全面推进中华民族伟大复兴贡献自己的力量。

为此，具有多年考前辅导经验的广东省外语艺术职业学院的社会工作专业教学团队，以及资深的社会工作实务人员一起编写了这套真题详解，收集了2018—2023年的真题，并对真题出题考点、答题方法及涉及的内容进行了全面梳理，帮助考生了解考试大纲范围内的出题重点、高频考点，破解应试重点，化解应试难点，全面掌握高频出题点。同时，结合重点知识精心编制两套模拟题（考生可以关注微信公众号"社工图书专营店"领取），帮助考生进一步熟悉巩固重点知识，为通过考试做全面深入的准备。

最后，预祝各位考生顺利通过考试！

**全国社会工作者职业水平考试真题详解编写组**

A. 收集业主微信群里业主对于加装电梯的看法
B. 查阅讨论加装电梯议题的居民议事会的会议记录
C. 召开居民座谈会，征询居民对加装电梯的意见和建议
D. 设计居民加装电梯意愿问卷调查表，开展逐门逐户的调查
E. 访问承接老旧小区电梯安装公司的负责人，了解其对加装电梯的意见

75. 针对社区部分老年人和儿童缺乏照顾的现象，某社会工作服务机构在广泛调研的基础上设计了多套依托"五社联动"机制，助力"一小一老"的服务方案。邀请街道办事处、社区居委会、社区社会组织代表和服务对象代表组成筹备小组，采用"可行性方案模型"来筛选理想方案。筹备组首先对比了在同等资金投入情况下各个方案涉及的服务人数，其次分析了各方案对促进"五社联动"机制建设和服务"一小一老"的效果，接下来，筹备组还需要完成的分析工作有（    ）。
A. 分析该机构过去面向老年人和儿童的服务完成情况
B. 分析比较哪个方案最能达成"一小一老"服务目标
C. 分析基金会和企业对各个方案给予资金支持的意向
D. 识别比较哪个方案更有利于服务对象公平享有服务
E. 识别分析各个方案潜在风险及可能产生的负面影响

76. 志愿者逐渐成为社区治理的重要力量，发挥着越来越显著的作用，由此有必要对志愿者进行专业管理。关于志愿者管理的说法，正确的是（    ）。
A. 工作发展与设计的任务是了解志愿者的兴趣和个人信息
B. 志愿者在奉献时间、知识和技能时，越来越重视自我收获
C. "需要评估与方案规划"是对志愿者和服务对象要求进行评估
D. 鉴于社会对志愿服务负面效果的关注，机构需加强对志愿者的规范管理
E. 志愿者训练的主要目标包括端正态度、丰富知识、提升技巧三方面

77. 定量研究与定性研究既具有不同的特性，又相互补充。关于定量研究与定性研究特点的说法，正确的有（    ）。
A. 定性研究注重研究结论的一般性和可推论性
B. 定性研究可在研究过程中逐步形成理论假设
C. 定量研究的资料收集工具可以在研究过程中不断修订
D. 定量研究设计力图尽量排除研究者对研究对象的影响
E. 多角度测量法可整合定量研究和定性研究的不同技术

78. 小张致力于精神障碍人士社会工作服务研究，她依据残疾等级选取了20位研究对象，采用深度访谈、焦点小组和非参与观察等方法，了解精神障碍人士及其家属接受服务的过程，分析家属服务参与对精神障碍人士康复的作用，并提出精神障碍人士社会工作服务的优化方案。关于该研究的说法，正确的有（    ）。
A. 该研究是定性研究中的行动研究
B. 该研究资料收集方法和资料多元

C. 志愿者定期陪伴刘女士夫妇  D. 向刘女士夫妇介绍所在机构的优势
E. 与刘女士夫妇一起分析面临的主要问题

69. 社会工作者小张为社区精神障碍康复者开展职业技能训练小组活动。下列内容中，适宜该小组的有（　　）。

A. 职业着装训练  B. 简历制作学习
C. 服药时间管理  D. 面试技巧交流
E. 运动康复训练

70. 社会工作者拟对"网事随风"青少年网瘾治疗小组进行评估。下列测量工具中，适用于该小组过程评估的有（　　）。

A. 个人自我报告  B. 我的断网日记
C. 上网时长统计表  D. 小组满意度问卷
E. 网络成瘾自评量表

71. 企业社会工作者小肖在小组服务中，热情地向组员们介绍自己并亲切地问候组员，在组员发言时非常注重眼神交流，适时讲述自己对于组员分享感受的理解。小肖的上述做法运用的沟通技巧有（　　）。

A. 积极回应  B. 自我表露  C. 专注与倾听
D. 对信息进行磋商  E. 营造轻松安全的氛围

72. 社会工作者在运用社会策划模式开展工作过程中，首先要了解其所服务组织的使命和目标。关于"组织使命和目标"的说法，正确的有（　　）。

A. 组织的目标是用来表示其存在的价值和提供服务的意义
B. 组织的使命为组织成员指明工作方向和所要解决的问题
C. 组织的使命可以鼓励组织成员产生认同并明确工作意义
D. 组织的目标指出组织所要解决的问题和满足的社会需要
E. 组织的目标代表了组织未来的蓝图并用来指导组织使命的构建

73. 社会工作者小薇拟开展"社区一勺米"活动，组织居民为社区困难群众募集米面等生活物资，以培养居民相互关怀和相互照顾的美德。为此，小薇需提前招募志愿者并筹措一定的活动资金。从管理社区资源的角度出发，小薇进行资源开发时，适宜的做法有（　　）。

A. 联络社区志愿服务团队，协助招募志愿者
B. 在业主群发布消息，从居民中招募志愿者
C. 联系物业管理公司，寻求人力和资金支持
D. 拜访街道办事处，请求他们提供经费资助
E. 向市民政局申请专项经费，购买生活物资

74. 在老旧小区改造过程中，加装电梯是社区居民关注的议题。为了全面准确把握社区居民对加装电梯的意见，社会工作者小王决定运用多种方法收集资料，进行社区分析，其适宜的做法有（　　）。

A. 访问问卷的问题设计以研究者的视角为主

B. 问卷的匿名性是保证问卷填答质量的前提条件

C. 问卷调查可以广泛适用于不同文化程度的研究对象

D. 问卷调查可以在短时间内收集众多研究对象的资料

51. 社会工作者小李为了解社区居民对家庭服务的需求，设计了一份调查问卷。下列问题和答案的设计中，最适宜的是（    ）。

A. 您的婚姻状况？（1）未婚（2）已婚（3）离婚

B. 您家的家庭结构？（1）核心家庭（2）主干家庭（3）联合家庭（4）其他（请说明）

C. 您家的家务主要由谁承担？（1）母亲（2）父亲（3）妻子（4）丈夫

D. 您对家务分工满意吗？（1）非常满意（2）比较满意（3）一般（4）比较不满意（5）非常不满意

52. 医务社会工作者小宋主要为骨肿瘤患儿及家属提供专业服务。为探索以家庭为中心的社会工作服务模式，小宋计划采用个案研究方法开展研究。小宋的下列做法中，正确的是（    ）。

A. 把研究所提炼的专业服务模式推论至其他医院

B. 重点研究社会工作者为骨肿瘤患儿服务的效果

C. 将病房内所有的骨肿瘤患儿及家属都作为研究对象

D. 将骨肿瘤患儿家庭参与服务的过程记录作为研究资料

53. 根据妇女权益保障法，国家保障妇女享有与男子平等的劳动权利和社会保障权利。下列单位在招聘录用过程中的做法，正确的是（    ）。

A. 甲单位招聘办公室职员2人，规定男性优先

B. 乙单位在招聘面试中，询问应聘女性婚育情况

C. 丙单位在劳动合同中，规定女职工特殊保护条款

D. 丁单位在女职工入职体检时，加入妊娠测试项目

54. 根据未成年人保护法，保护未成年人，应当坚持（    ）的原则。

A. 平等保护              B. 个人信息公开

C. 最有利于未成年人      D. 保护与惩罚相结合

55. 根据《社会救助暂行办法》，县级人民政府民政部门以及乡镇人民政府、街道办事处应当对获得最低生活保障家庭的人口状况、收入状况和（    ）进行定期核查。

A. 就业状况    B. 财产状况    C. 教育状况    D. 健康状况

56. 根据《职工带薪年休假条例》，单位确因工作需要不能安排职工休年休假的，对职工应休未休的年休假天数，单位应当按该职工日工资收入的（    ）支付年休假工资报酬。

A. 100%    B. 150%    C. 200%    D. 300%

57. 根据社会保险法规定，失业人员失业前所在单位和本人按照规定累计缴费满1

境分析的是（    ）。

　　A. 审视组织的服务领域和方向

　　B. 识别法人的权限和组织的规范性

　　C. 识别评估组织发展与收入来源的关系

　　D. 评估组织运行系统和技术资源的有效性

44. 社会工作者老张对儿童友好社区建设项目开展评估，他访谈了社区内50户参与项目的家庭。了解到该项目通过召开儿童议事会，动员儿童参加社区事务，组建儿童志愿服务队，提高了儿童对社区的认识，搭建了儿童交流平台，提升了儿童社区参与意识。老张的评估属于方案评估中的（    ）。

　　A. 目标评估　　　B. 效率评估　　　C. 过程评估　　　D. 效果评估

45. 社会工作者小王是某机构的项目负责人，每周一上午他都安排工作例会，请同事们介绍上周的服务情况，并就某个特定人群的服务优化进行交流讨论，让大家发表意见和提出建议。根据社会服务机构的团队式结构类型，小王所在的项目团队属于（    ）。

　　A. 多功能型团队　　　　　　　　　B. 问题解决型团队

　　C. 自我管理型团队　　　　　　　　D. 合作协商型团队

46. 某市社会工作者协会正在筹备社会工作主题宣传活动，为了提高工作效率，发挥各部门的优势，秘书处决定授权各部门参与活动的组织工作，秘书长将任务分解后指派给相关职能部门，并根据工作量授予部门主管人员使用调配权。为了保障授权的有效性，秘书长还需要做的工作是（    ）。

　　A. 明确各部门所需要承担的责任　　　B. 要求各部门在过程中互相配合

　　C. 加强各部门的过程性监管指导　　　D. 组织各部门进行活动方案论证

47. 某企业以"共创财富，公益社会"为使命，每年将利润的1%捐赠给当地的儿童福利院，目的是通过帮助困难群体，履行企业的社会责任，提升企业良好声誉。该企业的捐款动机属于（    ）。

　　A. 市场营销　　　B. 自我利益　　　C. 公共关系　　　D. 社会联谊

48. 社会工作者小李在为精神障碍者小张开展服务时，始终无法与服务对象建立信任关系，觉得非常沮丧。督导者老陈知道后，肯定小李工作中所作的努力，协助他处理受挫的情绪。老陈的做法属于（    ）。

　　A. 行政性督导　　B. 教育性督导　　C. 支持性督导　　D. 调解性督导

49. 学校社会工作者小袁运用定量研究的方法，对青少年社会适应的影响因素进行研究。根据定量研究所遵循的演绎法研究策略，小袁首先要做的是（    ）。

　　A. 提出研究问题　　　　　　　　　B. 开展研究设计

　　C. 编制调查问卷　　　　　　　　　D. 进行资料分析

50. 问卷是定量研究中常用的资料收集工具。关于问卷调查特点的说法，正确的是（    ）。

色扮演等活动，让准妈妈们了解到孕中、孕后可能产生的各种需求，并学习新的知识和解决问题的办法。从小组工作类型的角度看，该小组属于（　　）。

  A. 成长小组   B. 教育小组   C. 支持小组   D. 治疗小组

26. 社会工作者小程计划运用发展模式，为社区内亲子关系紧张的家庭开展小组活动，下列小组活动中，体现出发展模式中"使能者"原则的是（　　）。

  A. "七嘴八舌话困境"：讨论家庭当前面临的亲子问题
  B. "换个角度看家庭"：以角色扮演再现家庭沟通模式
  C. "齐心协作立契约"：开放讨论小组应当遵循的约定
  D. "立足当下寻资源"：发掘自身资源并寻找解决方案

27. 在某儿童家庭照顾者小组组员招募过程中，社会工作者小范正对组员候选人进行遴选和评估。通过梳理总结，小范发现候选人希望通过小组活动学习儿童心理健康知识、儿童兴趣爱好培养的方法和儿童家庭照顾技巧等内容。上述内容主要体现了小组工作组员遴选和评估的条件是（　　）。

  A. 文化水平      B. 共同的兴趣或愿望
  C. 家庭状况      D. 对某些问题的认知

28. 社会工作者老肖走访时发现，社区内不同人群需求各异。老肖打算开展一系列小组服务，以满足不同人群的需要。下列小组方案设计中，最恰当的是（　　）。

  A. 每周六上午开展主题为"能工巧匠"的残障人士创业就业小组
  B. 为使小组讨论充分，将"童心守护"成长小组时长定为90分钟
  C. 为保证小组治疗效果，将青少年网络成瘾小组规模控制在15人
  D. 为了使服务惠及更多独居高龄老人，运用线上平台开展养生小组

29. 在某单亲妈妈支持小组的第一次活动中，由于大多数组员彼此不熟悉，缺乏必要的了解，组员们不能敞开心扉。为了营造信任的小组气氛，社会工作者适宜的做法是（　　）。

  A. 找出小组中每位组员的个性化特质  B. 就某个议题让组员表达自己的想法
  C. 暂时回避组员之间可能存在的误解  D. 引导组员尽可能地接纳自己的现状

30. 某社会工作服务机构督导者现场观察了社会工作者小俞开展的社区居民骨干小组活动，事后他向小俞指出在活动中组员的一些表现需要高度关注。下列组员互动情境中，最容易引起角色竞争冲突的是（　　）。

  A. 老李在小组中始终保持沉默
  B. 老张在小组中常常独占话题
  C. 老吴坚持自己的意见并强烈批评其他组员
  D. 老王为自己的想法未获得支持而感到遗憾

31. 某社区青年志愿者成长小组处于结束阶段。下列回应中，最能体现该阶段社会工作者任务的是（　　）。

  A. "今天我们来角色扮演，分享一下大家当下的心理感受吧。"

发现了丈夫的婚外情，愤怒之下想要离婚，可一想到儿子，又犹豫了。与丈夫沟通无果后，心情低落的她向社会工作者求助。根据危机干预模式，田女士目前处于（　　）。

A. 危机阶段　　　B. 解组阶段　　　C. 恢复阶段　　　D. 重组阶段

20. 许女士的儿子患有先天性脑瘫，一直由孩子的奶奶帮忙照顾，最近她丈夫被查出患有癌症，需要做手术，全家因而陷入混乱和痛苦中。许女士不知道如何是好，便找社会工作者老吕帮忙。根据个案工作各阶段的工作重点，此时老吕首先要做的是（　　）。

A. 肯定许女士的求助并确认求助意向　　B. 与许女士商讨之后的个案服务计划
C. 将许女士转介给医院的社会工作者　　D. 对许女士的家庭情况开展问题评估

21. 14岁的小包与姐姐、祖父母一起生活，关系融洽。小包的父亲长年在外地打工，每逢春节才能回家，加上半年前姐姐突发疾病离世，小包心情沮丧，无心学习。小包的爷爷很担心孙子的未来，遂求助社会工作者小邱。小邱在预估和问题分析的基础上，着手制订服务计划。小邱的下列做法中，正确的是（　　）。

A. 鼓励小包参与服务计划的制订过程　　B. 小邱根据自己的技术特长制订计划
C. 以小包爷爷的想法为重点制订计划　　D. 以小包父亲的意见为主制订计划

22. 小婷是一名大二学生，平时喜欢独来独往。室友都觉得她难以接近，不愿与她交流，甚至还出现了孤立她的情况。小婷心情郁闷，向社会工作者小王求助。小王从小婷的环境系统入手开展服务，邀请小婷的室友参与谈论，一起分析有些人喜欢独来独往的原因，并通过角色扮演，让室友体验被孤立的感觉。在链接社会资源的过程中，小王所采用的主要方式是（　　）。

A. 服务的协调　　B. 需求的表达　　C. 利益的协调　　D. 权益的保护

23. 15岁的小张最近迷上了网络游戏，学习成绩一落千丈。面对繁重的学业，小张想要专心学习，又无法抵挡网络游戏的诱惑，遂向学校社会工作者老项求助。服务中，老项运用了影响性技巧。老项的下列回应中，属于该技巧的是（　　）。

A. "学习成绩不理想确实容易让人有压力，心里着急又不知道怎么办。"
B. "网络游戏打得这么好，说明你很聪明！相信你的成绩可以赶上去。"
C. "你的意思是，上网打游戏是因为游戏可以给你带来成就感，是这样吗？"
D. "我也爱打游戏，但我打游戏时设置四十分钟的闹铃，铃一响我就停手。"

24. 在一次个案工作面谈中，社会工作者与服务对象有如下对话：

服务对象："最近我的状态不太好，快要到期末了，估计又有三门课要不及格了。我担心再这样下去，学校会让我退学，我其实也很想好好学习。"

社会工作者："我能理解，但您的想法与行动有一定的差距，您对此有什么打算吗？"

上述对话体现社会工作者运用的专业技巧是（　　）。

A. 对质　　　B. 建议　　　C. 忠告　　　D. 对焦

25. 某医院妇产科开展了准妈妈小组活动，医务社会工作者小童通过交流分享、角

# 《社会工作综合能力（初级）》
# 2023年真题

一、单项选择题（共60题，每题1分，从每题备选项中选择一个最符合题意的选项作为答案）

1. 党的二十大报告指出的"增进民生福祉，提高人民生活品质"，在宏观层面上为我国社会工作的发展指明了方向。根据党的二十大精神，在保障和改善民生方面，更能发挥社会工作专业优势服务的是（　　）。
   A. 为困难群体提供社会服务　　　　　B. 为学龄前儿童提供环保教育
   C. 为患病人士提供治疗咨询　　　　　D. 为大学生群体创造就业机会

2. 关于社会工作要素的说法，正确的是（　　）。
   A. 社会工作者秉持利他主义，从事的是志愿服务工作
   B. 社会工作基本对象包括因退休需要调整适应的老人
   C. 社会工作者与一般助人者都会运用专业的助人方法
   D. 助人活动是社会工作者与服务对象互动合作的过程

3. 随着社会的发展，社会工作的对象范围也随之变化，以下人群中，属于社会工作的扩大对象的是（　　）。
   A. 企业员工　　　B. 残疾人士　　　C. 孤寡老人　　　D. 困难儿童

4. 社会工作者小李正在设计关爱低收入家庭子女的项目。下列做法中，最能体现小李资源筹措者角色的是（　　）。
   A. 邀请低收入家庭子女参加自我探索活动
   B. 协助低收入家庭子女成立英语学习小组
   C. 组织低收入家庭子女参加抗逆力成长小组
   D. 招募志愿者为低收入家庭的子女补习功课

5. 某社会工作服务机构承接了困难居民救助项目，社会工作者小宁在民政部门指导下，与居委会合作，链接慈善组织，共同为社会救助对象提供精准帮扶服务。小宁的上述工作最能体现的社会工作者的核心能力是（　　）。
   A. 促进和使能的能力　　　　　　　　B. 在组织中工作的能力
   C. 评估和计划的能力　　　　　　　　D. 提供服务和干预的能力

6. 社会工作者小赵筹备了"多彩生活，乐享晚年"主题小组活动，旨在促进老年人之间的沟通交流，营造和谐友爱氛围，引导老年人关心公共事务，帮助老年人从"老

工作者老张诉苦，并流露出不想当队长的想法。老张肯定了夏阿姨在关键时刻能够主动担当，并与她一起分析这次参赛失利的原因，建议她将部门工作分配给队里的几位积极分子。上述老张的做法，运用的居民骨干培养技巧有（　　）。

  A. 结成联盟    B. 鼓励参与    C. 培训工作技巧

  D. 增强管理能力    E. 建立民主领导风格

74. 某社会工作服务机构成立后，花费了大量时间让所在社区的居民认识和熟悉机构，为今后服务项目的承接与开展奠定基础。下列做法中，适合该机构进入社区的方式有（　　）。

  A. 参加居民代表大会并且参与讨论    B. 经常与社区居民聊天"话家常"

  C. 邀请居民参与趣味活动认识社区    D. 在社区已形成的传统活动中亮相

  E. 邀请居民参加机构开放日的活动

75. 某老旧社区正在推进楼房加装电梯项目，社会工作服务机构与社区居委会一起初步确定了两套方案。社会工作者小吴组织居民代表，运用"可行性方案模型"来筛选理想方案，其筛选标准有（　　）。

  A. 加装电梯方案是否具备公平性    B. 加装电梯方案实施成功可能性

  C. 加装电梯方案是否能引起媒体的关注    D. 加装电梯方案的资金投入与产出比值

  E. 加装电梯方案给居民带来的实际改变

76. 某社会工作服务机构新招募了一批律师作为志愿者参与妇女维权服务。社会工作者小李负责该机构的志愿者管理工作，在志愿者迎新说明与训练环节，他需要完成的工作有（　　）。

  A. 培训志愿者的沟通技巧    B. 协助志愿者认识服务意义

  C. 评估志愿者的参与动机    D. 提升志愿者的服务信心

  E. 规划志愿者的服务内容

77. 下列问题和答案中，符合调查问卷设计要求的有（　　）。

  A. 垃圾不分类有害环境，您家的垃圾分类了吗？(1) 分类 (2) 没分类

  B. 您的文化程度？(1) 初中 (2) 高中/中专 (3) 本科

  C. 您愿意继续在本社区生活吗？(1) 愿意 (2) 不愿意 (3) 说不清

  D. 您家有老人小孩需要照顾吗？(1) 有 (2) 没有

  E. 近一个月来，您平均每天锻炼身体的时间是多少？(1) 1 小时以内

    (2) 1~3 小时 (3) 3 小时以上

78. 社会工作者小李计划采用个案研究方法对随迁老人的需求进行研究，通过深度访谈、观察、量表等方法收集资料，分析某街道辖区随迁老人的需求，从而为这一群体的服务方案设计提出策略性建议。关于个案研究特点的说法，正确的有（　　）。

  A. 该研究可以了解随迁老人身心发展等方面的状况

  B. 该研究有利于深入准确把握随迁老人的多元需要

  C. 该研究有助于提出有针对性的随迁老人服务方案

C. 对冬冬不进行评价 D. 相信冬冬能够改变

E. 分析冬冬的家庭

69. "金彩生活"高龄老人支持小组即将进入尾声。组员纷纷表示不想结束小组，面对这一情景，下列社会工作者的做法中，正确的有（ ）。

A. 带领组员回顾小组契约，重申小组规则

B. 邀请组员分享在小组中的收获，巩固组员的改变

C. 营造开放气氛，协助组员探索内在恐惧和防御机制

D. 向组员建议可自行组织今后的活动，保持彼此之间的联系

E. 带领组员一同回顾小组历程，邀请组员分享未来生活规划

70. 在"医路同行"肿瘤患者照顾者减压小组中，社会工作者小戚设计了"压力面面观"，邀请组员讲述压力来源及减压方法，引发了组员的热烈讨论。下列情境中，需要小戚运用限制性技巧的有（ ）。

A. 徐阿姨谈到异地就医中的问题，引发了组员对地区医疗差异的讨论

B. 吴先生详细介绍了妻子辗转就医的经历，严重超出了规定的发言时间

C. 陈奶奶讲述了其他年轻病友因患病无法工作并对家人产生的内疚感

D. 一向沉默寡言的张叔叔首先发言，讲述了儿子病情变化带来的压力

E. 奚叔叔讲述无法平衡工作和照顾家庭带来的压力，介绍了减压方法

71. 某社会工作服务机构为"新手爸妈"开设了亲密关系成长小组，旨在探索家庭成员角色转变及其相互影响，以促进夫妻关系、亲子关系和婆媳关系的和谐。在探讨育儿方法时，组员小钱认为年轻人工作比较忙，需要依靠父母带孩子；组员小邹则认为老一辈的育儿观念与年轻人有差异，应该自己带孩子。双方发生了争论，都希望社会工作者支持自己的观点。面对这一情形，社会工作者的正确做法有（ ）。

A. 保持沉默，等待小钱和小邹自行停止争论

B. 结合自己的育儿经验，肯定小钱的育儿方法

C. 引导组员们在育儿方法上开展讨论，但并不评价小钱和小邹的观点

D. 与组员共同分析两种做法的优缺点，引导他们选择适宜的育儿方法

E. 分享以往参与小组的"新手爸妈"在类似问题上的处理经验供组员参考

72. 在老年友好社区建设项目即将结束时，社会工作者老王负责对该项目进行过程评估。下列老王的访谈问题中，属于过程评估的有（ ）。

A. "您是怎么组织建设老年友好社区的?"

B. "您在建设工作中主要取得了哪些成果?"

C. "您在不同工作环节中是如何分配资源的?"

D. "您在工作中投入了多少人力、物力和时间?"

E. "您觉得项目效果和项目投入比例大致如何?"

73. 社区老年文艺队的队长常阿姨因为要去外地照顾孙女，由夏阿姨暂时担任队长。夏阿姨带队参加街道组织的广场舞大赛，比赛结果不如以往，为此她很内疚，找到社会

A. 您是中国共产党党员（包含预备党员）吗？
   (1) 是　　(2) 否
B. 您是自2022年起开始担任社区志愿者的吗？
   (1) 是　　(2) 否
C. 您完成志愿服务后，是否查看过自己的服务积分？
   (1) 是　　(2) 否
D. 您对目前志愿服务的激励制度满意吗？
   (1) 满意　　(2) 不满意　　(3) 说不清

52. 满意度调查问卷通常用来测量利益相关方对社会工作者所提供服务的满意程度，因此，社会工作者必须掌握满意度调查问卷的设计与实施。对于满意度调查问卷的说法，正确的是（　　）。

A. 该类问卷必须真实署名，便于跟进服务反馈
B. 该类问卷越长越好，利于获取全面详细信息
C. 该类问卷主要由涉及态度类型的问题所构成
D. 该类问卷问题的主观性较强，难以保证效果

53. 根据《中华人民共和国老年人权益保障法》，赡养人委托他人耕种老年人承包田地，收益应当归（　　）。

A. 老年人　　　　　　　　　　B. 老年人和受委托人
C. 老年人和赡养人　　　　　　D. 老年人、赡养人和受委托人

54. 根据《中华人民共和国妇女权益保障法》，关于妇女合法权益保障的说法，正确的是（　　）。

A. 各单位在录取妇女职工时，除不适合妇女的工种或岗位外，不得以性别为由拒绝录取妇女
B. 离婚的农村妇女，其农村土地承包经营权应在承包合同到期后予以收回
C. 农村外嫁的妇女，对父母的财产没有继承权
D. 丧偶妇女对公婆尽了主要赡养义务的，作为公婆的第二顺序法定继承人

55. 某集中使用残疾人的用人单位现有在职职工100人，根据《残疾人就业条例》，该单位在职职工中从事全日制工作的残疾人职工最少应为（　　）。

A. 10人　　　　B. 15人　　　　C. 25人　　　　D. 30人

56. 根据《最低生活保障审核确认办法》，下列4名成年人可以单独提出低保申请的是（　　）。

A. 张某，服刑人员，在本市某监狱服刑
B. 李某，学生，在外省一所高校读大三
C. 杜某，重度残疾人，无劳动能力且单独立户
D. 王某，宗教教职人员，脱离家庭、在某宗教场所居住满1年

57. 根据《工伤保险条例》，下列4名职工中可以认定为工伤或视同工伤的

43. 社会工作者负责对"困难家庭支持项目"所投入的人力、物力、财力配置使用情况进行评估。该评估属于（　　）。
   A. 需求评估　　　B. 过程评估　　　C. 效果评估　　　D. 影响评估

44. 某养老院为提升内部服务规范性，由院长牵头召集机构各部门不同专业人员组成了标准化工作建设团队，定期召开研讨会，组织外出调研学习，制订工作方案，建立服务标准。该团队的结构类型是（　　）。
   A. 多功能型团队　　　　　　　B. 自我管理型团队
   C. 问题解决型团队　　　　　　D. 垂直管理型团队

45. 社会工作者小林是养老院新入职的员工。在入职第一周，督导者老杨向他讲解了养老院里老人的生活规律、饮食习惯和兴趣爱好。老杨的讲解内容属于（　　）。
   A. 行政性督导　　B. 教育性督导　　C. 支持性督导　　D. 调解性督导

46. 某企业近期向市儿童福利院无偿捐赠人民币10万元，为听力障碍儿童购买助听器，以展示企业社会责任。该企业的捐款动机属于（　　）。
   A. 市场营销　　　B. 自我利益　　　C. 公共关系　　　D. 税法策略

47. 随着服务项目的增多，某社会工作服务机构负责人决定采取授权的方式提高机构的工作效率。该负责人对项目任务进行了分解，将任务分配给能力适合的员工，并赋予其人、财、物的处置权。在授权过程中，该负责人还需要（　　）。
   A. 带领员工做好协调工作　　　　B. 明确员工及时汇报的责任
   C. 分析员工任务管理能力　　　　D. 评估员工工作成果和质量

48. 小王是某社会工作服务机构新入职的社会工作者，在进入社区开展服务时，发现居民对社会工作不了解，经常把社会工作者当作志愿者，小王为如何介绍社会工作而烦恼。小王面临的压力来自（　　）。
   A. 服务对象多元　　　　　　　B. 专业能力欠缺
   C. 机构行政管理　　　　　　　D. 居民认知不足

49. 关于定性研究资料收集特点的说法，正确的是（　　）。
   A. 强调研究的理论性，根据研究假设收集资料
   B. 强调研究的深入性，关注研究对象的主观感受
   C. 强调研究的系统性，采用结构式访谈法收集资料
   D. 强调研究的客观性，从研究者的视角了解研究对象

50. 问卷是社会工作研究常用的工具，其内容设计和问卷结构都有科学要求。关于问卷设计的说法，正确的是（　　）。
   A. 问卷设计必须以回答者视角为主，以获得切实可靠的资料
   B. 状态指标必须放在问卷最后，以更好地保护回答者的隐私
   C. 问卷设计必须将问题随机排序，以避免前后内容互相提示
   D. 问卷排版必须进行格式控制，以利于节省版面和印刷成本

51. 下列问卷的问题中，属于行为指标属性问题的是（　　）。

C. 请机构主管评估服务资源的投入情况　　D. 请郭女士再次填答量表测评心理状态

26. 针对大四学生的就业压力问题，社会工作者老许开展了主题为"扬帆起航"的小组服务。在小组中，老许带领组员开展了一系列减压活动，运用示范、催化等技巧促使组员分享减压活动的感受，并针对组员在就业过程中遇到的问题提供咨询。上述小组活动主要体现了互动模式实施原则中的（　　）。

　　A. 开放性互动原则　　　　　　　　B. 使能者原则
　　C. 封闭性互动原则　　　　　　　　D. 积极参与原则

27. 在青少年艺术治疗小组中，社会工作者小徐和组员一起用手工材料制作了名为"我的力量来源"的作品，但在分享环节，组员因为不知道如何进行分享而陷入沉默。下列小徐的回应中，能够体现出示范引导技巧的是（　　）。

　　A. "在分享环节，请大家先将自己的作品放在桌子上，然后用3分钟介绍一下作品。"
　　B. "我看到小汪制作了一本书，你能跟大家说说为什么会觉得书能给你带来力量吗？"
　　C. "我做的是一颗发芽的种子，它冲破束缚，茁壮成长，给逆境中的我带来向上的力量。"
　　D. "我发现大家都心灵手巧，做出了能够给自己力量的作品，哪位组员愿意分享一下？"

28. 社会工作者小乔在某中学为老师开设性别平等教育小组。小乔在一次小组活动结束后撰写小组记录，回顾和梳理组员的表现：组员沉默、观望者较多；有的组员经常询问在小组中应该做什么；组员之间比较客气礼貌，相互之间讨论较少。此时，该小组最有可能处于（　　）。

　　A. 开始阶段　　　B. 转折阶段　　　C. 成熟阶段　　　D. 结束阶段

29. 在"为爱出发"亲子小组中，社会工作者小曹邀请组员分享亲子互动故事，以识别并探讨家庭沟通模式。当小曹邀请小姜发言时，小姜还没开口，她妈妈就抢先说："她一直就是这个样子，不爱搭理人，问她也没用。"小姜对此欲言又止。面对这一情境，小曹最适当的回应是（　　）。

　　A. "刚刚小姜妈妈说了小姜的情况，其他家庭是怎么看的？有没有遇到过类似的情况呢？"
　　B. "小姜妈妈，您可以详细说说女儿的情况吗？她平时在学校和家里也是这样不爱说话吗？"
　　C. "小姜妈妈，您这样的做法是不恰当的，就是因为您这样的说话方式才让孩子这样子的。"
　　D. "小姜妈妈，我看到小姜这一次好像想要说说自己的观点，让我们听听她怎么说，好吗？"

30. 社会工作者小霍为脑卒中患者开展了主题为"鼓舞未来"的病友小组活动，通

D. 与机构督导商量确定是否拓展相关戒瘾服务

20. 小宁是一名留守儿童,功课没人辅导,学习成绩不佳。社会工作者小王了解到小宁的情况后,找来大学生志愿者辅导她学习。根据上述内容,小王在服务中的角色是( )。

　　A. 教育者　　　　B. 治疗者　　　　C. 倡导者　　　　D. 联系人

21. 小杰最近考试连续失利,成绩明显下滑,受到任课老师和班主任的批评;父母也指责他贪玩不好好学习。面对即将到来的中考,小杰十分焦虑。经朋友介绍,他找到社会工作者小蔡,希望得到帮助。从建立专业关系的角度看,小蔡最适宜的做法是( )。

　　A. 协助小杰分析问题的关键在于他自己　　B. 倾听小杰充分表达自己的烦恼和担忧
　　C. 帮助小杰练习放松技巧应对焦虑情绪　　D. 引导小杰父母叙述他们的感受和想法

22. 汪女士因遭受丈夫家暴,向社会工作者小华求助,在个案服务的第七次会议中,汪女士和小华对话如下。

汪女士:"谢谢你的帮助,我才可以面对被家暴这件事。"

小华:"是你自己有勇气面对的。"

汪女士:"我也不知道哪里来的勇气。"

小华:"你能选择主动求助,就说明一直都很有勇气,只是你自己没发现而已。"

根据上述对话,小华采用的会谈技巧是( )。

　　A. 专注　　　　B. 倾听　　　　C. 同理心　　　　D. 鼓励

23. 长期独居的李大爷因最近健康状况不佳,开始为今后选择居家养老还是去机构养老感到烦心,于是找到社会工作者小马诉说烦恼。小马帮助李大爷分析两种养老方式的利弊,并提供相关信息。根据上述内容,该会谈的类型是( )。

　　A. 收集资料的会谈　　　　　　　　B. 诊断治疗性会谈
　　C. 一般性咨询会谈　　　　　　　　D. 建立关系的会谈

24. 服务对象:"我不知道这样的日子还能撑多久,孩子得了这样的病,要花那么多钱,还不知道能不能治好。我老公身体又不好,干不了重活,最近半年也没再开车了。将来能干什么也不知道。真的每天都很愁,你说怎么办啊?"下列社会工作者的回应中,最符合同理心技巧的是( )。

　　A. "我理解你的烦恼,不要担心。让我们一起努力克服困难吧。"
　　B. "家里碰到这么多事,真的不容易。你非常担心以后怎么办。"
　　C. "不用担心,我们就是来帮你的。困难是暂时的,会有办法的。"
　　D. "孩子这么重的病要花多少钱?我看看能不能帮你申请医疗救助。"

25. 郭女士被诊断为尿毒症后心理压力很大,茶饭不思,经常失眠。她的家人向医务社会工作者小周求助。小周接案后,对郭女士的问题进行充分预估并开展了八次面谈。目前进入结案阶段,需要对服务成效进行评估。结合郭女士的改善状况,小周最适宜采取的评估方式是( )。

　　A. 请郭女士填写个案服务的满意度问卷　　B. 请机构督导对服务完成进度进行评估

# 《社会工作综合能力（初级）》
# 2022年真题

**一、单项选择题（共60题，每题1分；每题的备选项中，只有1个最符合题意）**

1. 为落实党中央、国务院关于加强基层治理能力现代化建设的战略部署，民政部在全国推进乡镇（街道）社会工作站建设。乡镇（街道）社会工作站的发展方向是（　　）。
   A. 专业化、职业化　　　　　　　　B. 多元化、本地化
   C. 本土化、职业化　　　　　　　　D. 专业化、高质量

2. 为贯彻《中共中央 国务院关于加强基层治理体系和治理能力现代化建设的意见》，2022年3月17—31日，民政部开展了主题为"五社联动聚合力 社工服务暖基层"的宣传活动，旨在创新社区与社会组织、社会工作者、社区志愿者、社会慈善资源的联动机制。根据上述内容，"五社联动"突出体现的社会工作的特点是（　　）。
   A. 专业助人　　　B. 注重实践　　　C. 互动合作　　　D. 多方协同

3. 社会工作者小苏为某社区困难群体提供服务，下列小苏的做法中，能够体现建构社会资本功能的是（　　）。
   A. 为精神障碍人士举办公益画展，协助其参与社区生活
   B. 策划公益活动，呼吁社会各界人士关爱贫困家庭儿童
   C. 邀请辖区医院医护人员，为失智失能老人提供上门服务
   D. 建议政府相关部门，尽快解决社区高龄老人用餐难问题

4. 下列人员中，属于社会工作基本服务对象的是（　　）。
   A. 参与新冠疫情防控的志愿者　　　　B. 协助子女抚育孙辈的随迁老人
   C. 因家庭贫困导致就医困难的儿童　　D. 社会工作服务机构新入职员工

5. 社会工作者链接各种社会工作要素，综合利用各种能力，实施服务功能。关于社会工作要素的说法，正确的是（　　）。
   A. 社会工作者既是个体概念又是团队概念
   B. 社会工作价值观只能通过专业教育形成
   C. 任何家庭、群体和社区都必须纳入专业服务的范围
   D. 助人活动是社会工作者为服务对象提供单向服务

6. 社会工作者小张协助当地农村开展巩固脱贫攻坚成果与乡村振兴相衔接工作时，发现原贫困村民有些是因重大疾病而致贫，虽然医疗保险可以报销住院费用，但是康复

76. 社会工作者小朱在一家为老社会工作服务机构负责志愿者管理工作，近期她将对新招募的志愿者开展参加为老服务动机评估。下列表述中，属于"以利他和社会为中心"的动机的有（　　）。

　　A. 希望能够帮助老年人提高生活质量　　B. 通过志愿服务表达对老年人的关爱
　　C. 可以减少自身生活的孤独感和寂寞　　D. 通过志愿服务获得为老服务的经验
　　E. 希望通过志愿服务尽一点社会责任

77. 评估是测量社会工作服务成效的重要环节，社会工作服务机构通过服务对象满意度调查表来评估服务成效。关于服务对象满意度调查表的说法，正确的有（　　）。

　　A. 该调查表属于定量研究常用的资料收集方法
　　B. 该调查表追求收集资料和评估结果的客观性
　　C. 该调查表发放给服务对象可以获取评估结果
　　D. 该调查表中的问题可以根据评估时的情况随时修订
　　E. 该调查表便于社会工作者从服务对象视角分析资料

78. 小林采用定性方法研究城市困境家庭精准救助服务输送系统。他选取了10个社区的贫困家庭作为研究对象，邀请了10名社区驻点社会工作者进行访谈，获取了城市贫困家庭精准救助服务的特点、机制、内容、效果等信息。关于该研究的说法，正确的有（　　）。

　　A. 该研究可以呈现精准救助服务帮助贫困家庭脱贫的过程
　　B. 该研究可以发现影响精准救助服务发挥作用的普遍因素
　　C. 小林可以与10名驻点的社会工作者讨论相关问题
　　D. 小林的研究结论可以推论到同一城市的其他街道
　　E. 小林进行深度访谈时可以随时提出新发现的问题

79. 根据《工伤认定办法》，职工提出工伤认定申请需要提交的材料有（　　）。

　　A. 工伤认定申请表　　　　　　　　　　B. 劳动关系证明材料
　　C. 医疗机构出具的受伤后诊断证明书　　D. 劳动能力等级鉴定材料
　　E. 工伤证明材料

80. 小芳怀孕7周，孕期反应强烈，已经严重影响正常工作。根据《女职工劳动保护特别规定》，所在单位的下列做法中，正确的有（　　）。

　　A. 适当减少小芳的工作量和工作内容
　　B. 安排小芳每天中午休息3小时
　　C. 小芳合同到期后又与小芳签订了5年合同
　　D. 扣除小芳一半工资用于找人暂替小芳工作
　　E. 为方便小芳孕检，同意其弹性安排工作时间

A. 组员老张性格内向，不愿在小组中分享自己的观点
B. 组员完成了对垃圾分类志愿者职责分工的小组讨论
C. 组员老赵在志愿者排班问题上侃侃而谈，发言超过规定时间
D. 老郑和老魏对垃圾房开放时间意见不同，竞相争取小冯支持
E. 在讨论垃圾的区分方法时，组员老孙谈论哪种垃圾袋更好用

71. 社会工作者小姜为社区矫正对象开展了一个以"新生"为主题的小组，旨在促进社区矫正对象的行为改变和再社会化。小组服务结束后，小姜可收集的效果评估资料包括（　　）。
   A. 组员的自我评价报告　　　B. 组员填写的小组感受卡
   C. 组员的小组活动日记　　　D. 社会工作者的观察记录
   E. 小组结束后的访谈记录

72. 社会工作者小何在某社区建设认知症友好社区时，注重发挥社区社会组织的作用。经过半年的努力，他最近协助居民登记备案了一个社区社会组织。为了有效管理该组织，推动其健康发展，小何下一步适宜开展的工作有（　　）。
   A. 对组织的长期发展策略进行规划　　B. 对组织的年度服务方案进行设计
   C. 对组织成员和工作分配进行统筹　　D. 发现和进一步培养组织的领导者
   E. 承担财务工作并负责规范化建设

73. 社会工作者小孔负责动员居民参加社区即将举办的"邻里节"活动，她在居民下班回家的时间段，在小区大门口向路过的居民介绍"邻里节"的活动内容。有一名居民刚听小孔开了个头，就打断小孔的介绍，表示自己着急赶回家做饭。面对这种状况，小孔可以做的有（　　）。
   A. 向居民致歉耽误了他的时间　　B. 将活动的宣传单留给居民
   C. 劝居民扫码加入活动微信群　　D. 请居民再给她一分钟解释
   E. 等居民有时间时再向他介绍

74. 社会工作者小刘就高空抛物问题举行社区居民会议，开始大家都沉默不语，小刘就点名让平日较活跃的老张先发言。老张讲了小区里一个高空抛物致人受伤的例子，引起共鸣，大家围绕这是违法行为还是违背公德行为，展开了激烈争论。小刘最后对大家的争论内容进行了梳理总结。在此次居民会议中，小刘运用的技巧有（　　）。
   A. 关注　　B. 邀请发言　　C. 摘要　　D. 转述　　E. 聚焦

75. 某社会工作服务机构根据社区老年人的需求，设计了一个以维护老年人财产权益为目标的服务方案。该服务方案应包含的内容有（　　）。
   A. 方案执行情况的监测和评估方法
   B. 符合老年人特点的主题活动和宣传形式
   C. 方案实施中可能遇到的困难和应对措施
   D. 与目标对象数量相匹配的工作人员分工原则
   E. 机构员工学习《中华人民共和国老年人权益保障法》的安排

D. 您的工作岗位类型是：（1）管理岗位　（2）专业技术岗位
（3）工勤技能岗位　（4）纪检监察岗位

51. 学校社会工作者小宋决定采用问卷调查的方式向高中学生了解校园欺凌状况，根据调查内容和对象的特点，小宋最适宜采用的问卷填答方式及理由是（　　）。

　　A. 采用自填问卷，保证问卷高回收率　　B. 采用访问问卷，确保问卷填写质量
　　C. 采用自填问卷，适合了解敏感问题　　D. 采用访问问卷，符合学生文化水平

52. 社会工作者小汪采取个案研究法，探索社区社会组织联合会对其辖区内社区社会组织孵化培育的影响。关于小汪研究的说法，正确的是（　　）。

　　A. 研究更多地体现该联合会孵化培育社区社会组织的经验
　　B. 研究需按照限定的时间、地点和方法开展各项研究工作
　　C. 研究结果反映该街道所在市辖区的所有联合会发展情况
　　D. 研究所收集的资料只能是该联合会工作人员的访谈记录

53. 根据《中华人民共和国老年人权益保障法》，关于家庭赡养的说法，正确的是（　　）。

　　A. 老年人的自有房屋，赡养人没有维修的义务
　　B. 赡养人的配偶对于赡养人的父母有赡养的义务
　　C. 对于生活不能自理的老年人，赡养人应承担亲自照料的义务
　　D. 赡养人不得以放弃继承权或其他理由，拒绝履行赡养的义务

54. 根据《残疾人就业条例》，在集中使用残疾人的福利企业中从事全日制工作的残疾人职工，应当占本单位在职职工总数的（　　）以上。

　　A. 15%　　　　　B. 25%　　　　　C. 35%　　　　　D. 45%

55. 根据《关于进一步加强事实无人抚养儿童保障工作的意见》，事实无人抚养儿童监护人填写《事实无人抚养儿童基本生活补贴申请表》，向儿童户籍所在地（　　）提出申请。

　　A. 乡镇人民政府（街道办事处）　　B. 民政部门
　　C. 人力资源和社会保障部门　　　　D. 卫生健康部门

56. 根据《中华人民共和国民法典》，继承从（　　）开始。

　　A. 被继承人死亡时　　　　B. 遗产查清完成时
　　C. 遗产处理结束时　　　　D. 被继承人葬礼结束时

57. 根据《中华人民共和国民法典》，夫妻双方自愿离婚的，应当签订书面离婚协议，并亲自到婚姻登记机关申请离婚登记。自婚姻登记机关收到离婚登记申请之日起（　　）日内，任何一方不愿意离婚的，可以向婚姻登记机关撤回离婚登记申请。

　　A. 15　　　　　B. 20　　　　　C. 30　　　　　D. 60

58. 根据《中华人民共和国劳动法》，下列企业支付劳动报酬的做法，正确的是（　　）。

　　A. 甲每个工作日加班1小时，企业支付其工资标准150%的劳动报酬

B. 团队是自然形成的工作小组，被赋予较大自主权
C. 团队成员间能快速建立信任关系，实现真诚合作
D. 团队的成员具有临时性特点，任务完成后即解散

44. 社会工作者小张负责某社会工作服务机构的志愿者管理。下列小张的工作，属于志愿者管理中"工作发展与设计"的是（　　）。
    A. 评估志愿者参与服务动机　　　　B. 撰写志愿服务工作说明书
    C. 开展迎新说明与志愿者训练　　　D. 进行志愿者绩效评估和激励

45. 由于政府购买社会组织服务资金减少，某社会工作服务机构陷入财政危机。机构理事会决定扩大个人捐赠，与具有公募资格的筹款平台合作，发起"让爱传递"劝募活动，招募"爱心大使"动员身边的亲朋好友发起"一起捐"。从个人捐款动机分析，该劝募活动主要利用的是（　　）。
    A. 市场营销　　　B. 自我利益　　　C. 外界影响　　　D. 个人需要

46. 某儿童社会工作服务机构的社会工作者小张与当地一家画廊负责人很熟，两人闲聊时谈到可以合作举办孤独症儿童绘画展，将画展的门票收入和画作拍卖筹集的资金捐赠给遭遇火灾的某孤独症儿童家庭。上述筹资方法属于（　　）。
    A. 项目申请　　　　　　　　　　　B. 私人恳请
    C. 电话劝募　　　　　　　　　　　D. 特别事件筹资活动

47. 社会工作教育性督导可以缓解被督导者的工作压力。下列督导者的做法中，体现社会工作督导教育性功能的是（　　）。
    A. 协助被督导者识别和处理焦虑情绪　　B. 鼓励被督导者再尝试新的介入方法
    C. 引导被督导者看到自己的工作成效　　D. 帮助被督导者练习情绪管理的技巧

48. 关于定性研究特点的说法，正确的是（　　）。
    A. 定性研究将依据理论并形成假设　　B. 定性研究将研究对象视为自己人
    C. 定性研究更注重研究问题的普遍性　　D. 定性研究采用非接触方法收集资料

49. 关于问卷调查的说法，正确的是（　　）。
    A. 自填问卷适合被调查者文化程度较低的情况
    B. 问卷调查资料的处理相对复杂难以比较分析
    C. 描述性研究问卷应围绕研究假设展开设计
    D. 问卷既需要较高的信度又需要较好的效度

50. 某地区民政部门对社会工作站的社会工作者进行问卷调查。下列问题中，符合问卷设计原则的是（　　）。
    A. 社会工作站提供的服务有哪些？（可多选）(1) 老年人服务　(2) 困境家庭服务　(3) 残疾人服务　(4) 社区社会组织培育　(5) 青少年服务
    B. 您对自己在工作中的表现满意吗？(1) 满意　(2) 一般　(3) 不满意
    C. 社会工作站把服务送到居民身边，打通了服务的"最后一米"。您认为有必要推广社会工作站吗？(1) 有　(2) 没有　(3) 说不清

的回应是（ ）。

　　A. "你本来学习挺好的，高考成绩却出乎意料，觉得自己非常失败，是吗？"

　　B. "因为一次高考的失败，别人都比你考得好，你为什么就感到这么难过？"

　　C. "因为你高考没考好，与父母之间的想法有冲突，所以你就感到很难过。"

　　D. "因为你高考不理想，所以你很失望和难过，对于未来，内心也有些矛盾。"

25. 小花是一名8岁的白血病患儿。入院后，她不适应医院的陌生环境，对于治疗有恐惧和抵触心理，变得沉默寡言。为此，病房的护士将小花转介给医务社会工作者小乔。接案后，小乔采用游戏方式引导小花说出入院后的感受，并运用儿童医疗恐惧表了解其害怕程度。上述服务过程中，小乔收集资料的方法是（ ）。

　　A. 自我陈述和非结构式调查表　　　　B. 自我陈述和结构式调查表

　　C. 对答方式和非结构式调查表　　　　D. 对答方式和结构式调查表

26. 某医院的社会工作者小王在调研乳腺癌患者需求时发现，很多患者存在焦虑情绪，并对自我产生怀疑，此外还缺乏医疗常识，经常会胡思乱想。为此，小王决定开设乳腺癌病友小组，帮助组员了解自身问题及其背后的社会原因，协助组员管理情绪和改变认知。该小组的类型是（ ）。

　　A. 教育小组　　　B. 成长小组　　　C. 治疗小组　　　D. 支持小组

27. 社会工作者小魏计划为社区中刚退休的居民开展一个主题为"金色年华"的小组，协助他们较好地度过退休生活适应期，促进退休人员继续社会化，提升其社会功能。小魏最有可能运用的小组工作模式是（ ）。

　　A. 治疗模式　　　　　　　　　　　　B. 社会目标模式

　　C. 互动模式　　　　　　　　　　　　D. 发展模式

28. 社会工作者小戴为酗酒成瘾者开设了一个戒除酒瘾的匿名小组。在制订小组计划时，小戴围绕戒除酒瘾的总目标，确定了阶段性目标。下列目标设置中，属于阶段性目标的是（ ）。

　　A. 降低组员的饮酒频率　　　　　　　B. 协助组员面对人格缺陷

　　C. 改善组员的人际沟通　　　　　　　D. 协助组员参与志愿服务

29. 社会工作者小何为社区内的单亲妈妈开展了主题为"瑰丽人生"的小组。在第一节小组活动中，小何带领组员共同制定了小组规范。下列内容中，属于文化规范的是（ ）。

　　A. 要求组员保证出勤率，不迟到、不早退

　　B. 发表观点时，不议论与小组无关的内容

　　C. 每次小组开始前，将手机调至振动或静音状态

　　D. 相互尊重，对于组员的差异采取非评判的态度

30. 社会工作者小吴面向失智老人照顾者开设了一个六节的小组，在第三节小组活动中，组员小华和小郑在分享照顾失智老人经验时发生争执，双方都认为自己的照顾方法是最好的。针对小组这一阶段的特点，小吴恰当的做法是（ ）。

人逐渐产生感情。最近，两人出现了债务危机和感情纠纷，唐先生希望结束这段感情，并向姜女士提出撤回投资，姜女士拒绝且大闹唐家。唐先生的妻子向他提出离婚。唐先生面对家里家外的困窘，感到走投无路，内心崩溃。社会工作者老孙在为唐先生开展个案服务时，试图引导唐先生进行心理动力反思。下列做法中，运用心理动力反思技巧的是（　　）。

    A. 帮助唐先生了解影响自己的重大事件
    B. 协助唐先生了解自己的情绪反应方式
    C. 帮助唐先生分析自己当下所处的实际情况
    D. 协助唐先生分析自己的行为所产生的后果

20. 社会工作者对服务对象的问题进行预估时，要注重从横向和纵向两个维度展开分析。下列内容中，属于横向分析关注点的是（　　）。

    A. 服务对象问题的发展变化过程
    B. 服务对象经历的重要影响事件
    C. 服务对象问题形成的多层面影响因素
    D. 服务对象为了应对问题而做出的努力

21. 12岁的玲玲因与家长发生冲突而离家出走，一天后家人将其找回，并带她向社会工作者老纪求助。在接案、预估后，老纪制订了完备的服务方案，为玲玲及其家庭开展个案辅导服务。此时老纪应优先提供的服务是（　　）。

    A. 引导玲玲回顾与家人冲突的过程　　B. 协助玲玲及其家人重温过往亲情
    C. 劝导家人向玲玲承认错误并道歉　　D. 要求家人承诺今后不再责备玲玲

22. 小徐今年35岁，有吸毒史，强制隔离戒毒后一直与父母生活在一起。目前小徐已戒断毒瘾5年多，其间多次尝试寻找工作，但由于就业技能不足，均以失败而告终。社会工作者小齐了解情况后，准备链接一些资源帮助小徐就业。从链接正式资源的角度，小齐适宜的做法是（　　）。

    A. 争取小徐父母关心，给予鼓励支持　　B. 积极联系朋友，拓展同伴资源
    C. 寻找相关机构，提供指导服务　　D. 发动邻里捐款，提供经济援助

23. 大学生小宋因经常通宵玩游戏，屡屡旷课，考试不及格，班主任将其介绍给社会工作者小陈。在个案会谈时，小宋反复强调自己深感后悔和自责，觉得对不起父母，可又管不住自己。小陈发现小宋时常言行不一，寻找借口。于是，他对小宋说："你每次都说想改变，要好好学习，可是我没有看到你的实际行动，像这样只有想法，一直找理由不行动，你的成绩会变好吗？"此时，小陈运用的会谈技巧是（　　）。

    A. 对焦　　　　B. 澄清　　　　C. 忠告　　　　D. 对质

24. 服务对象小吴向社会工作者小张倾诉："我从来没有担心过高考，但没想到考得这么差，平常不如我的同学都考得比我好，我挺难过的。不过后来觉得上大学也不是唯一出路，不如直接去工作好了，但我父母一定要让我复读，他们觉得只有考上大学人生才有希望，我和他们吵了好几次，真的很烦。"小张运用同理心技巧，最适宜

# 《社会工作综合能力（初级）》
# 2021年真题

**一、单项选择题**（共60题，每题1分；每题的备选项中，只有1个最符合题意）

1. 发展社会工作越来越得到党和政府的重视。《中共中央关于制定国民经济和社会发展第十四个五年规划和二〇三五年远景目标的建议》指出，要畅通和规范社会工作者参与社会治理的途径。下列说法中，最能反映"畅通途径"要求的是（　　）。

   A. 发展社会工作服务机构，加大政府购买服务力度
   B. 吸收社会工作者参与解决社会救助中的重要问题
   C. 组织政府工作人员，普遍参加社会工作专业培训
   D. 制定优惠政策吸引社会工作专业学生到基层工作

2. 帮助有困难、有需要的人是社会工作最基本的职业特征。社会工作者秉持"助人自助"的理念开展工作。关于社会工作"助人自助"的说法，正确的是（　　）。

   A. "有困难，找社工"的说法较为充分地体现了助人自助的意蕴
   B. 在助人自助中，第一个"助"与第二个"助"具有相同的含义
   C. 助人自助表示社会工作者对服务对象问题的解决负有首要责任
   D. 助人自助表示社会工作者协助服务对象实现自助后可终止服务

3. 医务社会工作者小张为脑卒中患者提供服务。下列做法中，最能体现社会工作"互动合作"特点的是（　　）。

   A. 与医院其他部门协作，联合为患者提供关怀支持
   B. 针对患者家属进行心理压力疏导，提升照护技能
   C. 链接资源帮助患者及其家庭申请医疗救助
   D. 与患者及其家属一起开展慢性病管理工作

4. 在新建社区中，社会工作者组织各种社区活动，建立社区互助平台，梳理并链接社区内外资源。上述社会工作者的做法，主要体现的社会工作功能是（　　）。

   A. 建构社会资本　　　　　　　　B. 解决社会问题
   C. 推动社会进步　　　　　　　　D. 维持社会秩序

5. 高三学生小勤在一次重要考试中失误，未能如愿获得理想的结果。她不能原谅自己，无法走出考试失误的阴影，对自己丧失了信心。社会工作者大林对小勤的情况进行全面客观评估后，鼓励小勤加入听障儿童志愿服务队。经过几次开导，小勤加入了志愿服务队，并逐渐成为骨干，在为孩子们提供服务的同时，又重拾信心。社会工作者大林

E. 培训项目工作人员，推演整个工作的流程

77. 关于定量研究与定性研究特点的说法，正确的有（    ）。

    A. 定量研究与定性研究是对立的两种研究方法
    B. 定量研究与定性研究可以用于同一研究主题
    C. 定量研究与定性研究依据的方法论基础不同
    D. 定量研究与定性研究的研究假设是需要根据理论事先设定的
    E. 定量研究与定性研究的研究内容可以根据具体情况灵活变化

78. 社会工作者小李选取某社区作为个案，分析社区治理的特征、机制、模式等内容。关于这项研究的说法，正确的有（    ）。

    A. 该研究的资料可以是某社区治理的新闻报道
    B. 该研究可以尝试建构本土化的社区治理理论
    C. 该研究的资料收集处理相对容易并便于比较分析
    D. 该研究可以梳理某社区的发展历史及其治理特点
    E. 某社区的社区治理模式可以复制推广到其他社区

79. 小田负责处理在校大学生教育救助申请，根据《社会救助暂行办法》，小田可以建议学校采取的对学生教育救助的方式有（    ）。

    A. 减免相关费用              B. 发放助学金
    C. 给予生活补助              D. 安排勤工助学
    E. 开设专门补习班

80. 根据《工伤保险条例》，下列人员中，应当认定为工伤或视同工伤的有（    ）。

    A. 韩某，醉酒后操作生产设备失误受伤
    B. 王某，在车间生产线工作时被脱落的顶棚砸伤
    C. 李某，步行下班途中被一个醉酒司机驾车撞伤
    D. 张某，新冠疫情期间赴外地支援抗疫被感染
    E. 周某，上班期间在办公室突发疾病，在医院抢救72小时后死亡

张和忧虑情绪的乳腺癌病友提供支持。小田通过多种渠道招募小组成员，下列对象中，符合该小组组员筛选条件的有（　　）。

A. 甲，无法接受乳腺癌复发及二次手术后对身体形象的再次损伤，情绪低落
B. 乙，新确诊为乳腺癌且完成手术，但她不能接受身体残缺事实，经常流泪
C. 丙，三年前患食管癌，此次肿瘤转移，确诊为乳腺癌且完成手术，情绪稳定
D. 丁，新确诊为卵巢癌且完成手术，担心肿瘤复发，经病友推荐报名参加小组
E. 戊，新确诊为乳腺癌且完成手术，但不放心，看到招募海报，报名参加小组

72. 某社会工作服务机构运用社区工作方法解决社区问题、满足社区需求。在"进入社区"阶段，社会工作者的工作重点有（　　）。

A. 了解所在机构与社区的关系　　B. 了解自己的工作内容及权限
C. 发现、链接和维系社区资源　　D. 让社区中的居民、团体和组织认识自己
E. 围绕工作目标制订周密完备的工作计划

73. 建立和发展社区组织是社工工作过程中相当重要的一个环节。社区组织成立后，管理社区组织变得十分重要。"研究与发展"是管理社区组织需要着重关注的内容之一。具体而言，"研究与发展"主要包括（　　）。

A. 适应和引领组织变迁　　B. 开发新的服务方案
C. 规划组织长期策略　　D. 评估服务方案
E. 评估社区组织

74. 社会工作者小吴正在主持主题为"文明公约从我做起"的社区居民会议，最初大家都不愿意发言，小吴采取提问的方法鼓励大家自由发言。第一位发言者王阿姨讲完后，为了让她感到自己的发言受到重视，同时也激励更多居民发言，小吴适宜的回应有（　　）。

A. "您讲得真好。"　　B. "您的意见很重要。"
C. "您所说的对我有很大启发。"　　D. "您还有其他需要补充的吗？"
E. "您的提醒很好，我还真没注意这一点。"

75. 社区社会工作者小钱策划了"从心出发，关爱有我"失智老人照顾者支持服务方案。在决定服务目标的优先次序时，小钱需要考虑的因素有（　　）。

A. 失智老人照顾者的特点　　B. 机构可投入的资源配置
C. 理想的可行性服务方案　　D. 问题的紧迫程度及影响
E. 失智老人的社区服务需求

76. 社会工作者老王负责社区困境儿童关怀服务项目。在项目结束阶段，老王应该完成的工作有（　　）。

A. 将困境儿童监护人纳入服务对象范畴
B. 完成每一名困境儿童的服务档案建设
C. 调整项目经费预算，合理地控制支出
D. 反思项目执行过程对困境儿童产生的影响

础的社会养老服务体系。

A. 居家     B. 社区     C. 街镇     D. 机构

54. 根据《中华人民共和国妇女权益保障法》，父亲死亡、丧失行为能力或者有其他情形不能担任未成年子女的监护人的，母亲的监护权任何人不得干涉。这是对妇女（　　）的保障条款之一。

A. 人身权     B. 财产权     C. 政治权     D. 婚姻家庭权

55. 根据《中华人民共和国劳动法》和《女职工劳动保护特别规定》，对怀孕（　　）个月以上的女职工，用人单位不得延长劳动时间或安排夜班劳动。

A. 4     B. 5     C. 6     D. 7

56. 根据《中华人民共和国反家庭暴力法》，家庭暴力受害人因遭受家庭暴力或者面临家庭暴力的现实危险，可以向人民法院申请（　　）。

A. 人身伤害禁止令     B. 人身安全保护令
C. 人身接触限制令     D. 家庭暴力告诫令

57. 根据《中华人民共和国收养法》，配偶一方死亡，另一方送养未成年子女的，（　　）具有优先抚养的权利。

A. 在世一方的父母     B. 死亡一方的父母
C. 在世一方的兄弟姐妹     D. 死亡一方的兄弟姐妹

58. 根据《最低生活保障审核审批办法（试行）》，家庭收入是指共同生活的家庭成员在规定期限内的全部（　　）收入。

A. 工资     B. 财产     C. 可支配     D. 动产和不动产收益

59. 小强，8岁，有认知障碍，与母亲外出时走失，在甲市流浪乞讨，后被民警小赵发现。根据《社会救助暂行办法》，小赵应当采取的措施是（　　）。

A. 通知当地教育部门予以救助     B. 护送小强到当地救助管理机构
C. 告知小强向当地救助管理机构求助     D. 通知当地交通部门为其购买回家车票

60. 根据《关于建立完善国家司法救助制度的意见（试行）》，各地制定司法救助具体标准应以案件管辖地上一年度（　　）为基准。

A. 最低生活保障线     B. 最低工资标准
C. 城镇居民人均可支配收入     D. 职工月平均工资

二、多项选择题（共20题，每题2分；每题的备选项中，有2个或2个以上符合题意，至少有1个错项；错选，本题不得分；少选，所选的每个选项得0.5分）

61. 社会工作者小刘为社区残障老年人配备轮椅，联系轮椅厂家入户调试和指导使用，组织社区志愿者定期上门了解情况并提供服务。上述小刘的做法，涉及的社会工作领域包括（　　）。

A. 残疾人社会工作     B. 医务社会工作
C. 社区社会工作     D. 矫正社会工作

A. 政府购买服务　　　　　　　　B. 以奖代补
C. 特别事件筹资　　　　　　　　D. 社会捐助

46. 为了缓解社区工作者的压力，提高社区疫情防控能力，某区民政局建立了面向全区社区工作者的"疫情防控我有力"的微信交流群，并邀请资深社会工作者入群督导，为遇到问题并寻求帮助的社区工作者提供支持。该督导类型属于（　　）。
A. 师徒式督导　　B. 训练式督导　　C. 管理式督导　　D. 咨询式督导

47. 新入职的社会工作者小邱为丧偶的李奶奶提供个案服务。近期，李奶奶得知女儿生重病的消息，原本已平复的情绪再次跌入低谷，这让小邱非常沮丧。此时，小邱的督导者首先应该关注的是（　　）。
A. 小邱的负面情绪如何调适　　　B. 小邱的工作量是否需要调整
C. 自己的督导工作是否有效　　　D. 李奶奶女儿的病情是否严重

48. 关于定量研究的说法，正确的是（　　）。
A. 定量研究的研究者被研究对象视为自己人
B. 定量研究一般运用标准化的方法收集资料
C. 定量研究的内容可以根据情况灵活变化
D. 定量研究主要以建构主义为方法论基础

49. 某调查问卷的封面信上写着："本调查采用不记名方式……"上述内容旨在说明（　　）。
A. 保密原则　　　　　　　　　　B. 问题填答方式
C. 研究内容　　　　　　　　　　D. 对象选择方法

50. 根据问卷设计中问题的排序，下列问题正确的排序是（　　）。
（1）您觉得精准救助服务的效果如何？
　　①非常好　②比较好　③一般　④比较差　⑤非常差
（2）您第一次领取最低生活保障金的时间：　　年　　月
（3）您的教育程度？
　　①初中及以下　②高中/中专/技校/同等学力　③大专及以上
A. （1）（2）（3）　　B. （3）（1）（2）　　C. （3）（2）（1）　　D. （1）（3）（2）

51. 线上调查是目前常见的调查方式之一。社会工作者小林借助该方式开展服务对象的需求调查，利用网络进行问卷分发、回收和数据统计，并将数据统计结果作为服务设计的依据。关于小林此次调查的说法，正确的是（　　）。
A. 该方式可涉及较复杂的调查问题　　B. 该方式采用的问题题型比较简单
C. 该方式可用来调查儿童服务需求　　D. 该方式可保证调查结果的准确性

52. 社会工作者小陈对新获取的访谈资料进行分类、归纳，将访谈资料系统化，并进行编码。小陈的工作所处的研究阶段是（　　）。
A. 记录资料　　B. 整理资料　　C. 收集资料　　D. 研究总结

53. 根据《中华人民共和国老年人权益保障法》，国家建立和完善以（　　）为基办法。"此时，小吴运用的会谈技巧是（   ）。

A. 专注    B. 倾听    C. 鼓励    D. 同理心

25. 社会工作者小王在与服务对象的面谈中说："从谈话中感受到你非常想出去工作，但又整天宅在家里打游戏，不为找工作做任何准备。你的想法和行动是不是不太一样啊？你是怎么看的呢？"小王运用的专业技巧是（   ）。

A. 澄清    B. 对焦    C. 对质    D. 摘要

26. 社会工作者小李为医院鼻咽癌患者开设主题为"乐活人生"的小组。在小组中，小李邀请病友分享自己生病前后的经历和感悟，鼓励大家重拾信心，以乐观的态度积极面对疾病。从小组目标的角度看，该小组类型最有可能是（   ）。

A. 支持小组    B. 成长小组    C. 治疗小组    D. 教育小组

27. 社会工作者小胡为社区内的退役军人开展了"勇往直前"职业规划小组，旨在协助组员提升信心，适应角色变化并融入社会。在小组中，小胡带领组员分析了退役后自身的优势、劣势、机会和风险，激发组员的主观能动性，鼓励相互支持，规划事业发展方向。依据小组工作模式，该小组最有可能采用的是（   ）。

A. 互动模式    B. 治疗模式    C. 发展模式    D. 社会目标模式

28. 社会工作者小顾在某养老机构开展了"朝花夕拾"高龄老人支持小组，下列场景中，可能出现在小组转折阶段的是（   ）。

A. 个别组员不愿结束小组，反映自己的问题没有解决，希望增加一次小组
B. 小顾与组员约定两个月之后举行"银龄聚会"，承诺自己会持续跟进服务
C. 组员行为拘谨、沉默被动，小顾运用"击鼓传花"游戏让组员进行自我介绍
D. 个别组员在"往事回顾"环节发生争执，小顾带领组员重温并调整小组契约

29. 在一次小组服务中，社会工作者对组员说："为了确保每次小组都能顺利进行，接下来，请大家在贴纸上写下你认为在小组中应遵守的规则，写好后贴在白板上。"社会工作者的这段话最有可能出现在小组工作的（   ）。

A. 准备阶段    B. 开始阶段
C. 中期转折阶段    D. 后期成熟阶段

30. 在"粉红丝带"乳腺癌病友小组的最后一节活动中，有组员表示定期参加小组已成为生活中重要的组成部分，以后没有这个小组了，自己会很失落，其他组员也纷纷表示不愿结束小组。在这一阶段，社会工作者可以采取的措施是（   ）。

A. 开展"医患面对面"活动，请医生分享康复期运动等知识
B. 开展"你与我同心"活动，邀请已康复的患者分享战胜疾病的经验
C. 开展"破茧成蝶"活动，邀请组员分享对未来生活的信心和希望
D. 开展"我与乳腺癌的故事"活动，邀请组员分享疾病带来的影响

31. 下列小组工作记录方法中，属于摘要式记录的是（   ）。

A. 使用录音录像等手段记录组员表现
B. 叙事性地将小组活动过程记录下来

运用心理社会治疗模式提供服务。他先与小亮妈妈进行交流，分享了自己帮助女儿缓解压力的心得。此时，小黄采用的治疗技巧是（　　）。

　　A. 直接治疗技巧之非反思性技巧　　B. 直接治疗技巧之反思性技巧
　　C. 间接治疗技巧之直接影响技巧　　D. 间接治疗技巧之维持性技巧

19. 小芸失恋后，整日以泪洗面，闭门不出。一天，她服用了大量安眠药企图自杀，幸好被朋友及时发现，送到医院抢救才挽回生命。医务社会工作者小赵了解情况后到病房陪伴小芸，协助她渡过难关。从危机介入的角度，小赵除了需要迅速了解小芸的主要问题，更重要的工作是（　　）。

　　A. 危险性评估　　　　　　　　　　B. 联系其家人
　　C. 安抚悲伤情绪　　　　　　　　　D. 转介心理咨询

20. 小李读初中时父母因家庭矛盾离异，母亲搬离后再无消息，父亲再婚，他一直跟爷爷奶奶生活在一起。青少年时期的特殊经历令小李一直振作不起来，频繁更换工作，收入不稳定。经社区居委会介绍，社会工作者小王主动联系了小李。为了建立专业关系，小王首先要做的是（　　）。

　　A. 专注倾听小李的困扰　　　　　　B. 明确小李问题的表现
　　C. 阐明小李的权利责任　　　　　　D. 确认小李的受助身份

21. 社区社会工作者老齐在走访社区高龄老人时，发现85岁的秦爷爷有一个22岁的孙子小兵赋闲在家。秦爷爷悄悄告诉老齐，小兵游手好闲，还抽烟吸毒，家人都拿他没办法，请老齐帮助小兵。与小兵进行耐心细致的沟通交流后，老齐证实了秦爷爷的说法。针对上述情况，老齐恰当的做法是（　　）。

　　A. 评估小兵问题严重性　　　　　　B. 告诉秦爷爷自己解决此问题
　　C. 为小兵拟订服务计划　　　　　　D. 转介小兵给禁毒社会工作者

22. 某社会工作服务机构负责人金老师接到社区工作者打来的求助电话，称14岁的少年佳佳最近经常逃学，在社区游荡。金老师让实习社会工作者小戴利用他自己也是年轻人的优势与佳佳聊聊，收集相关资料，并完成问题预估。小戴从纵向角度进行预估分析的内容是（　　）。

　　A. 佳佳的社交状况　　　　　　　　B. 佳佳的就学历程
　　C. 佳佳的家庭状况　　　　　　　　D. 佳佳的学业表现

23. 王先生40岁，未婚，年幼时父母离异并各自重组家庭。最近，王先生身体不适，去医院检查后被诊断患有胃癌，需要手术治疗。他备受打击，心情烦闷。社会工作者介入后，为了帮助王先生应对这一变故，引导他说出了自己的成长过程及压力感受、与家人的关系以及对未来的期望。上述服务过程中，社会工作者运用的收集资料方法是（　　）。

　　A. 结构访谈　　B. 自我陈述　　C. 评估调查　　D. 直接观察

24. 李奶奶与儿子吵了一架，觉得很伤心，向社会工作者小吴诉苦。小吴握着李奶奶的手说："李奶奶，这里没有其他人，您放心，有什么都可以跟我说，我们一起来想

# 《社会工作综合能力（初级）》
# 2020年真题

一、单项选择题（共60题，每题1分；每题的备选项中，只有1个最符合题意）

1. 新冠疫情防控期间，社会工作界积极响应了党中央的号召，参与防控工作，作出了重大贡献。习近平总书记在2020年2月23日《在统筹推进新冠肺炎疫情防控和经济社会发展工作部署会议上的讲话》中指出，要"发挥社会工作的专业优势，支持广大社工、义工和志愿者开展心理疏导、情绪支持、保障支持等服务"。下列最能反映社会工作专业优势的是（　　）。

   A. 社会工作的专业化和职业化　　B. 社会工作的本土化和行政化
   C. 社会工作的专业理念和专业方法　　D. 社会工作的问题意识和政策思路

2. 关于专业社会工作的说法，正确的是（　　）。

   A. 专业人员在本职工作之外从事的服务性工作属于专业社会工作
   B. 专业人员在公共卫生事件中提供的医疗服务属于专业社会工作
   C. 专业社会工作包括在群众团体中从事的社会救助服务工作
   D. 专业社会工作是由受过规范训练的人员开展的职业化活动

3. 社会工作者小王从优势视角出发，为困境儿童开设了以"发现我的闪光点，点燃我的小宇宙"为主题的小组，旨在增强困境儿童的内在动机，协助他们乐观地面对人生。小王的做法体现了社会工作在服务对象层面的目标是（　　）。

   A. 解救危难　　B. 增进社会团结
   C. 激发潜能　　D. 促进社会公正

4. 下列人员中，属于社会工作基本对象的是（　　）。

   A. 面对巨额房贷压力的年轻公职人员
   B. 需要接受督导的新入职社会工作者
   C. 不熟悉电脑但需用网课教学的教师
   D. 生活在商品房小区的独居高龄老人

5. 宋大爷常常带着收留的几只流浪狗在社区散步，踩踏草坪、不及时清理狗粪，引起居民不满，物业管理人员劝宋大爷将流浪狗送交相关部门处置，宋大爷不肯，双方争执不下。为此，社区居委会派社会工作者小夏处理此事。小夏的下列做法中，最能体现社会工作者直接服务角色的是（　　）。

   A. 协助社区居民商讨并制定社区环境卫生公约

D. 基金会的评委构成及其资助偏好

E. 向资助方及相关人士的交代方法

76. 某服务对象向机构督导者老王抱怨社会工作者小李工作不太细心，有一次家访迟到了半小时。在督导面谈中，小李也谈到最近感觉工作任务多，时间不够，工作压力太大，有时晚上失眠，经常提不起精神。从教育性督导角度看，为缓解小李的压力，老王适宜采取的做法有（　　）。

A. 告诉小李与服务对象沟通的策略和技巧

B. 帮助小李进行压力管理训练，学习放松技巧

C. 指导小李做好时间管理，合理安排工作优先次序

D. 协助小李识别和处理服务过程中所产生的焦虑情绪

E. 给予小李情感关怀和心理支持，并鼓励其继续投入工作

77. 小林和小王分别采用不同研究方法对A村留守儿童的生活照料情况进行研究，并根据研究结果设计服务项目。小林通过量表收集了A村所有留守儿童生活照料情况，而小王则通过深度访谈收集了A村1/5留守儿童生活照料情况。关于小林和小王研究的说法，正确的有（　　）。

A. 小王的研究主要获取描述性的信息

B. 小林的研究能够体现抽样调查的基本特性

C. 小林的研究可以发现A村留守儿童生活照料的普遍需求

D. 小林的研究可以在研究过程中根据当地情境修改完善量表

E. 小王的研究可以逐步形成影响A村留守儿童生活照料的理论假设

78. 在设计问卷之前，需要进行探索性工作。下列做法中，属于探索性工作的是（　　）。

A. 运用卡片法记录并分类每个问题

B. 运用文献法了解研究问题的现状

C. 运用框图法确定研究问题的板块

D. 通过实地考察明确研究问题的主题

E. 通过访问研究对象了解待研究的问题

79. 社会政策能在多领域发挥作用。下列社会政策的功能中，属于社会功能的有（　　）。

A. 社会控制功能
B. 调节经济运行功能
C. 收入再分配功能
D. 激励劳动积极性功能
E. 社会投资和社会建设功能

80. 为了方便推轮椅带老伴出门，王大爷私自请工人将单元楼一楼出口的全部台阶改造成坡道。楼上几家邻居觉得坡道会影响大家的日常出行，于是到社区居委会反映情况。居委会人民调解委员会派调解员张阿姨进行调解。根据《中华人民共和国人民调解法》，关于该调解事项的说法，正确的有（　　）。

戏。这时黄奶奶拒绝参加，还大声说："那是小孩子玩的游戏，好幼稚！"小组气氛变得十分尴尬。对此，小茹适宜的做法有（    ）。

　　A. 向组员表示尊重黄奶奶的意愿，营造开放的气氛
　　B. 请其他组员劝说黄奶奶继续参加，配合小组进程
　　C. 跟组员协商这个游戏是否继续进行，并取得共识
　　D. 向黄奶奶解释游戏的目的，再次邀请黄奶奶参与
　　E. 重申小组的规范，主导处理由黄奶奶引起的冲突

71. 社会工作者小刘曾开设老年人防诈骗小组，取得了良好的效果。最近，小刘到另一社区举办同类主题的小组，因不同社区的居民存在差异，小刘在设计小组活动时应考虑的因素有（    ）。

　　A. 组员的文化背景　　　　　　　　B. 组员的能力
　　C. 组员的家庭成员人数　　　　　　D. 组员的社会关系背景
　　E. 组员的生理、情绪和认知状况

72. 某养老机构在社区新建了一个养老驿站，机构负责人委派社会工作者小李到社区开展前期工作。为了尽快让社区居民认识社会工作者，了解养老驿站的服务，小李适宜的做法有（    ）。

　　A. 参加社区重阳节活动，派发相关宣传资料
　　B. 去社区和老人聊天，介绍即将开展的工作
　　C. 拜访社区居委会的负责人，搞好私人关系
　　D. 举办社工节活动，现场邀请老年居民体验驿站服务
　　E. 招募大学实习生，开展问卷调查，了解居民的需要

73. 社会工作者小刘在某街道刚成立的党群服务中心工作，为了科学细致地了解该街道所辖各社区的基本情况，小刘需要开展的工作有（    ）。

　　A. 了解居民对社区问题的真切感受　　B. 入户调查，掌握人户分离的情况
　　C. 评估居民对公共设施的利用情况　　D. 参与社区活动，观察居民骨干的影响力
　　E. 出席社区工作会议，并提供专业性意见

74. 社会工作者老林负责某街道优抚对象关怀项目。为准确了解优抚对象的需要，老林运用一些量表评估优抚对象的现状，并去学校向老师了解优抚对象子女在学校的表现。上述资料收集过程中，老林采用的方法有（    ）。

　　A. 访问法　　　　B. 观察法　　　　C. 文献分析法
　　D. 实验法　　　　E. 问卷调查法

75. 社会工作者小李计划向某社区基金会申请项目资助。在项目申请书中，小李应说明的内容有（    ）。

　　A. 申请项目的意义和重要性
　　B. 项目的具体实施过程及预期效果
　　C. 项目预算构成和经费使用途径

A. 研究资料收集步骤是关键，应注重先观察后访谈的顺序组合
B. 研究侧重于横向研究，注重"暖心服务队"队员的主观感受
C. 研究体现出"暖心服务队"队员作为研究对象的个别性特点
D. 研究过程中，资料的获取、梳理和探究相互衔接并融为一体

53. 根据《中华人民共和国老年人权益保障法》，国家建立和完善以（ ）为基础的社会养老服务体系。

    A. 居家　　　　B. 社区　　　　C. 城镇　　　　D. 机构

54. 根据《社会救助暂行办法》，可以确定当地最低生活保障标准的主体是（ ）。

    A. 省级人民政府民政部门　　　　B. 设区的市级人民政府
    C. 省级人民政府财政部门　　　　D. 设区的市级人民政府民政部门

55. 根据《最低生活保障审核审批办法（试行）》，共同生活的家庭成员（ ）低于当地低保标准，且家庭财产状况符合政府规定条件的，可以申请低保。

    A. 总收入　　　B. 可支配收入　　　C. 纯收入　　　D. 人均收入

56. 根据《女职工劳动保护特别规定》，关于女职工可享受产假天数的说法，正确的是（ ）。

    A. 小陆，怀孕3个月流产，可享受产假30天
    B. 小贾，怀孕6个月流产，可享受产假42天
    C. 小王，难产，生双胞胎，可享受产假143天
    D. 小吴，怀双胞胎，产前可休假30天

57. 根据《中华人民共和国劳动法》，下列人员中，用人单位不得安排延长工作时间的是（ ）。

    A. 怀孕3个月的小梅
    B. 正哺乳9个月儿子的小芳
    C. 半年前做了计划生育手术的小华
    D. 独自抚养5岁女儿的单亲母亲小青

58. 根据《中华人民共和国村民委员会组织法》，村务监督委员会成员的产生方式是（ ）。

    A. 由村民会议或者村民代表会议在村民中推选产生
    B. 由村民代表推选，乡镇政府批准产生
    C. 由村民会议在村民代表中选举产生
    D. 由户代表会议在村民中选举产生

59. 城市社区卫生服务中心（站）基本标准规定，社区卫生服务中心房屋建筑面积不得少于（ ）平方米。

    A. 500　　　　B. 800　　　　C. 1000　　　　D. 1200

60. 根据《国务院关于建立城镇职工基本医疗保险制度的决定》，下列人员中，由各省、自治区、直辖市人民政府决定其是否参加基本医疗保险的是（ ）。

A. 评估服务对象对志愿服务的接纳程度
B. 向志愿者书面说明评估的标准和程序
C. 运用评估结果来判定志愿者胜任程度
D. 评估机构的需要和志愿者的表现情况

47. 某社会工作服务机构在人力资源配置方面遭遇困难，符合岗位要求的应聘者较少，通过面试进入试用期的新员工离职情况时有发生，并且影响到现有员工队伍的稳定。为此，人事主管向机构督导者老杨反映了此问题。下列老杨的做法中，属于行政性督导内容的是（　　）。

A. 参与面试工作，评估应聘者对机构目标的认同程度
B. 增强技术辅导，协助新进人员掌握服务理念和方法
C. 提供咨询支持，加强对员工团队管理方法的指导
D. 及时疏导情绪，协助现有员工适应团队的变化

48. 关于定量研究和定性研究的说法，正确的是（　　）。

A. 在定量研究中，研究者往往被当作自己人
B. 在定量研究中，研究者主要进行演绎推理
C. 在定性研究中，研究者应该恪守预设研究大纲
D. 在定性研究中，研究者旨在发现问题的普遍性

49. 某社区正在开展一个项目，需要对社区困境家庭的老年人进行问卷调查。为了确保调查结果的准确性，最适宜采用的问卷填答方式是（　　）。

A. 调查者当面询问被调查者　　　　B. 让被调查者自行填答
C. 调查者电话询问被调查者　　　　D. 让被调查者集中填答

50. 社会工作者小秦计划通过问卷调查了解某老年公寓中老人的需求，老年公寓负责人提醒小秦，只抽取部分老人参与调查可能会让这些老人不理解。下列封面信内容中，能够避免让老人产生误解的是（　　）。

A. "我们绝不会公开您的个人资料。"
B. "我们希望了解老年朋友们对院舍照顾的需求。"
C. "我们是老年公寓社会工作部的社会工作者。"
D. "我们通过入住老人登记编号进行随机抽样。"

51. 关于问卷调查中问题排序的说法，正确的是（　　）。

A. 单选题在前，多选题在后
B. 个人背景等敏感问题必须放在后面
C. 被调查者感兴趣的问题应放在前面
D. 行为与态度方面的问题应该放在前面

52. 社会工作者小李对社区的"暖心服务队"进行个案研究，探索"暖心服务队"的发展历程，尝试总结社区社会组织培训的模式。关于该研究的说法，正确的是（　　）。

梁培植多肉植物自强自立、成功创业的故事，启发组员重新认识自我，积极寻找战胜困难的办法，上述老刘的做法，体现出小组工作发展模式的实施原则是（　　）。

A. 开放互动　　　　　　　　　　B. 迅速解决问题
C. 激发潜能　　　　　　　　　　D. 促进平等参与

28. 某社会工作服务机构开设了夫妻关系协调小组。社会工作者以家庭生命周期为主线，带领组员分享夫妻沟通的经验，探索解决夫妻矛盾的方法。在小组的结束阶段，社会工作者的主要任务是（　　）。

A. 模拟生活环境，让组员巩固学习到的夫妻沟通技巧
B. 营造开放气氛，帮助组员探索内在恐惧和防卫机制
C. 鼓励组员进一步自我探索，反省夫妻矛盾的成因
D. 重新调整小组的规范和契约，鼓励组员独立自主

29. 社会工作者老郑在社区开设了老年人健康养生小组。在一次小组活动中，组员围绕饮食养生进行了热烈的讨论，分享了很多好办法。临近结束时，大家意犹未尽。老郑说："我们已经讨论了一段时间，哪位老人家能总结一下呢？"老郑运用的提问技巧类型是（　　）。

A. 深究回答型　　B. 重新定向型　　C. 反馈阐述型　　D. 封闭提问型

30. "接下来这个环节是'我的名片'，现在我给每个人发一张卡纸，请你们在卡纸上用3至5个简单的字或词来描述自己，制作自己的特色名片，写好后与其他组员交换名片，相互认识一下。"社会工作者的这段话最有可能出现在小组工作的（　　）。

A. 准备阶段　　　　　　　　　　B. 开始阶段
C. 中期转折阶段　　　　　　　　D. 后期成熟阶段

31. 在大学生职业规划小组中，组员小芬和小芳就毕业后直接工作还是继续读研究生产生了争执。社会工作者对此进行了回应："刚才，小芬和小芳分别发表了自己的观点。先工作可以更早适应社会，实现经济独立，但在后期职业晋升时可能会因学历受到限制；继续读研究生则能培养研究能力，提升未来工作的竞争力，但无法积累工作经验。"上述社会工作者的回应，运用的小组工作技巧是（　　）。

A. 鼓励　　　　B. 示范　　　　C. 限制　　　　D. 中立

32. 在主题为"我的社区我做主"的小组第三节，社会工作者小李让组员就社区广场舞噪声扰民问题进行头脑风暴式讨论，随后组员你一句我一句开始议论广场舞领队张老师舞跳得好，这时小李说："今天的讨论特别热烈，因为时间关系，接下来，我们能不能一起讨论一下解决问题的办法呢？"小李运用的技巧是（　　）。

A. 了解　　　　B. 引导　　　　C. 鼓励　　　　D. 描述

33. 为外来务工人员子女开设的自信心提升小组即将结束。社会工作者准备对该小组进行效果评估。下列评估指标中，属于小组效果评估指标的是（　　）。

A. 组员的出席情况　　　　　　　B. 组员的过往经历
C. 组员的改变程度　　　　　　　D. 组员特征与能力

来藏在枕头底下。经过了解和初步分析，小张认为老林因难以承受病痛，产生了自杀念头。这时，小张首先需要做的是（　　）。

A. 稳定服务对象情绪　　　　　　B. 预估服务对象问题
C. 通知家属前来探望　　　　　　D. 快速评估危机程度

21. 社会工作者："服务期间我们的谈话内容都会保密，没有您的书面同意，绝对不会泄露给无关人员。但是，如果有自我伤害或危及他人的情况，就不能保密。关于保密的规定，您需要我再解释吗?"上述会谈内容表明该个案服务正处于（　　）。

A. 接案阶段　　B. 诊断阶段　　C. 制订计划阶段　　D. 评估阶段

22. 在个案会谈中，针对服务对象错综复杂的情况，社会工作者与服务对象一起进行深度探索和分析，逐渐明确问题。这种会谈属于（　　）。

A. 治疗性会谈　　　　　　　　　B. 收集资料的会谈
C. 诊断性会谈　　　　　　　　　D. 一般性咨询会谈

23. 服务对象小陆说自己在恋爱过程中总是患得患失，谈过两个女朋友都分手了，经过几次会谈后，社会工作者了解到小陆幼年时父母离异，被送到乡下奶奶家生活。于是，社会工作者帮助小陆一起回顾其成长经历，探讨童年发生的重要事件对现在生活的影响。依据心理社会治疗模式，这种治疗技巧是（　　）。

A. 非反思性技巧　　　　　　　　B. 反思性技巧
C. 非影响性技巧　　　　　　　　D. 影响性技巧

24. 服务对象小马向社会工作者小王抱怨说："我父亲老是不放心我，不是问我去哪里了，就是问我去的地方安不安全，真是烦死了，总是把我当作三岁孩子看。"此时，小王运用同理心的技巧，最适宜的回应是（　　）。

A. "你过去是不是做过什么让他担忧的事？如果有，他有这样的态度也很自然。"
B. "你烦恼、不满，觉得父亲不信任你，你认为自己可以照顾自己。"
C. "你的这些烦恼、不满，跟朋友说过吗？"
D. "你父亲对你不信任，我为你感到难过。"

25. 下列社会工作者的回应中，运用对焦技巧的是（　　）。

A. "您提到家人关系紧张和工作压力大，请具体讲一讲好吗？"
B. "您提到家人关系紧张和工作压力大，您还有其他需要补充的吗？"
C. "您提到家人关系紧张和工作压力大，请您说说最困扰的是哪个问题？"
D. "您提到家人关系紧张和工作压力大，但我觉得您最想说的不是这些问题。"

26. 针对新手妈妈常见的育儿问题，社会工作者小张开设了一个主题为"新手妈妈训练营"的小组。在小组中，小张与医生、心理咨询师合作，为新手妈妈普及科学育儿、新生儿常见疾病预防、新生儿护理及行为等方面的知识。该小组的类型是（　　）。

A. 教育小组　　B. 成长小组　　C. 支持小组　　D. 治疗小组

27. 社会工作者老刘发现社区中不少贫困的中年人文化程度低，职业技能不足，缺乏创业信心。为此，老刘为他们开设了一个小组，在小组中，老刘讲述了家庭贫困的老

# 《社会工作综合能力（初级）》
# 2019年真题

**一、单项选择题（共60题，每题1分；每题的备选项中，只有1个最符合题意）**

1. 中国共产党第十九次全国代表大会上的报告提出"坚持在发展中保障和改善民生""保障和改善民生要抓住人民最关心最直接最现实的利益问题"，社会工作应该积极响应党和国家的号召并作出新贡献。根据党的十九大精神，在保障和改善民生方面，更能发挥社会工作专业优势的领域是（　　）。

    A. 劳有所得，为下岗人员创造就业机会　　B. 病有所医，为患病人士提供咨询治疗
    C. 弱有所扶，为困境群体提供社会服务　　D. 幼有所育，为学前儿童提供文化教育

2. 社会工作者小岳负责社区"银龄乐享"项目，为有需要的社区独居老人提供情绪支持服务；她是自己所住社区的业主委员会委员，定期参加业主代表大会；她还为社区"四点半课堂"的小学生辅导功课；另外，她还帮助社区家政中心筹办家政人员厨艺比赛。小岳承担的任务中，最能体现专业社会工作助人特点的是（　　）。

    A. 辅导小学生的功课　　　　　　　　　　B. 筹办家政人员厨艺比赛
    C. 参加业主代表大会　　　　　　　　　　D. 执行"银龄乐享"项目

3. 82岁的张大爷身患多种疾病，行动不便，与80岁的老伴共同生活，子女均在外地工作。社会工作者小王了解到该情况后，组织社区志愿者定期探访、陪同就医，协调社区服务点提供上门送餐、理发等服务。上述小王的做法，重点体现的社会工作目标是（　　）。

    A. 缓解张大爷家庭生活照料困难　　　　　B. 解除张大爷家庭的危机状况
    C. 激发张大爷家庭成员照顾潜能　　　　　D. 促进张大爷家庭的整体发展

4. 根据"人在情境中"的观点，服务对象的困境很大程度上缘于对社会变化的适应不良。为此，社会工作者一方面要协助服务对象增强自己的能力来应对压力，另一方面要（　　）。

    A. 改善社会环境　　　　　　　　　　　　B. 激发内在潜能
    C. 改善居住条件　　　　　　　　　　　　D. 维持社会秩序

5. 下列主体中，属于社会工作基本对象的是（　　）。

    A. 新招聘来的年轻护士　　　　　　　　　B. 工作倦怠的城市白领
    C. 缺乏照顾的留守儿童　　　　　　　　　D. 参与扶贫的驻村干部

6. 社会工作者小王在某养老院开展了"幸福银行"老年活动项目。该项目旨在鼓

机构发展的影响。关于该研究的说法，正确的有（　　）。
   A. 该研究能更多地体现F机构发展的个别性特点
   B. 该研究需要严格按照预定步骤进行各项研究工作
   C. 该研究可以帮助形成社会工作服务机构发展影响因素的理论
   D. 该研究结果可以反映F机构所在地域的所有机构发展的情况
   E. 该研究收集的资料包括F机构的访谈记录、观察记录和服务档案等

78. 问题和答案是问卷设计的核心。下列问题和答案符合问卷设计原则的有（　　）。
   A. 你18岁以前主要生活在哪里（即小时候你们家在哪里）？
      （1）本市本区　　（2）本市郊县农村　　（3）外省城市　　（4）外省
   B. 人们都说多子多福，你希望生几个孩子？
      （1）1个　　（2）2个　　（3）3个及以上　　（4）不想生小孩
   C. 你对你自己目前的工作满意吗？
      （1）非常不满意　　（2）比较不满意　　（3）一般　　（4）比较满意　　（5）非常满意
   D. 你们夫妇双方的老人是否希望你们生两个孩子？
      （1）不希望　　（2）希望　　（3）随便　　（4）不知道/不适用
   E. 你生第二个孩子最主要的原因是什么？（只勾最主要的一项）
      （1）孩子可以有个伴，有利于孩子成长
      （2）希望生一男一女，儿女双全
      （3）可以传宗接代，分别姓父母双方的姓
      （4）多一个孩子将来养老更有保障
      （5）其他

79. 根据《工伤保险条例》，下列情形中，应当认定为工伤或视同工伤的有（　　）。
   A. 小赵，步行上班途中在人行道上被汽车撞伤
   B. 小钱，工作前打扫办公室时滑倒摔伤
   C. 小李，工作时办公室吊扇脱落被砸伤
   D. 小王，加班时突发疾病被送往医院抢救，72小时后死亡
   E. 小张，因公出差时感到工作压力过大，自残受伤

80. 根据《中华人民共和国妇女权益保障法》，丈夫不得提出离婚的情形有（　　）。
   A. 妻子怀孕3个月　　　　　　　　B. 孩子出生刚满5个月
   C. 孩子出生刚满10个月　　　　　D. 妻子终止妊娠刚满4个月
   E. 妻子终止妊娠刚满8个月

有( )。

　　A. 角色互换　　　B. 情景剧　　　　C. 自我介绍
　　D. 破冰游戏　　　E. 经验分享

71. 有效的小组评估需要制订一份完整、具体的评估方案。社会工作者在制订小组评估方案时，应该考虑的重点有（　　）。

　　A. 督导评价　　　B. 同事评价　　　C. 评估对象
　　D. 评估指标　　　E. 评估目的

72. 黄阿姨今年65岁，育有一子一女，老伴去世得早，儿子长期在国外工作。从建立非正式照顾系统的角度看，社会工作者可动员照顾黄阿姨的人员有（　　）。

　　A. 黄阿姨的女儿　　　　　　　　B. 黄阿姨的朋友
　　C. 黄阿姨的邻居　　　　　　　　D. 助餐服务送餐员
　　E. 日间照料中心社会工作者

73. 针对某社区家庭暴力问题，社会工作者开展了系列服务。下列做法中，更能体现社区工作方法特点的有（　　）。

　　A. 为受暴者寻求法律援助
　　B. 为受暴者提供心理辅导
　　C. 倡导尊重、平等、互助的家风建设
　　D. 宣传《中华人民共和国反家庭暴力法》以及求助方式
　　E. 为相关部门和社会组织的工作人员进行反家暴培训

74. 社会工作服务机构在制订社区工作计划时，可以运用SWOT分析法，找出能发挥优势因素克服弱点因素、利用机会因素、化解威胁因素的对策，形成一项或几项社区工作的策略。下列因素中，属于社会工作服务机构外部机会因素的有（　　）。

　　A. 机构的志愿者队伍日益稳定　　　B. 政府购买服务资金逐年增加
　　C. 社区里的服务设施先进齐备　　　D. 机构社区服务经验日趋成熟
　　E. 社会工作评估制度日益健全

75. 某社会工作服务机构计划在高校招募一批青年学生参加慰问社区老年人的志愿服务。为了做好志愿服务的需要评估与方案规划，该机构需要开展的工作有（　　）。

　　A. 评估志愿者参与服务的动机　　　B. 分析志愿者服务给机构带来的利益
　　C. 了解老人对志愿者的接纳程度　　　D. 收集志愿者的学历背景信息
　　E. 识别机构使用志愿者风险因素

76. 社会工作者小张设计了一份项目申请书，参加社区公益创投活动。在这份项目申请书中，需要重点说明的内容有（　　）。

　　A. 项目的政策意义和实践意义　　　B. 项目的主要目标和成效指标
　　C. 项目的主要内容和实施策略　　　D. 项目的盈利模式和社会影响
　　E. 项目的经费预算和交代方式

77. 小林以F机构为样品，开展个案研究，目的是了解项目化运作对社会工作服务

53. 根据《最低生活保障审核审批办法（试行）》，申请低保应以家庭为单位，如申请人有特殊情形的，可以单独提出申请。下列人员中，可以单独申请最低生活保障的是（    ）。
    A. 困难家庭中丧失劳动能力且单独立户的成年重度残疾人
    B. 困难家庭中丧失劳动能力且单独立户的未成年重度残疾人
    C. 脱离家庭、在宗教场所居住3年以上（含3年）的宗教教职人员
    D. 脱离家庭、在宗教场所居住2年以上（含2年）的生活困难的宗教教职人员

54. 老李是农村贫困户家庭成员，因患病需要支付高额的医疗费用，影响了家庭基本生活。根据《社会救助暂行办法》，老李应当向（    ）提出医疗救助申请。
    A. 村民委员会              B. 村民代表会议
    C. 乡镇人民政府            D. 县级人民政府民政部门

55. 某市现有人口500万，根据《国务院关于加快发展养老服务业的若干意见》，该市在制定城市总体规划、控制性详细规划时，用于分区分级规划设置养老服务设施的用地不少于（    ）万平方米。
    A. 10        B. 25        C. 50        D. 75

56. 根据《中华人民共和国残疾人保障法》，国家和社会对部分残疾人实行特别保障，给予抚恤和优待。下列人员中，符合特别保障规定的是（    ）。
    A. 残疾军人                B. 因病致残人员
    C. 重度智障人员            D. 贫困残疾人员

57. 根据《中华人民共和国劳动法》，对怀孕（    ）个月以上的女职工，用人单位不得延长劳动时间和安排夜班劳动。
    A. 3         B. 5         C. 6         D. 7

58. 根据《中华人民共和国婚姻法》，实施家庭暴力或虐待家庭成员，受害人提出请求的，（    ）应当依照治安管理处罚的法律规定予以行政处罚。
    A. 人民法院    B. 人民检察院    C. 公安机关    D. 司法行政机关

59. 根据《中华人民共和国劳动合同法》，关于集体合同的说法，正确的是（    ）。
    A. 集体合同签订后，应当报送劳动行政部门
    B. 依法订立的集体合同仅对用人单位具有约束力
    C. 集体合同由劳动行政部门代表企业职工一方与用人单位订立
    D. 集体合同中劳动报酬标准可以低于当地人民政府规定的最低标准

60. 根据《关于改革社会组织管理制度促进社会组织健康有序发展的意见》，需要业务主管单位前置审查才能登记成立的社会团体是（    ）社会团体。
    A. 行业协会类    B. 慈善类    C. 法律类    D. 科技类

46. 某社会工作服务机构计划在重阳节前夕举办老年人趣味运动会。某企业听说此事后，表示愿意出资支持，条件是以企业名称冠名运动会。由此分析，该企业捐款的动机是（　　）。

　　A. 市场营销和自我利益
　　B. 市场营销和公共关系
　　C. 公共关系和税法策略
　　D. 自我利益和税法策略

47. 社会工作者小张刚参加工作不久，在一次带领小组时，有组员抱怨参加小组没能解决实际困难，这令小张很挫败。从支持性督导的角度出发，小张的督导者最适宜的做法是（　　）。

　　A. 教导其厘清与组员的价值冲突，建立信任关系
　　B. 支持其参加情绪管理培训课程，预防职业倦怠
　　C. 鼓励其提升人际沟通技巧，解决冲突问题
　　D. 引导其接纳专业的有限性，缓解其无力感

48. 关于定量研究特点的说法，正确的是（　　）。

　　A. 注重研究问题的个别性与特殊性
　　B. 注重研究问题的普遍性与代表性
　　C. 注重在研究过程中进行理论建构
　　D. 注重在研究过程中修正研究问题

49. 老王在一次全体督导会上提出，老年餐桌满意度调查问卷并不能很好地反映老年餐桌的实际运营情况。老王的意见体现出问卷设计应遵循的原则是（　　）。

　　A. 保证问卷调查的可行性
　　B. 从被研究者的视角出发
　　C. 问卷要有效度
　　D. 问卷要有信度

50. 社会工作者小李发放了20份问卷，回收后发现有一道题18人没有填写答案，于是小李重新设计了这道题。小李的做法表明，该问卷设计处于（　　）。

　　A. 定稿和印刷阶段
　　B. 试用和修改阶段
　　C. 概念操作化阶段
　　D. 设计问卷初稿阶段

51. 问卷中问题指标属性分为状态、行为与态度三种。下列问题中，旨在了解被研究者"行为"的是（　　）。

　　A. 你在哪个领域工作？
　　　（1）民政　（2）教育　（3）其他
　　B. 你属于哪个年龄段？
　　　（1）20岁以下　（2）20~39岁　（3）40~59岁　（4）60岁及以上
　　C. 过去一个月你参加过几次社会工作者考试辅导？
　　　（1）0次　（2）1~2次　（3）3~4次　（4）5次及以上
　　D. 你认为社会工作综合能力科目辅导老师的讲课水平怎么样？
　　　（1）不好　（2）一般　（3）好

52. 某社会工作研究中心拟进行西部农村贫困地区居家养老服务需求调查，为了能够从样本有效推论到总体，该调查适宜采用的抽样方法是（　　）。

　　A. 分层抽样　　B. 方便抽样　　C. 雪球抽样　　D. 判断抽样

B. 关注王某内心的感受及看待问题的方式
C. 根据王某父母的看法来概括王某的问题
D. 利用自己的经验推论王某界定问题的逻辑

26. 针对儿童养育过程中父亲参与度不足的问题，社会工作者小罗开设了主题为"携手共成长"的小组，旨在搭建沟通平台，帮助父亲更多地交流养育经验，参与孩子培养。该小组属于（　　）。

    A. 互动模式　　　　　　　　　　　B. 行为治疗模式
    C. 发展模式　　　　　　　　　　　D. 社会目标模式

27. 社会工作者小张最近开设了一个小组，每周将医院里白血病患儿的家长召集在一起，带领他们沟通交流照顾经验，共同探讨缓解心理压力的办法。该小组的类型是（　　）。

    A. 教育小组　　B. 支持小组　　C. 成长小组　　D. 治疗小组

28. 社会工作者小李为失独老人家庭开设了主题为"品茶乐享"的小组，旨在鼓励失独老人走出家门，融入社区大家庭。在小组活动过程中，小李逐渐让组员轮流带领小组活动，以此协助组员进一步自我探索，获得新认知，并将认知转变为行动。当前该小组所处的是（　　）。

    A. 开始阶段　　　　　　　　　　　B. 结束阶段
    C. 中期转折阶段　　　　　　　　　D. 后期成熟阶段

29. 社会工作者小常为社区青少年开设了主题为"远离毒品，健康成长"的小组。在小组活动中，小常组织青少年观看禁毒主题动漫宣传片并带领组员进行讨论，他发现有些组员发言积极，但常常跑题；有些组员很少说话，甚至沉默不语。针对这种情况小常运用引导性技巧时，最适宜的做法是（　　）。

    A. 指定沉默的组员参与轮流发言
    B. 适时在小组讨论过程中形成真空
    C. 提示小组讨论重点与讨论方向
    D. 邀请每名组员用两分钟的时间分享

30. 社会工作者小刘为老年人开设了园艺小组，旨在加强老年人之间的沟通交流，增强老年人的自信心。在第四节小组讨论时，王爷爷和孙奶奶因种植月季花的方法不同而产生了严重争吵，两人都希望小刘支持自己。这时，小刘适宜的做法是（　　）。

    A. 保持沉默不回应，要王爷爷和孙奶奶自己处理争执
    B. 保持中立和分析各种种植月季花方法的优点和不足
    C. 与王爷爷和孙奶奶澄清冲突本质，让组员表决支持哪一方
    D. 婉转地指出王爷爷和孙奶奶的不对之处，并马上结束该小组

31. 社会工作者小关开设了一个青少年朋辈关系改善小组。经过四次小组活动，组员关系更为亲密，对小关的依赖逐渐减弱，小关也致力于提升组员的自我管理和自我决策能力。此时，小关的主要角色是（　　）。

评价自己,这主要体现的危机介入原则是( )。

A. 及时处理    B. 提供资源支持
C. 恢复自尊    D. 培养自主能力

20. 在个案服务中,社会工作者收集资料后,一方面要从生理、心理和社会等不同层面作横向分析;另一方面要从服务对象问题的形成、发展与变化作纵向分析。社会工作者这样做的目的是( )。

A. 链接资源    B. 预估问题    C. 进行转介    D. 建立关系

21. 在个案服务的结案阶段,社会工作者需要完成的主要任务是( )。

A. 以服务方案目标为基准,巩固服务对象的改善状况
B. 与服务对象进行沟通交流,深化双方专业合作关系
C. 充分考虑服务对象的感受,协助其进一步自我探索
D. 尽量满足服务对象的意愿,重新制定新的服务目标

22. 将个案服务中社会工作者与服务对象进行的"会谈"与日常生活中的"谈话"比较,下列说法正确的是( )。

A. 会谈是面对面进行且有目的的专业谈话
B. 谈话对双方来说是有后续责任的
C. 会谈中的互动是受社会期待影响的
D. 谈话中社会工作者一般会拥有较大权力

23. 服务对象:"我就是想不通,我辛辛苦苦在家伺候老的小的,每天累个半死,还没人说我好。现在老公嫌我太土气,孩子觉得我唠叨,我也嫌自己没出息,怎么办呢?"社会工作者:"你真不容易!这些年你为家庭付出那么多却感觉没有被承认和尊重,你觉得很委屈和无奈,感觉自己的付出没有意义,是吗?"这段对话中社会工作者运用的技巧是( )。

A. 鼓励和对焦    B. 同理心和对焦
C. 摘要和澄清    D. 同理心和澄清

24. 服务对象郭奶奶向社会工作者小王抱怨女儿几乎不来看她,她觉得自己被遗弃了,特别伤心和气愤,甚至提出要起诉女儿,希望得到小王的帮助。小王在安抚郭奶奶情绪的同时,对她说:"女儿家庭负担很重,工作忙,可能对您关心不够,如果你们之间还没好好谈谈就采取法律手段,会激化矛盾,恶化关系。"小王采用的面谈技巧是( )。

A. 支持性技巧——鼓励    B. 引导性技巧——对质
C. 影响性技巧——忠告    D. 影响性技巧——中立

25. 王某大学毕业后,多次考公务员未果,又看不上其他工作,一直闲在家里,但他并不在乎。父亲对王某十分不满,常常冷嘲热讽,母亲也唠唠叨叨,王某为此感到很郁闷,向社会工作者老林求助。老林运用会谈方式收集资料时应做到( )。

A. 运用理论逻辑定义王某问题的来龙去脉

附录

# 《社会工作综合能力（初级）》
# 2018年真题

**一、单项选择题**（共60题，每题1分；每题的备选项中，只有1个最符合题意）

1. 习近平总书记在党的十九大报告中指出："中国特色社会主义进入新时代。"2018年《政府工作报告》中也指出："打造共建共治共享社会治理格局……促进社会组织、专业社会工作、志愿服务健康发展。"这意味着，我国专业社会工作将在新时代获得更大发展。关于专业社会工作的说法，正确的是（　　）。
   A. 经济增长是专业社会工作发展的目标
   B. 社会和谐是专业社会工作发展的前提
   C. 专业社会工作在社会治理中发挥着重要作用
   D. 专业社会工作的主要职能是维护社会安全

2. 社会工作者小郑为留守儿童提供服务，下列做法中，最能够体现社会工作互动合作特点的是（　　）。
   A. 邀请医护人员，为留守儿童提供体检和诊疗服务
   B. 与留守儿童一起面对困难，寻求解决问题的方法
   C. 建议出台相关社会政策，改善留守儿童生存环境
   D. 策划公益活动，呼吁社会各界人士关爱留守儿童

3. 2018年国际社会工作者日的主题是"促进社区与环境的可持续性"，该主题突出体现的社会工作目标是（　　）。
   A. 激发潜能　　　　　B. 促进社会发展
   C. 缓解困难　　　　　D. 弘扬人道主义

4. 针对社区环境卫生差、街面秩序混乱和邻里纠纷多等现象，某社会工作服务机构组织居民志愿者成立了文明倡导队，开展说服和调解工作，有效地改善了社区环境，促进了邻里和睦。该机构的做法体现的社会工作在社会层面的功能是（　　）。
   A. 维持居民正常生活　　　B. 缓解居民心理压力
   C. 促进社会和谐发展　　　D. 激发居民内在潜能

5. 关于社会工作基本对象的说法，正确的是（　　）。
   A. 社会工作的基本对象是那些让人同情的人
   B. 无依无靠的老年人是社会工作的基本对象之一
   C. 从议题视角看，社区可持续发展是社会工作的基本对象

D. 从实务领域看，社区是新时代中国社会工作的基本对象

6. 关于社会工作的要素的说法，正确的是（    ）。
    A. 社会工作者的角色具有一定程度的综合性
    B. 社会工作价值观只能通过服务实践形成
    C. 社会工作的方法只有个案、小组和社区
    D. 社会工作助人活动是一个单向支持过程

7. 社会工作者小郑根据自己多年从事学校社会工作服务的经验，认为有必要开展政策倡导，从宏观层面促进学生健康成长。下列小郑的做法中，体现政策影响者角色的是（    ）。
    A. 组织新同学开展破冰活动
    B. 联系企业为学生捐赠物资
    C. 组织在校志愿者为学生举办趣味运动会
    D. 呼吁教育部门在学校设立社会工作岗位

8. 下列活动中，最适宜企业社会工作者参加的是（    ）。
    A. 职工的技术培训　　　　B. 职工的团队建设
    C. 职工的绩效发放　　　　D. 职工的档案管理

9. 某养老院的服务对象老王最近常常失眠，还总是怀疑自己的东西被别人偷走了，过几天又说找到了。养老院的护士建议家属带老王到医院精神科就诊，但老王不同意。为此护士将老王转介给了社会工作者小丁。针对老王的情况，小丁首先应该做的是（    ）。
    A. 与老王对质，请家属协助劝说老王去就诊
    B. 替老王保密，不将老王目前的状况告知家属
    C. 尊重老王的决定，建议护士暂不用理会老王的状况
    D. 接纳老王的状况，与家属和医护团队商讨解决方案

10. 社会工作者小邓在社区开展服务时，一直严格遵守机构的要求，与服务对象保持专业界限。今年春节时，他接到了好几个服务对象发来的微信拜年红包，这让他左右为难，接受红包违反机构规定，不接受又怕让服务对象没面子，导致关系疏远。小邓面临的社会工作伦理难题是（    ）。
    A. 制度规定与人情的矛盾　　B. 信息披露与保密的矛盾
    C. 价值介入与中立的矛盾　　D. 职业责任与利益的矛盾

11. 社会工作者小刘的服务对象张某因车祸身受重伤，在伤后康复训练期间，张某突然对小刘说："现在太辛苦了，我想活得轻松点儿！"之后他开始拒绝难度大的康复训练，并对家人提出各种苛刻的要求。面对此种情况，小刘经过与机构督导、康复训练师等相关专业人员讨论后，决定降低康复训练难度，并开展个案辅导。小刘的这种做法遵循的是（    ）。
    A. 保护生命原则　　　　　B. 差别平等原则

C. 生命质量原则　　　　　　D. 隐私保密原则

12. 赵奶奶在养老院居住期间，与同室的孙奶奶经常发生矛盾。赵奶奶的子女找到养老院的社会工作者，提出让孙奶奶搬走，否则就会向主管部门投诉养老院管理不善。社会工作者在解决该问题时首先应遵守的职业道德是（　　）。

　　A. 全力维护机构声誉　　　B. 平等对待服务对象
　　C. 信任支持机构同事　　　D. 促进资源合理分配

13. 某社会工作服务机构组织志愿者与行动不便的独居老人结对，为这些老人提供日常送餐服务。根据马斯洛的"需要层次论"，志愿者的送餐服务首先满足了老人的（　　）。

　　A. 生理的需要　　　　　　B. 归属的需要
　　C. 尊重的需要　　　　　　D. 自我实现的需要

14. 小张是独生子，大学毕业后回老家工作，成家后与父母同住。婚后小张和妻子育有二女，在孩子的教育问题上经常与父母发生分歧，于是小张和妻子购买了商品房，带着孩子搬出去居住。目前小张的家庭类型属于（　　）。

　　A. 核心家庭　　B. 主干家庭　　C. 联合家庭　　D. 原生家庭

15. 社会工作者小王在社区走访时发现，有一群年轻人经常聚在一起玩轮滑。他们彼此熟悉，对群体也有一定的归属感。小王从这一特点出发，组织这群年轻人成立了"轮滑俱乐部"。小王的做法主要考虑了同辈群体的（　　）特点。

　　A. 平等性　　B. 独特性　　C. 开放性　　D. 认同性

16. 张先生夫妇带着5岁的大女儿和2岁的小女儿玩耍，小女儿突然要妈妈抱抱，大女儿看到后马上也要妈妈抱。根据儿童发展的特点，大女儿的行为背后的情绪反应是（　　）。

　　A. 嫉妒　　B. 依恋　　C. 害怕　　D. 生气

17. 某学校今年连续发生了三起校园欺凌事件，为了杜绝校园欺凌现象，营造和谐的校园氛围，社会工作者与学校一起开展了"平安校园计划"，从学生、家长和学校三方面进行干预。下列措施中，属于从家庭层面进行干预的是（　　）。

　　A. 协助受欺凌者提高自我保护能力
　　B. 鼓励家长在网上批判欺凌者的攻击行为
　　C. 建议家长委员会协助学校制定严惩制度
　　D. 要求家长监管子女的欺凌行为

18. 在运用心理社会治疗模式进行个案服务的诊断阶段，社会工作者针对服务对象人格各部分之间的互动关系进行的评估属于（　　）。

　　A. 心理动态诊断　　　　　B. 人格类型诊断
　　C. 缘由诊断　　　　　　　D. 分类诊断

19. 危机的发生通常导致服务对象身心混乱，出现自我怀疑、自我评价低等现象。因此，社会工作者在危机介入时，需要了解服务对象对自己的看法，帮助其正面看待和

A. 促进者　　　B. 辅导者　　　C. 调解人　　　D. 决策者

32. 社会工作者小李计划为医护人员开设减压小组。围绕小组第二节的目标，小李设计了"气球混战""冥想运动""按摩操"三个环节。督导者王老师指出该小组计划缺少一个环节，这个环节应穿小组的每一次服务中，也是评估小组活动是否达到预期效果的重要环节。根据王老师的建议，小李的实施计划中还需要增设的环节是（　　）。

　　A. 理念澄清　　B. 经验分享　　C. 契约建立　　D. 角色分工

33. 某社会工作服务机构为社区老年人开设了一个主题为"居家安全，平安生活"的小组。小组进行到第三节，社会工作者邀请组员分享自己曾经跌倒的经历，并适时提问。下列提问中，属于重新定向型提问类型的是（　　）。

　　A. "刚刚我们讨论如何预防跌倒，谁能总结一下？"
　　B. "张阿姨你能不能将刚才所说的情况具体描述一下？"
　　C. "大家对王伯伯提到的预防跌倒的方法是不是都认可？"
　　D. "刚才李阿姨提到跌倒后的急救问题，其他人怎么看呢？"

34. 某社会工作服务机构受当地民政部门邀请，派出社会工作者小杨参与灾后重建工作。他观察到临时安置点的生活设施数量有限，居民之间会因使用拥挤而产生不愉快。针对这种情况，小杨最适宜采取的地区发展模式实施策略是（　　）。

　　A. 要求增加更多生活设施　　　　B. 直接安排居民轮流使用
　　C. 鼓励居民提出改善意见　　　　D. 重新规划设施分配方案

35. 社会工作者老张完成了某"城中村"的社区服务需求调查。鉴于该村问题的复杂性和紧迫性，老张拟运用社会策划模式开展服务。下列做法中，体现社会策划模式特点的是（　　）。

　　A. 发动社区居民，推动社区自治　　B. 开展志愿服务，服务困难家庭
　　C. 呼吁政府有关部门，尽快拆迁改造　　D. 坚持任务导向，制订社区服务方案

36. 某社会工作服务机构响应当地政府号召，为辖区内的失能老人提供居家照顾服务。为此，该机构与社区居委会、社区卫生服务中心共同商讨制订了工作方案。下列做法中，体现"在社区照顾"策略的是（　　）。

　　A. 动员辖区低龄老人参与志愿服务，定期探访失能老人
　　B. 邀请律师义务为失能老人及其家属提供法律咨询服务
　　C. 动员社区合唱团的成员，发挥专长入户陪伴失能老人
　　D. 请社区卫生站护士定期到失能老人家中进行压疮处置

37. 为了实施"建立便民"的社区工作计划，社会工作者小傅走访了社区周边的专业机构，了解它们的经营范围、产品特色、收费情况等信息。从社区资源管理的角度看，小傅的工作属于（　　）。

　　A. 资源分析　　B. 资源开发　　C. 资源链接　　D. 资源维系

38. 社会工作者小孙在某流动人口聚居区开展社会工作服务，旨在提升社区流动人口融合社会支持程度，促进社区融合。为了更深入地了解该项目实施后是否达到预期目

标，小孙应当采取（    ）。

  A. 过程评估   B. 成果评估   C. 效益评估   D. 影响评估

39. 社会工作者在召集社区居民开会时，发现个别居民一直在谈自己的观点，其他居民几乎没有发言机会。针对这种情况，社会工作者在主持会议时最适宜运用的技巧是（    ）。

  A. 向全体与会者提问     B. 将之前的讨论意见进行综合

  C. 转移与会者的注意力    D. 通过个别点名方式邀请发言

40. 某街道委托社会工作服务机构开展"居民骨干能力提升"项目。针对居民骨干仅凭热情工作、彼此缺乏配合、工作效率低的情况，社会工作者适宜的做法是（    ）。

  A. 肯定居民骨干在工作中的积极表现

  B. 建立居民监督和民主协商工作机制

  C. 帮助居民骨干练习培养谈判的技巧

  D. 增强居民骨干权责分工意识和能力

41. 某社会工作服务机构在扎根社区的过程中发现，物业公司与社区居委会为了和居民联络感情，经常联合举办社区活动。活动筹备过程中，居委会负责提供场地和招募居民，物业公司负责提供活动物资经费。该社区居委会和物业公司之间的关系是（    ）。

  A. 竞争关系   B. 授权式关系   C. 交换关系   D. 联盟式关系

42. 关于社会服务方案策划类型的说法，正确的是（    ）。

  A. 管制性策划的重点是加强对机构资源的管理

  B. 指导性策划的目的在于统一行为和减少偏差

  C. 战略性策划的重点是结合机构总目标选择可行性方法

  D. 创新性策划的目的在于利用创新的方法解决特殊问题

43. 某社会工作服务机构受当地民政部门委托，对该地区50个公益创投项目进行终期评估。下列评估内容中，属于效果评估的是（    ）。

  A. 项目实际服务对象和人数变化  B. 项目经费合理使用及管理情况

  C. 项目是否按照预期的进度执行   D. 项目实施后所产生的社会效益

44. 社会工作服务机构的运作需要围绕机构目标，建立授权、协调、沟通和控制等一系列动态机制。其中，建立授权机制的目的是（    ）。

  A. 促进各部门的密切配合    B. 确保机构发挥最大效率

  C. 加强各层级之间的互动    D. 保证行政计划实施方向

45. 社会工作者小张在社区培育了一支为老年人服务的志愿者队伍，并担任志愿者督导。小张的主要工作是协助志愿者解决遇到的问题，保障志愿服务的质量，给予志愿者自我成长的机会，提升志愿者的成就感。从志愿者管理的过程看，小张的做法属于（    ）。

  A. 需求评估   B. 工作设计   C. 监督与激励   D. 奖励与表扬

二、多项选择题（共20题，每题2分；每题的备选项中，有2个或2个以上符合题意，至少有1个错项；错选，本题不得分；少选，所选的每个选项得0.5分）

61. 小冯是一名刚入职的社会工作者，目前的工作任务一是向同事了解机构的宗旨、服务内容和特色；二是深入社区开展入户探访，了解社区居民的问题和需求。小冯完成这些任务需具备的能力有（　　）。

   A. 动员的能力　　　　　　　　B. 沟通的能力
   C. 管理的能力　　　　　　　　D. 干预的能力
   E. 评估的能力

62. 社会工作者小王在为社区高龄老人服务时发现，社区里有不少刚退休的老年人，他们身体好，空余时间多。于是小王向所在社会工作服务机构申请开展"结对志愿服务"，鼓励有能力的老年人积极参与。同时，他查阅志愿者管理的政策文件，起草了志愿者招募、遴选、培训、督导的管理规范。小王的工作体现出的社会工作专业伦理责任有（　　）。

   A. 社会工作者对服务对象的伦理责任
   B. 社会工作者对机构的伦理责任
   C. 社会工作者作为专业人员的伦理责任
   D. 社会工作者对同事的伦理责任
   E. 社会工作者对社会的伦理责任

63. 在社会工作者老赵的帮助下，戒毒康复人员大李不仅重新找到了工作，还与前妻复婚了。街道宣传部门希望在街道微信公众号上宣传报道此事，这让老赵很为难。一方面老赵所在的机构在该街道有服务项目，他担心如果直接拒绝可能会影响合作关系；另一方面，老赵也担心公开报道会给大李造成不利影响。根据社会工作伦理守则，老赵恰当的做法有（　　）。

   A. 建议街道宣传部门直接说服大李同意刊登
   B. 由老赵与大李沟通，征得其同意后再刊登
   C. 向街道的宣传部门说明需要为服务对象保密
   D. 以大李不同意为由，婉拒街道宣传部门要求
   E. 向大李说明宣传意图及可能对他造成的影响

64. 下列成语中，用来形容人类行为与社会环境基本关系的有（　　）。

   A. 命中注定　　B. 近朱者赤　　C. 愚公移山
   D. 入乡随俗　　E. 因地制宜

65. 为了保障弃婴的生存权利，我国部分城市做了一些弃婴保护工作的探索和尝试。下列做法中，可以有效减少弃婴问题发生的有（　　）。

   A. 健全相关法律法规　　　　　B. 完善困难家庭救助体系
   C. 积极开展宣传工作　　　　　D. 制定更严格的弃婴收养制度
   E. 加强残疾儿童社会保障

66. 某学校班主任向社会工作者小陈反映，学生小星最近变得沉默寡言，学习成绩明显下降。小陈了解到小星父母平时忙于工作，很少与孩子交流，拟运用心理社会治疗模式对小星父母进行服务，下列谈话中，体现非反思性技巧的有（　　）。

   A. "你们平时都忙于工作，一定很辛苦吧。晚上一般几点回家？"
   B. "你们平时工作都很忙，建议让孩子来我们机构参加'四点半课堂'，可能会有帮助。"
   C. "你们平时工作都很忙，我其实也很理解和同情你们的现状。"
   D. "小星妈妈，您要是有什么情绪，就直接说出来吧。有时候压力太大是需要宣泄一下的。"
   E. "你们平时都忙于工作，没时间管孩子。是不是你们小时候也这样？"

67. 小刘因为感情困扰接受社会工作者小王的个案服务，经过两个多月的干预，双方都认为当前的服务目标已实现，小王计划结案。此时，小王需要做的工作有（　　）。

   A. 预先告知小刘结案的时间和要求
   B. 同理小刘遭遇感情困扰时的感受
   C. 鼓励小刘表达对结案的看法和感受
   D. 与小刘回顾服务过程，巩固其获得的改变
   E. 与小刘深入探讨独立处理感情困扰的方法

68. 社会工作者小李在与流动儿童阳阳一家会谈的过程中，了解了阳阳的学习生活状况，与阳阳的父母讨论亲子沟通问题，布置家庭作业，鼓励阳阳父母陪伴孩子学习，并推荐阳阳一家参加亲子沟通训练营。在后续的服务中，小李跟进阳阳父母的家庭作业完成情况，并给予了进一步的辅导。小李与阳阳一家的会谈中，属于治疗性会谈的有（　　）。

   A. 了解阳阳的学习和生活情况
   B. 与父母讨论亲子沟通面临的困扰
   C. 鼓励阳阳父母陪伴孩子学习
   D. 跟进了解家庭作业任务完成情况
   E. 提供亲子沟通训练营的资讯

69. 在一个亲子关系小组中，社会工作者小杨正在与组员一起制定小组规范，以管理和协调组员行为。下列小组规范的内容中，属于秩序性规范的有（　　）。

   A. 小组的基本精神是平等、开放、保密、非批判及团结合作
   B. 当遇到意见分歧时，大家必须就事论事，不能进行人身攻击
   C. 在组员发言时，其他组员应该认真聆听，尽量不要交头接耳
   D. 每名组员都是小组不可或缺的一分子，是小组活动的参与者
   E. 组员应该是小组的主导者，由大家共同设计和把握小组过程

70. 开设主题为"人生回顾"的小组，旨在帮助老人回忆自己年轻时的美好生活，重塑人生意义。为了紧扣小组目标，在小组中期转折阶段，可设计的小组活动

励老年人积极参与院内的合唱、手工、书法等兴趣小组活动，参与活动所得积分可用于院内消费，以此提升老年人参与热情，改善生活质量。在上述服务中，小王扮演的角色是（　　）。

  A. 行政管理者  B. 倡导者  C. 政策影响者  D. 治疗者

7. 社会工作者小李的工作内容是为城市无家可归者提供基本生活物资帮扶、政策咨询和心理疏导服务，该服务领域属于（　　）。

  A. 社区社会工作    B. 优抚安置社会工作
  C. 家庭社会工作    D. 社会救助社会工作

8. "每个人不仅可以选择自己的人生目标，而且在选择实现目标的手段上有充分的自主性。"这种观点突出体现的社会工作价值观是（　　）。

  A. 尊重服务对象个人权利    B. 推动服务对象人际交往
  C. 对待服务对象真诚守信    D. 注重服务对象能力培养

9. 社会工作者小周在为跟随子女到城市生活的老人提供服务时，充分考虑和尊重老人的文化背景、生活习惯等差异，得到老人们的一致好评。小周的工作体现的社会工作专业价值观是（　　）。

  A. 个别化和非评判    B. 平等待人，注重民主参与
  C. 注重和谐，促进发展    D. 个人发展与社会发展相结合

10. 某福利院在为院内智障青少年开设小组时发现，部分处于青春期的服务对象由于日常接触增加，开始谈恋爱，其中两个男孩为了争女朋友大打出手，造成了恶劣影响，这让社会工作者感到很为难，基于社会工作伦理难题处理的基本原则，社会工作者首先应（　　）。

  A. 厘清社会工作者自身对于此事的价值观取向
  B. 将智力障碍青少年按照性别分别开展小组活动
  C. 通知三个孩子的父母并告知发生的事情
  D. 停止已经开展的小组工作并上报机构

11. 王阿姨近期被确诊癌症，她的儿子希望医务社会工作者小郑向王阿姨隐瞒病情，因为她曾经流露过如果得了癌症就放弃治疗的念头。但在病房探访中，王阿姨不断求小郑告诉自己真实的病情，此时，小郑最适宜的做法是（　　）。

  A. 尊重王阿姨的自决权，马上告诉其真实的病情
  B. 从保护王阿姨的自身利益出发，决定不告知其真实病情
  C. 尊重王阿姨及其儿子的请求，决定安排他们面对面沟通
  D. 综合考虑王阿姨的情况，与同事及家属商议合适的决定

12. 社会工作者小捷在入职初期，发现自己的一些观点常受到同事们的质疑，开展服务时也不知从何处入手。根据《社会工作者职业道德指引》，小捷最恰当的做法是（　　）。

  A. 以遵守机构规章制度为前提，公开反驳同事们的质疑意见

B. 以保护服务对象权益为前提，坚持按自己的观点开展服务

C. 以遵循专业工作原则为前提，主动与同事们讨论工作思路

D. 以维系同事之间关系为前提，匿名向负责人投诉有关同事

13. 青少年将"粉丝文化"、使用前卫网络语言、穿破洞牛仔裤等看作时尚，但这在大多数老年人看来是难以理解和接受的，两代人对时尚的看法体现出同辈群体的特点是（　　）。

　　A. 平等性　　　　B. 开放性　　　　C. 认同性　　　　D. 独特性

14. 小张是家中独子，因无力购置新房，结婚后小两口与小张的父母住在一起。目前小张的家庭类型属于（　　）。

　　A. 主干家庭　　　B. 单亲家庭　　　C. 联合家庭　　　D. 核心家庭

15. 小林生孩子后辞职在家，专心做起全职妈妈，在孩子过完5周岁生日后，小林在日记里这样写道："与孩子在一起的日子是开心的，可终究还是有放飞的一天，这些年我为家庭倾注了太多心血，感觉像蜡烛一样被耗竭，每天在家面对的都是几张熟悉的面孔。我不想再像囚鸟似的被困在笼中，我想出去看看外面的世界。"根据阿尔德弗尔的ERG理论，小林的日记中反映出她目前主要的需要是（　　）。

　　A. 生存的需要　　B. 尊重的需要　　C. 成长的需要　　D. 关系的需要

16. 晚上睡觉时，两岁半的苗苗会和自己的小熊玩偶安静地躺在床上听妈妈讲故事，听完故事后，苗苗会和小熊说晚安。根据婴幼儿社会性发展的特点，上述苗苗的行为，反映出婴幼儿处于社会化基本过程中的（　　）。

　　A. 区分他人与自我阶段　　　　　　B. 单纯社会化反应阶段

　　C. 社会性感情连接建立阶段　　　　D. 伙伴关系发展阶段

17. 根据青少年阶段的发展特点和需要，社会工作者计划首先从预防层面对青少年网络成瘾问题进行干预。下列社会工作者的做法中，最适宜的是（　　）。

　　A. 从个人层面入手，要求青少年远离网络游戏

　　B. 从家庭层面入手，促进青少年与父母的沟通

　　C. 从学校层面入手，减少青少年课业学习负担

　　D. 从社会层面入手，加强对青少年的道德教育

18. 社会工作者向服务对象收集资料时，针对一些涉及隐私或不便于在他人面前表达的资料时，最适宜采用的方法是（　　）。

　　A. 自我陈述　　B. 结构式调查表　　C. 参与观察　　D. 文献记录

19. 小丽最近刚刚离婚，她不能接受婚姻失败的现实，将自己关在家中，其正常生活受到了严重影响。为此，她感到十分绝望但又无能为力。根据危机介入理论，小丽正处于危机发展的（　　）。

　　A. 解组阶段　　B. 危机阶段　　C. 恢复阶段　　D. 重组阶段

20. 老林因患肝癌，深受病痛折磨，每次医生查房时，他都反复诉说自己严重失眠，要求增加安眠药的剂量。社会工作者小张发现老林根本没有服药，而是将安眠药积攒下

34. 某老旧小区内多为无电梯的6层楼房，小区内高龄老人很多，有几位行动不便的老人近三年都没有下过楼，为解决该问题，某社会工作服务机构参与了街道和社区居委会共同推进的电梯加装工作，经过近半年的努力，首部电梯完成施工并投入使用。从社区工作目标分类的角度看，上述工作实现的是（　　）。

  A. 任务目标  B. 过程目标  C. 参与目标  D. 控制目标

35. 社会工作者小张在社区环境综合整治项目中主要负责收集社区资料、进行社区分析、策划服务方案等工作。根据社会策划模式，小张扮演的角色主要是（　　）。

  A. 技术专家  B. 协调者  C. 方案实施者  D. 中介者

36. 某社区内行动不便的老人长期存在"理发难"的问题。下列做法中，最能体现"培养相互关怀的社区"这一目标的是（　　）。

  A. 将老年人上门理发服务外包给品牌连锁美发店
  B. 发放"服务券"，让老年人购买上门理发服务
  C. 指导老年人的家庭成员在自己家为老年人理发
  D. 招募有理发技能的志愿者，为老年人上门理发

37. 某社会工作服务机构计划在A社区为精神障碍康复者家属建立支持网络。为了准确评估该计划行动策略的社区可接受性，该机构适宜的做法是（　　）。

  A. 考察行动策略是否符合机构使命宗旨
  B. 分析社区资源能否满足策略实施需要
  C. 评估社区成员对行动策略的认可程度
  D. 确认政府部门对行动策略的支持力度

38. 某社会工作服务机构应街道邀请推动社区社会组织发展。该机构社会工作者先后对接康乐太极队、绿色家园志愿者服务队、京剧队、柔力球队和摄影俱乐部，发现和培养了社区社会组织的骨干及带头人。从社区社会组织管理的角度看，社会工作者还应做的工作是（　　）。

  A. 掌管社区社会组织的经费收支工作
  B. 协助社区社会组织进行规范化建设
  C. 起草社区社会组织的年度工作计划
  D. 完成社区社会组织的项目策划工作

39. 为全面了解社区居民的生活状况，社会工作者小美入户走访社区的低保家庭、残障人士家庭和独居老人家庭。小美与上述居民下列的谈话中，最能反映"维持对话"技巧的是（　　）。

  A. "打扰您了，我是社会工作者小美。"
  B. "您的孩子今年上几年级了？"
  C. "您目前生活中有哪些困难？"
  D. "您是否还有其他的建议？"

40. 幸福家园社区召开居民大会商讨社区垃圾分类问题。居民骨干赵大妈认为应该

罚那些不遵守垃圾分类要求的居民,李大爷则认为惩罚没有用,反而会增加社区巡逻志愿者的工作难度,两人为此争论不休。社会工作者小张分别澄清了赵大妈和李大爷的观点,将双方意见串联起来找到共同点,从而减少分歧,推动达成共识。小张运用的技巧是（　　）。

A. 鼓励　　　　B. 聚焦　　　　C. 摘要　　　　D. 综合

41. 某社会工作服务机构正在进行社区活动策划,社会工作者在制订初步计划之前应该开展的工作是（　　）。

A. 比较不同情况下开展活动所需的准确服务时长
B. 评估机构及社区拥有的资源以及可动员的资源
C. 明确招募服务对象的范围以及选择标准
D. 预估计划执行过程中的困难及应对方法

42. 在社会服务方案策划中,影响性目标是社会工作干预所要达到的目标。下列服务目标中,属于影响性目标的是（　　）。

A. 在3个月内为10名老人评估认知状态
B. 安排2名社会工作者学习相关评估技术
C. 服务6个月后缓解10名老人的抑郁程度
D. 招募不少于5名专业志愿者协作进行探访

43. 某社会工作服务机构受当地民政部门委托,对该地区30个公益创投项目进行年度效果评估。下列评估内容中,属于效果评估的是（　　）。

A. 实际参与的服务对象是否符合预期
B. 项目关键指标的定期统计监测情况
C. 项目资源整合及经费管理使用情况
D. 项目实施以来产生的社会经济效益

44. 社会工作服务机构的运作主要是指机构内部的动态机制。关于机构运作机制的说法,正确的是（　　）。

A. 授权利于提高员工的工作动机
B. 协调注重推动机构向公众交代
C. 控制旨在推动各部门分工合作
D. 沟通主要依靠自上而下的传达

45. 下列青年志愿者参与社会服务的动机中,属于"以利他和社会为中心"的是（　　）。

A. 丰富生活阅历　　　　　　　　B. 表达同情之心
C. 表现个人能力　　　　　　　　D. 获取他人赞赏

46. 随着服务项目的增多,某社会工作服务机构招募了大批志愿者。为了保证志愿服务的质量,改进志愿者管理,机构需要开展志愿者绩效评估。执行评估前机构应该做的是（　　）。

A. 私营企业职工 　　　　　　　　B. 民办非企业单位职工
C. 乡镇企业职工 　　　　　　　　D. 外商投资企业职工

**二、多项选择题（共20题，每题2分；每题的备选项中，有2个或2个以上符合题意，至少有1个错项；错选，本题不得分；少选，所选的每个选项得0.5分）**

61. "助力单亲妈妈就业"项目旨在解决社区单亲妈妈就业难的问题，社会工作者小李一方面根据单亲妈妈的实际情况，给予针对性的就业技能培训和求职辅导服务；另一方面利用网络平台整合辖区单位资源，为单亲妈妈寻找合适的就业岗位。小李的做法反映出社会工作者在服务对象层面的功能有（　　）。
A. 构建社会资本　　　　　　　　B. 恢复正常生活
C. 吸引社会关注　　　　　　　　D. 促进社会适应
E. 推动个人发展

62. 三个月前，社会工作者小刘推荐服务对象阿强参加了技能培训课程。最近，小刘发现阿强经常迟到、旷课，精神萎靡不振。在小刘一再追问下，阿强承认一个月前开始吸毒，但表示已开始努力改正，希望小刘不要告诉其母亲，也不要向公安机关报告。下列小刘的做法中，符合社会工作专业伦理守则的有（　　）。
A. 阿强已经知道错了，也表示要努力悔改，小刘不再告知任何第三方
B. 阿强已经在努力悔改中，小刘应答应替他保密并负责监督他的行为
C. 与阿强一起分析吸毒的危害，但对于是否向公安机关报告不作承诺
D. 向阿强说明家人可以督促其改正，是否告知家人由阿强自己来决定
E. 报告公安机关前，告知阿强有限度公开其信息的必要性及保密措施

63. 有一天，入住某养老机构的王奶奶特意把社会工作者小范叫到房间，送给她一个钱包，感谢她一直以来的照顾，并偷偷告诉她，自己的入住担保人是朋友的女儿而不是自己的女儿，虽然不符合机构的规定，但还请小范保密。上述情况中，小范遇到的社会工作伦理难题有（　　）。
A. 价值介入与客观性的矛盾　　　　B. 保密与信息披露的矛盾
C. 人情与法制及规定的矛盾　　　　D. 个人利益与机构利益的矛盾
E. 服务对象自我决定与社会工作者决定的矛盾

64. 12岁的小明是留守儿童，一直由爷爷奶奶抚养，他的父母在外打工，每年春节才回家几天，小明有时因想念父母而闷闷不乐。虽然成长环境不利，但小明能够正确面对，不仅学习成绩优异，还担任小队长，在老师带领下组织和他情况相似的小伙伴们为社区高龄老年人服务。在外担任工程队队长的爸爸得知情况后，自豪地说："这孩子的领导能力超过我了啊！"上述内容体现出人类行为与社会环境的基本关系有（　　）。
A. 留守儿童虽然处于不利的社会环境，但激发其抗逆力可改善社会环境
B. 留守儿童虽然处于不利的社会环境，但是会逐渐适应社会环境
C. 留守儿童处于不利社会环境时，会受到社会环境影响

D. 留守儿童虽处于不利社会环境，但完全不会受其影响

E. 社会环境和生物遗传会共同对留守儿童产生影响

65. 50岁的高先生是某企业高管，不仅经常加班加点，下班后还要喝酒应酬，导致血脂血压都不正常。最近，高先生与妻子因女儿的教育问题发生激烈争执，妻子指责他对自己和家庭不负责任，要跟他离婚。上述情况反映出高先生目前面临的主要问题有（　　）。

  A. 更年期综合征        B. 婚姻危机

  C. 家庭经济负担重       D. 工作压力大

  E. 生活习惯不良

66. 社会工作者小杨为社区矫正对象小吴提供个案服务。在制订计划过程中，小吴同意签署一份正式的个案服务协议。这份协议的基本内容应包括（　　）。

  A. 服务执行的资金来源     B. 服务内容和采用的服务方法

  C. 服务执行的理论基础     D. 服务双方应有的权利和义务

  E. 服务时限、地点和次数

67. 社会工作者小张发现他的服务对象最近不像之前那样积极主动，和他的关系也日渐疏远。小张向督导者寻求帮助："我们已经比较熟悉了，他也不像从前那样拘谨，也许是我在服务的时候同理心不够，但我觉得我是真诚的。"督导者认为要维持专业关系，继续开展服务，此时小张应做到（　　）。

  A. 关注服务对象的新的需求    B. 迎合服务对象的情绪状态

  C. 评价服务对象的退化现象    D. 理解服务对象的态度变化

  E. 与服务对象分享个人感受

68. 社会工作者小徐在精准扶贫服务中，发现救助对象小李的文化程度较低，虽有手工编织的一技之长，但是一直缺乏自信，精神状态不佳。经小李同意后，小徐为其提供个案管理服务，激发她自立自强的潜能，鼓励她通过手工编织进行创业，发动志愿者帮助销售产品，并动员她积极向当地政府部门争取就业资源。上述服务中，小徐扮演的角色有（　　）。

  A. 使能者    B. 联系人    C. 治疗者

  D. 教育者    E. 倡导者

69. 某社会工作服务机构拟为隔代祖辈家长开设教育小组，旨在帮助他们掌握隔代教育的知识，打造沟通交流和互助的平台。在小组准备阶段，社会工作者应完成的工作有（　　）。

  A. 申报并协调资源       B. 招募并遴选组员

  C. 确定小组目标并制订工作计划   D. 消除组员陌生感并制定小组规范

  E. 确定并促进形成相对稳定的小组结构

70. 某社会工作服务机构为轻度认知障碍的老人开设预防脑退化小组，目的是帮助他们延缓脑功能减退。小组进行到第三节，社会工作者小茹带领组员进行趣味拼图游

A. 如果王大爷接受调解，则中途不得要求终止调解
B. 如果王大爷不信任张阿姨，可以要求换一名调解员
C. 如果双方以口头方式达成调解协议，则该调解协议无效
D. 如果达成调解协议，人民调解委员会要督促王大爷尽快执行
E. 如果达成调解协议后，邻居不放心，可以在45天内申请司法确认

B. 组织社区志愿者成立劝导队，维护社区环境
C. 对接企业资源，在社区内设置宠物粪便收集箱
D. 调解宋大爷与物业管理人员及社区居民的关系

6. 受新冠疫情影响，某地有不少在民营企业就职的员工因担忧失业而产生较大压力，有些员工甚至出现了失眠的状况。下列社会工作者的专业服务中，能体现治疗者角色的是（    ）。

　　A. 为员工提供情绪舒缓服务　　　　　B. 协助员工提升其岗位技能
　　C. 联络其同事提供相关协助　　　　　D. 呼吁企业配备心理咨询员

7. 单亲妈妈张女士独自抚养女儿，因工作繁忙，平时顾不上女儿的学业。最近，女儿成绩下滑明显，张女士批评女儿学习不刻苦，女儿觉得十分委屈，抱怨母亲对自己关心不够，母女之间因此经常发生争吵。为此，张女士向社会工作者小刘求助。小刘一方面缓和母女之间的紧张关系，教导张女士亲子沟通的技巧；另一方面链接志愿服务资源，辅导张女士女儿的功课。小刘的服务领域主要是（    ）。

　　A. 医务社会工作　　　　　　　　　　B. 学校社会工作
　　C. 家庭社会工作　　　　　　　　　　D. 社区社会工作

8. 作为一个服务人、帮助人的职业从业者，社会工作者在服务过程中更加注重自我反思和换位思考，与服务对象进行良好的互动，交流想法，分享感受。上述做法最能体现的社会工作专业价值观是（    ）。

　　A. 践行社会公平与正义　　　　　　　B. 真诚地对待每一名服务对象
　　C. 强调服务对象个人尊严　　　　　　D. 注重人与人之间关系的重要性

9. 关于社会工作专业价值观与伦理之间关系的说法，正确的是（    ）。

　　A. 价值观是一种偏好，伦理是对好坏、善恶的选择
　　B. 价值观关注实践的标准，伦理关注如何确定标准
　　C. 价值观与伦理关联紧密，二者实质上并没有差异
　　D. 伦理是操作层面的价值观，是实践中的行为守则

10. 社会工作者大李在机构值班时接到服务对象小杰的电话，交流中小杰多次流露出厌世轻生的念头，并请大李替他保密。根据社会工作伦理难题处理的一般顺序，大李首先应做的是（    ）。

　　A. 辨析伦理困境并评估自身能力　　　B. 咨询督导的专业意见
　　C. 分析给机构带来的利益和风险　　　D. 尊重小杰的自我决定

11. 社会工作者小陶在与服务对象小范会谈时得知，其女友最近与他分手了，小范非常恼怒，准备用暴力伤害女友。基于对小范的了解，小陶认为事态严重，迅速将此事报告给督导，并联系相关单位进行干预，妥善处理了此事。根据社会工作伦理困境处理原则，小陶的做法遵循的是（    ）。

　　A. 隐私保密原则　　　　　　　　　　B. 生命质量原则
　　C. 自由自主原则　　　　　　　　　　D. 保护生命原则

12. 社会工作者小李和小张在邀请社区老年人担任"社区秋季运动会"志愿者的问题上有不同意见。小李认为"老年人担任志愿者安全风险太大",小张则认为"老年人担任志愿者有利于鼓舞人心"。一天,65岁且身体硬朗的纪奶奶找到小李希望担任运动会志愿者。根据社会工作专业伦理责任,小李恰当的做法是(    )。

　　A. 尊重纪奶奶的意愿,同意其担任志愿者并告知风险

　　B. 告知纪奶奶担任志愿者有安全风险,劝其放弃申请

　　C. 以个人原因为由,将纪奶奶转介给小张

　　D. 以名额已满为理由,婉拒纪奶奶的申请

13. 80岁的王爷爷家庭条件不错,儿女也很孝顺。最近王爷爷老伴去世,他提出想去养老院住,儿女和亲戚都很不理解。王爷爷说:"我一个人在家,生病了没人照顾,万一哪一天摔倒了都没有人发现,去养老院住我更安心。"根据马斯洛的需要层次论,王爷爷的说法反映其当前最迫切的需要是(    )。

　　A. 生理的需要　　B. 安全的需要　　C. 归属的需要　　D. 尊重的需要

14. 初中一年级学生明明是单亲家庭的孩子,与母亲一起生活,母亲对其生活关怀备至,对其学习要求严格。老师反映明明虽然成绩优异,但平常与同学很少沟通,对同学较为冷漠。明明的家庭教养模式为(    )。

　　A. 支配型　　B. 专制型　　C. 放任型　　D. 冲突型

15. 社会工作者在社区组织开展"志愿小明星"活动,让社区里的青少年自愿报名组成志愿服务队。经过几次活动后,青少年的参与积极性越来越高,彼此之间的关系也越来越亲密。这一过程主要体现了同辈群体的(    )。

　　A. 平等性　　B. 开放性　　C. 认同性　　D. 独特性

16. 小李从部队退役后到某物业管理公司工作。为了尽快适应新的工作岗位,小李认真阅读该公司近五年来的资料,积极参加公司组织的培训,周末他还到驻点服务的小区走访,了解居民的具体需求。一年工作下来,小李得到公司领导和居民的一致好评,还被评为"年度优秀员工"。从社会环境对人类行为影响的角度看小李的做法,说明(    )。

　　A. 部队环境让小李有强烈的归属感　　B. 部队经历使得小李能够胜任工作

　　C. 工作岗位促使小李加强学习实践　　D. 小李的主观努力改变着外部环境

17. 初中二年级学生小宁个子较矮,近几个月来他经常被学校几名高年级同学打骂或拦住要钱。为了寻求保护,他加入了一个"哥们儿"小团体,也开始欺负他人,并从这个过程中获得满足。针对小宁的情况,社会工作者从个体层面应开展的工作是(    )。

　　A. 纠正攻击行为,培养社交技能　　B. 强化家校联络,及时实施干预

　　C. 加强校园监控,保护学生安全　　D. 改善亲子关系,纠正教养方式

18. 初中三年级男生小亮手部溃烂,医生诊断为重度神经性皮炎,可能由心理紧张引起,医生在完成医疗处置后,将小亮转介给医务社会工作者小黄。小黄评估后,决定

C. 围绕小组关注的焦点问题进行记录

D. 记录小组过程中已发生的重要事件

32. 社会工作者小于为大学新生开展了大学生活适应小组。在小组中，小于设计了"说出我的故事"分享环节，但多数组员沉默不语。为此，小于运用适当自我表露技巧来与组员建立信任关系，促进组员表达。小于的下列表述中，体现出运用该技巧的是（  ）。

   A. "刚才有组员提到第一次离开父母可能不太适应，其他人有这样的感觉吗？"
   B. "我刚进大学时也曾有一段时间不适应，饮食不习惯，也不太喜欢我的专业。"
   C. "小李第一个发言，分享了他与宿舍同学相处的问题，让我们送给他一些掌声。"
   D. "经过刚才的讨论，我们知道大家在生活、学习等方面都存在适应问题。"

33. 暑假期间，某青少年社会工作服务机构为低收入家庭子女开展了多个平行历奇辅导小组。社会工作者对每个小组都进行了评估，目的是洞察组员在小组中的成长变化，反思社会工作者在历奇辅导中的表现和技巧。这种小组评估类型是（  ）。

   A. 内容评估　　　B. 过程评估　　　C. 成效评估　　　D. 需求评估

34. 社会工作者小王通过调查发现，居民对社区认同感不强的主要原因是大多数居民搬入时间不长，对社区还不太了解。于是，小王希望通过一系列服务，帮助居民了解社区，其恰当的做法是（  ）。

   A. 发放手绘地图，告知社区资源分布　　B. 根据居民需要，开展社区大型活动
   C. 整合社区资源，开展互帮互助服务　　D. 建立居民小组，改善社区动力系统

35. 某"村改居"社区存在电动自行车失窃、入室偷盗等问题。该社区居委会的社会工作团队经过多次研讨，决定采用社会策划模式开展工作。针对这一治安问题，从社会策划模式的实施策略角度看，该团队首次开展工作时最先应该做的是（  ）。

   A. 评估社区居委会组织的优点和不足　　B. 了解受到治安问题影响的居民人数
   C. 预估上级政府能够提供的财政支持　　D. 澄清社区居委会的工作目标与责任

36. 某社会工作服务机构租用小区门面房作为活动场所，希望协助大龄孤独症患者锻炼日常生活技能，适应社会生活的最基本要求。社区居民得知消息后，担心孤独症患者在小区附近出入，会给居民尤其是儿童带来安全隐患，因而不愿意让该机构进驻。面对这种情况，该机构应该采取的策略是（  ）。

   A. 建立社区紧急支援网络系统　　　　　B. 开展社区倡导并强调社区责任
   C. 动员社区居民参与机构志愿服务　　　D. 承诺对服务对象进行封闭式管理

37. 社区社会工作者小杨针对"宠物狗随地大小便"问题召开社区居民会议，引导居民对该问题的大小和严重程度进行讨论。从社区分析的角度看，小杨的做法属于（  ）。

   A. 探寻问题起源　　　　　　　　　　　B. 界定问题
   C. 明确问题范围　　　　　　　　　　　D. 描述问题

38. 关于社区工作的过程目标和任务目标的说法，正确的是（  ）。

A. 过程目标旨在解决社区具体的问题　　B. 任务目标旨在提升社区居民的能力
C. 地区发展模式不需要达到过程目标　　D. 社会策划模式注重任务目标的实现

39. 社会工作者小吴在主持居民会议时，发现部分发言者所表达的意见与建议模糊，不够完整。为了帮助大家清楚了解发言者所表达的意思，小吴用自己的话概括了大家发言的主要观点。小吴运用的会议技巧是（　　）。

A. 转述　　　B. 引导　　　C. 关注　　　D. 鼓励

40. 某社会工作服务机构动员社区高中生和大学生组成"同心协力"暑期志愿服务队，通过"一对一"结对方式，帮助社区贫困家庭中学习有困难的儿童掌握学习方法，提高学习兴趣。项目结束后，该机构对项目进行了总结评估。下列内容中，属于成果评估的是（　　）。

A. 志愿者资源配置合理程度　　B. 工作进度安排的实现情况
C. 学习困难儿童的改变程度　　D. 资金投入产出的效益情况

41. 某老旧小区停车难问题存在已久，居民之间因抢占停车位时有冲突，某社会工作服务机构协助社区居委会做停车管理项目。社会工作者在该项目策划过程中应优先考虑的目标是（　　）。

A. 协助居民策划解决停车难问题的行动方案
B. 为居民提供对停车难问题表达意见的机会
C. 提高居民对停车难问题的关注
D. 促进居民间的互相认识和了解

42. 社会工作者小董运用"问题认识工作表"，了解和评估养老机构内老年人的主要问题，以便策划服务方案。根据系统观点，小董的工作属于社会服务方案策划的（　　）。

A. 输入　　　B. 过程　　　C. 输出　　　D. 效果

43. 某社会工作服务机构在区、街道、社区三个层面开展服务，并在各层面设立服务管理团队。为适应业务发展需要，该机构决定整合不同层面的研发团队，组建机构发展研究中心。该中心定期向机构理事会提交研究报告，为机构决策提供参考依据。该机构的组织结构类型属于（　　）。

A. 直线式　　B. 事业部制　　C. 职能式　　D. 直线参谋式

44. 随着志愿者参与机构服务类型与方式的多样化，社会工作服务机构应更好地规范志愿者的责任和权利。从志愿者管理的"工作发展与设计"角度出发，机构应完成的工作是（　　）。

A. 制订志愿者服务动机评估方案　　B. 编写志愿者服务岗位说明书
C. 规范志愿服务档案建设　　　　　D. 完善志愿者表彰办法

45. 某社会工作服务机构通过参加公益创投，从本地民政局获得50万元资金支持，用于为社区独居老人提供服务。依据社会服务机构筹资方法分类，该机构获得资金的方式属于（　　）。

E. 老年社会工作

62. 服务对象张爷爷是一位癌症晚期患者，医院下达病危通知书后，他希望回家养病，但家属不同意。为此，社会工作者小陆邀请张爷爷家属召开了家庭会议，最终满足了老人的心愿。不久，张爷爷在家中安详离世。小陆的做法体现的社会工作价值观有（　　）。

  A. 回应需要     B. 个别化     C. 最小伤害

  D. 接纳和尊重    E. 维护社会正义

63. 赵奶奶入住某养老机构一个月来，总是闷闷不乐。社会工作者老余在与她面谈中得知，一年前赵奶奶和老伴外出旅游时，老伴意外猝死在酒店房间。此后，每当看到房间里的空床，赵奶奶就会触景生情。她请老余保守这个秘密，并希望能搬走空床。下列老余的做法中，符合社会工作伦理守则的有（　　）。

  A. 向督导者咨询，共同分析商讨合理解决方案

  B. 严格履行养老机构的入住协议，不搬走空床

  C. 为赵奶奶保守秘密，与机构协商把空床搬走

  D. 向机构同事说明此事，讨论搬走空床的利弊

  E. 帮助赵奶奶纾解情绪，适应机构的生活环境

64. 关于学龄前儿童攻击行为的说法，正确的有（　　）。

  A. 男孩子的攻击行为一般比女孩子多

  B. 生理特征对攻击行为有一定的影响

  C. 攻击行为常在3~6岁出现第一个高峰

  D. 攻击行为方式分为暴力攻击和语言攻击

  E. 攻击行为常表现为打人、骂人、抢东西

65. 阿美35岁时经人介绍嫁给了同龄的丈夫，婚后四年生下女儿妞妞，但她的丈夫一直想要个儿子传宗接代，对妻女漠不关心。阿美身体不好，便辞职在家专心照顾孩子，全家生活来源都依靠丈夫的工资。女儿出生半年以来，丈夫常常愁眉不展，尤其是半夜听到妞妞的哭闹声，就会大发雷霆摔东西，并对阿美破口大骂。看着弱小的女儿，阿美整日担惊受怕，情绪也很不稳定，感到非常无助。根据中年阶段的主要特征，阿美面临的主要问题有（　　）。

  A. 因孩子营养不良产生愧疚感   B. 丈夫出现的更年期综合征

  C. 家庭负担重及身心压力增大   D. 来自丈夫的家庭暴力行为

  E. 焦虑抑郁不安等情绪的困扰

66. 40岁的精神分裂症康复者梁女士告诉社会工作者小宋，丈夫跟她基本没话说，女儿上大学后很少回家，自己又是外地人，在这里也没有什么亲戚朋友。小宋在帮助梁女士的过程中，安排她学习夫妻沟通技巧，并指导其丈夫督促她按时服药；联络社区精神卫生服务站，鼓励梁女士参加社区活动。小宋在该个案服务中扮演的专业角色有（　　）。

A. 治疗者　　　　B. 联系人　　　　C. 教育者
D. 管理者　　　　E. 使能者

67. 大学毕业生小云长得漂亮，身材高挑，刚入职就被已婚的部门领导表白，之后的两年该领导不断骚扰她，甚至在单位的公开场合也不避讳，这让小云非常烦恼，同事的议论更让她羞愧难当，为此她向社会工作者小汪求助。在与小云的会谈中，小汪运用了影响性技巧。下列回应中，属于该技巧的有（　　）。

　　A. "听了您刚才的话，我的理解是，您对领导的行为一直比较隐忍，是吗？"
　　B. "从法律上来讲，您的领导的行为违反了《中华人民共和国妇女权益保障法》。"
　　C. "您可以礼貌拒绝或者告知他自己已有男友，让他知难而退。"
　　D. "如果您一直隐忍他，他可能会做出更加出格的事情。"
　　E. "遇上这样的人，而且还是自己的领导，真令人烦恼。"

68. 住在某养老院的张奶奶因遗嘱中的财产分配不均与子女发生矛盾。为此她向院内社会工作者小赵求助。在"申请与接案"阶段，小赵适宜的做法有（　　）。

　　A. 深入评估张奶奶的问题　　　　B. 与张奶奶建立专业关系
　　C. 收集张奶奶的有关资料　　　　D. 让张奶奶了解养老院职责范围
　　E. 明确张奶奶的服务期待和要求

69. 社会工作者小赵设计了"爱的沟通"亲子平行小组。在第四节小组中，小赵设计了"今天我是你：亲子换位角色扮演""我想对你说：亲子沟通零距离""家庭辩论赛：良好的亲子关系关键在于谁？""齐心议对策：专家指导共建良好的亲子沟通模式"等环节，邀请家长和子女共同参与。上述小组活动的设计，主要体现了互动模式中的（　　）。

　　A. 开放性原则　　　　　　　　　B. 平等性原则
　　C. "面对面"原则　　　　　　　　D. 建构性原则
　　E. "使能者"原则

70. 医务社会工作者小汪为社会工作专业实习生开展了病房探访技巧提升小组，在经验分享环节，实习生小黄滔滔不绝地讲述了自己的病房探访技巧，导致其他组员无法发表自己的观点。此时，小汪运用限制性技巧进行回应。下列表述中，采用该技巧的有（　　）。

　　A. "小黄，谢谢你刚才分享了很多实用的探访技巧，现在我们是不是听听其他组员的想法呢？"
　　B. "接下来的时间不多，给大家一个挑战，每人只分享一个技巧，而且尽量是其他人没有分享过的。"
　　C. "小黄，你是否可以分享一下，为什么你会在病房探访中用到这些技巧呢？"
　　D. "我在病房探访过程中也遇到过这样的情况，当时我用了同理心、倾听的技巧。"
　　E. "在经验分享环节，请大家真诚地分享自己的观点，并认真聆听其他人的分享。"

71. 社会工作者小田计划开展一个乳腺癌病友支持小组，旨在为初次手术且存在紧

在上述服务中扮演的直接服务角色是（　　）。

　　A. 关系协调者　　　　　　　　B. 治疗者

　　C. 资源筹措者　　　　　　　　D. 支持者

6. 社会工作者小李的工作内容是为接受社区矫正的青少年提供心理疏导、职业技术培训，联系企业安排实习岗位等服务，协助服务对象恢复社会功能，以达到预防再次犯罪、稳定社会秩序的目标。小李的服务领域是（　　）。

　　A. 司法社会工作　　　　　　　B. 社会救助社会工作

　　C. 学校社会工作　　　　　　　D. 企业社会工作

7. 由于连续多日暴雨，致使河水上涨，房屋被淹，当地居民被迫紧急转移到地势较高的库房。因所带生活物品不足，居民产生焦虑。某社会工作服务机构及时协助当地政府开展社会救助工作。此时社会工作者首先要做的工作是（　　）。

　　A. 向居民发放问卷了解其需求　　B. 向居民提供政策咨询服务

　　C. 向居民发放食品衣物等物资　　D. 向居民提供社会融入服务

8. 社会工作者在服务过程中秉持"个别关怀，全面服务"的原则，这说明（　　）。

　　A. 社会工作者认为每一名服务对象都是独特的

　　B. 社会工作者相信每一名服务对象都可以改变

　　C. 社会工作者尊重每一名服务对象的自我决定

　　D. 社会工作者接纳每一名服务对象的负面情绪

9. 30岁的小周与父亲一起生活，目前处于抑郁症缓解期，平日与人接触较少。因缺乏个人经验，缺少自信，小周不愿意找工作，父亲也认为他不能独立生活。根据社会工作价值观的实践原则，社会工作者适宜的做法是（　　）。

　　A. 尊重小周的意愿，认同他对生活方式的选择

　　B. 保护小周的隐私，帮助他尽量不被外界打扰

　　C. 尊重小周的决定，协助他寻找提升能力的资源

　　D. 批评小周的想法，建议他多与父亲及朋友交流

10. 社会工作是社会福利事业的重要组成部分，在工作中注重多个层面关系的建立和协同，通过人性化的、有效的社会行政与管理，落实社会政策，改善民众的社会福利水平，这反映出我国社会工作专业实践的价值观是（　　）。

　　A. 个人发展机遇与国家社会发展相结合

　　B. 注重和谐有序，促进社会的共融发展

　　C. 平等待人，注重民主参与

　　D. 权利与责任并重

11. 某街道困难群众救助中心的常规服务之一是定期电话访问服务对象。社会工作者小陈致电社区低保人员大强，询问其近期生活状况，被他拒绝。大强表示不清楚街道有电话访问服务，也不愿接受陌生人的访问。根据社会工作者对服务对象的伦理责任，此时小陈最恰当的做法是（　　）。

A. 尊重大强的个人意愿，日后不再打电话向他询问生活状况
B. 对服务内容的真实性作出说明，并承诺帮助大强解决困难
C. 恳请当地社区工作者告知大强此项服务后，再次访问大强
D. 向社区工作者反映大强拒访情况，请社区工作者代为访问

12. 社会工作者在提供专业服务时，应不断规范自己的行为，践行价值理念和服务承诺。这体现了社会工作者（　　）。

A. 对服务对象的伦理责任　　　　　　B. 对专业的伦理责任
C. 对服务机构的伦理责任　　　　　　D. 对社会的伦理责任

13. 社会工作者小李经多方链接资源，推动项目顺利完成，在同事中树立了自己的威信，也让机构负责人和项目落地社区的领导更加信任他。根据马斯洛的需要层次理论，上述情形满足了小李（　　）。

A. 尊重的需要　　　　　　　　　　　B. 归属与爱的需要
C. 安全的需要　　　　　　　　　　　D. 自我实现的需要

14. 小伟父母彼此尊重，经常沟通孩子的教育问题，对于是否报兴趣班也会征求小伟的意见。他们鼓励小伟主动找同学玩耍，也嘱咐小伟要按时回家。小伟父母的教养模式属于（　　）。

A. 娇纵型　　　B. 支配型　　　C. 放任型　　　D. 民主型

15. 某社区内有一个青少年音乐社团，成员的服装、发型、饰品、言行均与其他同龄人明显不同，社区一些居民见到他们感到很新奇。上述情况体现出同辈群体的特点是（　　）。

A. 支配性　　　B. 独特性　　　C. 开放性　　　D. 平等性

16. 小明学习成绩优异，在考试中经常获得第一名，但小明妈妈看邻居的孩子都报了培训班，于是也给小明报了很多培训班，结果让自己和小明都很疲惫。从上述情形分析，影响小明妈妈决定的社会环境是（　　）。

A. 社区　　　B. 工作单位　　　C. 学校　　　D. 大众传媒

17. 青少年阶段是人生发展的重要阶段之一，下列特征中，属于青少年发展阶段的是（　　）。

A. 开始发展符合实际的自我观念　　　B. 人生观会更加稳定和成熟
C. 能够熟练地处理各种社会关系　　　D. 情绪发展比较丰富和强烈

18. 张奶奶两年前来省城帮儿子带小孩。最近张奶奶的儿子发现她精神状态变得不太好，经常抱怨待在这儿没意思，因一点小事就大发脾气。为此，张奶奶的儿子向社会工作者小王求助。为了解决张奶奶的问题，从"人在情境中"的观点看，小王最适宜的做法是（　　）。

A. 与张奶奶一起回顾过往生活经历　　B. 帮助张奶奶适应大城市生活节奏
C. 鼓励张奶奶参加社区娱乐活动　　　D. 协助张奶奶学习新的生活技能

19. 唐先生与姜女士两人各自有安逸的家庭，一年前开始合伙做生意。合作中，两

A. 了解小华和小郑各自对失智老人照顾者小组的期望和目标
B. 帮助小华和小郑把小组中学到的照顾技巧转变为实际行动
C. 帮助小华和小郑理解照顾失智老人经验背后的价值观差异
D. 帮助小华和小郑寻求重要他人支持以维持在小组中的改变

31. 社会工作者小石面向住院肠癌患者开展了病友支持小组。目前小组进入尾声，组员即将离开小组，个别组员产生失落感，希望小组能够继续。下列小组活动中，适合在这一阶段开展的是（   ）。

　　A. 认识你：进行自我介绍　　　　　　B. 契约树：制定小组契约
　　C. 空椅子：对话内心深处　　　　　　D. 向前看：模拟出院生活

32. 社会工作者小崔计划运用小组工作方法为大学新生提供一系列服务。下列针对大学新生开展的小组中，最能体现成长小组特点的是（   ）。

　　A. "社交技能训练"小组　　　　　　B. "心理知识科普"小组
　　C. "自我管理"小组　　　　　　　　D. "守望相助"小组

33. 在一个情感探索小组中，社会工作者小何发现组员小李每次都想发言，但轮到其发言时，他又常说："我再想想，让别人先说吧。"当这种情况第三次出现时，小何说："您可以想到哪儿就说到哪儿，如果后面又有新想法，可以下一次补充。"小何的回应，采用的技巧是（   ）。

　　A. 中立　　　　B. 鼓励　　　　C. 引导　　　　D. 澄清

34. 社会工作者小赵发现新建的社区老年活动中心日常管理漏洞较多，打算通过动员社区居民参与解决问题。下列做法中，属于社会工作过程目标的是（   ）。

　　A. 调整老年活动中心的开放时间　　　B. 鼓励居民自主讨论中心管理规范
　　C. 增加老年活动中心的安防设备　　　D. 让社区居委会派人轮流值班管理

35. 社会工作者小王负责推进小区加装电梯工作。他发现开始的时候居民都很积极，一谈到自筹资金，有些住户就不愿意了，甚至强烈反对；有些住户则持观望的态度。根据地区发展模式，在这种情况下小王最适宜采取的实施策略是（   ）。

　　A. 召开座谈会，让居民充分表达自己的想法
　　B. 报告居委会，向政府申请加装电梯的补贴
　　C. 与电梯公司协商，争取降低加装电梯费用
　　D. 向同事求助，重新拟订小区加装电梯方案

36. 某地农村青壮年劳动力大量外出打工，留守儿童现象比较普遍。某社会工作服务机构运用社会策划模式为这一地区的留守儿童提供服务。下列做法中，最能体现社会策划模式特点的是（   ）。

　　A. 增进村民参与，自下而上地倡导重视儿童发展问题
　　B. 开发村庄内部资源，以家庭互助方式照顾留守儿童
　　C. 开展直接服务，为出现行为问题的留守儿童提供辅导
　　D. 运用专业权威，根据理性原则设计留守儿童服务方案

37. 社会工作者小顾运用社会策划模式在老旧小区开展适老化改造项目。她既要负责项目执行,也要监督项目进度情况,并及时反馈给相关方。根据社会策划模式,小顾扮演的角色是(    )。

    A. 政策倡导者  B. 中介者
    C. 方案实施者  D. 使能者

38. 社区社会工作者小李与某特殊教育学校合作开展活动,邀请在校学生参观社区,并安排社区青少年与其开展互动游戏,分享交流各自的学习生活,上述小李的做法体现出社区照顾模式特点的是(    )。

    A. 协助服务对象融入社区  B. 强化辖区单位的社会责任
    C. 解决实质性的社区问题  D. 控制和指导社区未来发展

39. 为了配合街道拆除违章建筑的工作,社会工作者老岳走访了社区的一些老住户和居民骨干,了解社区"违建"是怎样形成的,以及后来的发展情况。老岳开展这项工作的主要目的是(    )。

    A. 分析社区"违建"问题的来龙去脉
    B. 研判社区"违建"问题的严重程度
    C. 了解居民对社区"违建"问题的感受
    D. 发掘解决社区"违建"问题的关键人物

40. 社会工作者老杨协助社区开设了一间儿童绘本馆,提供免费阅读服务,以培养儿童的良好阅读习惯。但是,绘本馆仅支付了第一年的场地租金,后续的租金还没有着落。为此,老杨做了多种尝试。下列她的做法中,属于资源链接的是(    )。

    A. 仔细地阅读社区基金会的资助章程  B. 请居委会帮忙找可无偿使用的空间
    C. 在微信朋友圈吐槽绘本馆场租困境  D. 向场地所有者发送绘本馆工作月报

41. 社会工作者在培育社区社会组织时发现,某社区文体团队的负责人自我认同感强,严于律己,做事认真负责。由于他在团队中处理问题比较较真,有时会与少数团队成员发生冲突,影响了团结。针对这一情况,社会工作者最适宜的做法是(    )。

    A. 告诉负责人可以通过投票来争取支持  B. 引导负责人加强与团队成员讨论沟通
    C. 建议负责人充分授权给团队的成员  D. 支持负责人管理团队的理念和做法

42. 某社会工作服务机构开展听障人士就医支持服务项目时,服务策划过程是:认识听障人士就医现状→界定听障人士就医需求→探索听障人士就医解决方法→认识就医解决方法可能存在的限制→选取应对办法→设计完整计划→发展评估计划。该方案策划的类型是(    )。

    A. 战略性策划  B. 创新性策划
    C. 问题解决策划  D. 方案发展策划

43. 在很多情况下,社会工作服务需要组织多功能型团队。关于多功能型团队的说法,正确的是(    )。

    A. 团队成员来自不同专业领域,共同完成某项任务

B. 乙每个工作日加班2小时，企业支付其工资标准200%的劳动报酬
C. 丙休息日加班一天，企业支付其工资标准150%的劳动报酬
D. 丁法定节假日加班，企业支付其工资标准250%的劳动报酬

59. 小贾因企业改组而失业。失业之前单位和本人按照规定缴纳失业保险费累计为9年6个月。根据《失业保险条例》，小贾领取失业保险金的期限最长为（　　）个月。
A. 6　　　　B. 12　　　　C. 18　　　　D. 24

60. 基本医疗保险费用由用人单位和职工共同缴纳。根据《关于建立城镇职工基本医疗保险制度的决定》，职工缴费率一般为本人工资收入的（　　）。
A. 2%　　　B. 4%　　　C. 6%　　　D. 8%

## 二、多项选择题（共20题，每题2分；每题的备选项中，有2个或2个以上符合题意，至少有1个错项；错选，本题不得分；少选，所选的每个选项得0.5分）

61. 在新的经济社会背景下，就业仍然是关乎民生的最重要问题。针对社区青年失业问题，下列服务中，能够体现社会工作在服务对象层面目标的有（　　）。
A. 协助社区青年提高职业技能　　　B. 宣传当地就业创业扶持政策
C. 开发社区就业岗位并组织相应培训　　　D. 协助社区青年组成互助的支持网络
E. 呼吁政府延长失业保险金发放的月数

62. 下列社会工作者的做法中，体现其对机构伦理责任的有（　　）。
A. 为服务对象提供专业化服务　　　B. 努力提升自己的专业服务能力
C. 遵守机构的管理制度和规定　　　D. 提供服务时应注意自己的形象
E. 总结专业服务的经验模式

63. 某小区推行居室适老化改造项目，住在小区的90岁的王爷爷以"习惯现在的家"为由拒绝改造，其家人从安全角度出发，希望社会工作者老杨劝王爷爷接受。老杨与王爷爷沟通后，发现现在的居家环境在他的生命历程中具有特殊意义。结合安全评估结果，老杨向王爷爷一家建议基本保留现有格局，只对存在安全隐患的卫生间进行局部改造。上述情形中，老杨需要考虑的伦理原则有（　　）。
A. 保护生命　　　B. 差别平等　　　C. 自由自主
D. 最小伤害　　　E. 隐私保密

64. 中学生小刚放暑假后，天天沉迷于网络游戏，既不学习，也不外出锻炼身体。针对小刚的行为，社会工作者适宜的做法有（　　）。
A. 了解小刚的想法　　　B. 建议小刚父母给孩子报培训班
C. 建议小刚父母多陪伴孩子　　　D. 和小刚一起制订改变计划
E. 帮助小刚认识过度玩游戏的危害

65. 小魏大学期间由于学习压力过大，患有轻度抑郁，经过治疗，抑郁症状得到较好的控制。大学毕业后，家人担心小魏不能适应职场竞争而加重抑郁症状，未要求小魏去就业。于是，小魏一直宅在家中，很少和同学来往，也没有认识新的朋友。根据青年

阶段发展的主要特征和面临的主要问题，社会工作者适宜为小魏提供的服务有（　　）。

　　A. 鼓励小魏参加青年就业联盟学习相关就业技巧
　　B. 引导小魏参加社区的志愿活动，服务社区居民
　　C. 协助小魏重返医院进行抑郁症的诊断评估治疗
　　D. 鼓励小魏参加青年交友联谊活动，认识新朋友
　　E. 协助小魏进行自我探索，认识自身拥有的资源

66. 小贾成绩优秀，目标是考入一流大学。但因高考失利，他与理想大学失之交臂。为此，小贾将自己长时间关在房间内，拒绝与家人交流。社会工作者小柳接案后，打算运用危机介入策略提供服务。下列做法中，属于危机介入基本服务内容的有（　　）。

　　A. 处理小贾的失落情绪
　　B. 指导小贾学习放松技巧
　　C. 提升小贾应对挫折的能力
　　D. 请曾高考失利现事业有成的表哥开导小贾
　　E. 帮助小贾了解其成长过程中的重要影响事件

67. 45岁的齐女士长期忍受丈夫家庭暴力，但她出于种种顾虑一直没有离婚。最近，齐女士又一次被丈夫施暴，她忍无可忍，向社会工作者老郝求助。在建立关系的会谈中，老郝恰当的做法有（　　）。

　　A. 制定双方认可的谈话规则　　　　B. 创造宽松舒适的谈话氛围
　　C. 让齐女士自由地表达感受　　　　D. 质疑齐女士未离婚的想法
　　E. 建议齐女士与丈夫多交流

68. 社会工作者老刘在个案服务的最后阶段，需要对服务效果进行评估。此时，老刘的评估内容有（　　）。

　　A. 服务对象的改变状况　　　　　　B. 个案服务目标的实现程度
　　C. 个案服务的资源投入　　　　　　D. 个案服务运用的策略
　　E. 服务对象是否还存在其他问题

69. 某社区流动儿童数量较多，缺乏安全意识，由于暑假无人看管，容易发生意外伤害事件。为此，社会工作者小任为流动儿童开设了8节安全教育小组。下列描述中，符合小组成熟阶段组员表现的有（　　）。

　　A. 组员小艾经常与身边的组员窃窃私语，不参与小组讨论
　　B. 组员小亮比较积极，主动分享遇到安全风险的处理方式
　　C. 组员小晨小心谨慎，请他分享时总表示先听听别人怎么说
　　D. 组员小红表示通过小组掌握了安全知识，有信心保护自己
　　E. 组员小芳主动地承担分发安全手册、记录组员发言等工作

70. 社会工作者小冯在社区开展"美丽家园"垃圾分类志愿者骨干培育小组。在每一节小组活动中，小冯均安排了小组讨论与分享环节。下列情境中，需要小冯运用限制技巧的有（　　）。

期的大部分用药仍需要自费，村民负担较重。为此，小张撰写了调研报告，提交给政府相关部门，希望将重大疾病康复期的关键必需药品纳入医疗保险报销范围。上述小张的工作，体现的社会工作者角色是（　　）。

　　A. 政策影响者　　　B. 资源筹措者　　　C. 行政管理者　　　D. 关系协调者

7. 根据新冠疫情防控相关要求，社区居民进入小区大门时需要出示健康码。社会工作者小李发现一些老年人不会使用智能手机查询健康码，进入不方便。为了解决老年人的困难，小李在社区中举办"数字防疫，一学就灵"的活动，教老年人学习用手机查询健康码等信息。上述小李所开展的工作领域是（　　）。

　　A. 服务社会工作　　　　　　　　B. 救助社会工作
　　C. 老年社会工作　　　　　　　　D. 矫正社会工作

8. 关于社会工作价值观与专业伦理的说法，正确的是（　　）。
　　A. 社会工作者与服务对象之间的反移情必然会发生
　　B. 社会工作者在服务的同时必须具备自我照顾能力
　　C. 社会工作者在服务中任何情况都要对服务对象信息保密
　　D. 社会工作者在服务时，要将部门的评估标准置于首位

9. 助理社会工作师、社会工作师和高级社会工作师应当接受社会工作继续教育和培训，并将学到的社会工作理论和方法运用于实践，这主要体现的是社会工作者（　　）。

　　A. 对机构的伦理责任　　　　　　B. 对同事的伦理责任
　　C. 对社会的伦理责任　　　　　　D. 对专业的伦理责任

10. 社会工作者小李在为65岁的低保对象老林提供服务的过程中，得知老林最近在照顾瘫痪在床的哥哥。虽然他经济上有压力、照顾起来力不从心，但也不忍心将哥哥送到养老院，更不愿意麻烦别人，从未对别人说起过自己的困难。根据社会工作伦理决定的核心价值观，小李最适宜的做法是（　　）。

　　A. 尊重老林的决定，协助其学习照顾失能老人的技巧
　　B. 相信老林是可以改变的，积极引导其改变传统观念
　　C. 保护老林的隐私，不向他人透露其照顾哥哥的困难
　　D. 征得老林的同意，通过机构内筹款缓解其经济压力

11. 丧偶多年的尹奶奶一直独自居住，半年前入住养老机构，认识了同样单身的陈爷爷，两人一见如故，交往半年后决定结婚，但遭到尹奶奶儿女的反对。尹奶奶为此情绪消沉，陈爷爷很是着急，便向社会工作者小王求助。小王为尹奶奶制订了个案服务方案，又向尹奶奶的儿女了解反对的原因，通过沟通取得他们对尹奶奶的理解。从社会工作专业伦理角度出发，小王在服务中遵循的是（　　）。

　　A. 保护生命原则　　B. 差别平等原则　　C. 最小伤害原则　　D. 生命质量原则

12. 新冠疫情防控期间，正在住院的赵爷爷对医院按要求制定的家属探视制度非常不满，便找到医务社会工作者小颖，说自己要向相关部门投诉。小颖了解情况后，根据社会工作专业伦理守则，适当的做法是（　　）。

A. 支持赵爷爷的做法，向医院提出制度修订意见
B. 理解赵爷爷心情，向赵爷爷说明制度制定原因
C. 保持中立的态度，让赵爷爷自我决定是否投诉
D. 尊重赵爷爷的决定，劝说赵爷爷尽快办理出院

13. 马斯洛需要层次论中维持人类自身生存的最基本需要是（　　）。
    A. 生理的需要　　B. 安全的需要　　C. 归属的需要　　D. 尊重的需要

14. 张叔叔非常喜欢旅游，在旅游中认识了来自各行各业、具有相同爱好的朋友，他们经常分享彼此的旅游经验，并结伴到各地旅游。这体现了同辈群体的（　　）。
    A. 平等性　　B. 开放性　　C. 认同性　　D. 独特性

15. 关于人类行为与社会环境基本关系的说法，正确的是（　　）。
    A. 个人行为对社会环境有决定性的影响
    B. 社会环境决定着人类行为的行为规范
    C. 人类行为与社会环境相互影响的力度是不平衡的
    D. 各年龄阶段的人受到社会环境的影响是一样的

16. 小学三年级学生娜娜学习成绩优异，每天除了完成功课外，还坚持练习演讲。一个雨天，娜娜在放学路上发现有个小妹妹正在哭泣，就猜想她是发生了什么事情。上述情形反映出娜娜这个年龄阶段孩子的主要心理发展特征是（　　）。
    A. 口头表达能力正日益增强
    B. 抽象逻辑思维发展已成熟
    C. 通过他人立场来考虑问题
    D. 能够通过观察来思考问题

17. 文静瘦小的四年级男生小书，因性格和身高的关系，常被同学嘲笑和孤立，有的同学还给他起难听的绰号，小书为此感到非常苦恼。根据上述状况，社会工作者针对小书个人最适宜的服务是（　　）。
    A. 联络学校成立校园欺凌预防部门
    B. 协助小书提高他应对欺凌的能力
    C. 纠正小书同学的语言暴力等行为
    D. 建议小书父母关注小书情绪变化

18. 初三学生小林的父母离异后，各自又很快组建了新的家庭，小林无法接受父母离婚的现实，感到自己被抛弃，十分绝望，无心学习，并在社交平台上多次表现出厌世的想法。学校社会工作者小夏发现后，决定采用危机介入模式帮助小林，小夏首先要做的是（　　）。
    A. 与小林父母探讨原因
    B. 纠正小林的错误认知
    C. 安抚小林绝望的心情
    D. 及时进行危险性评估

19. 王女士找社会工作者小赵反映，她读初二的儿子沉迷手机游戏，不爱与人交流，希望小赵帮助他。经过预估与问题分析，小赵认为应将此案转介到其他机构。根据上述内容，小赵下一步最适宜的做法是（　　）。
    A. 直接告知王女士本机构不处理青少年网瘾问题
    B. 告知王女士能处理青少年网瘾问题的机构信息
    C. 邀请王女士到机构与其进行详细的预估会谈

过引导组员学习手指操、非洲鼓等，促进组员的康复。下列场景中，最有可能出现在小组转折阶段的是（    ）。

A. 组员们初次接触非洲鼓，对其充满好奇，但因不知如何演奏，不愿尝试
B. 组员老张和老任都认为自己演奏水平更高，彼此埋怨对方演奏出现错误
C. 小霍播放组员的演奏视频，带领他们回顾在"鼓舞未来"小组中的变化
D. 小霍预告"鼓舞未来"非洲鼓文艺会演时间，邀请组员携家属一同参与

31. 在小组活动的"生命回顾"分享环节中，社会工作者小徐和组员一起听高奶奶分享自己过去的经历，高奶奶的普通话不太标准，担心别人听不懂，越来越着急，针对这一情况，小徐最恰当的回应是（    ）。

A. "您说的故事，以前我从来都没有听说过啊！"
B. "我没有听懂您说的话，您再重新说一遍好吗？"
C. "高奶奶您别着急，慢慢说，我们大家都在听。"
D. "高奶奶您先休息一下，再想想，先请张爷爷说。"

32. 新入职的社会工作者小范与机构督导员讨论面向不同服务对象的小组活动方案。下列小组活动设计中，最适宜的是（    ）。

A. 为幼儿园小朋友开设儿童社交小组，将每节时长定为10~20分钟
B. 为处于婚姻危机中的夫妻开设辅导小组，将小组的规模定为30人
C. 为青少年开设的户外拓展训练营，以完成每项拓展活动为最终目标
D. 为小学生开设的性教育小组，将一年级与六年级的学生安排在一起

33. 在小组活动开展过程中，社会工作者老汤发现组员莉莉最近经常迟到，分享也不如以前积极，有时还会故意转移话题，影响活动进程。为了改变这种情况，老汤最适宜的做法是（    ）。

A. 放任莉莉，把关注重点转移至其他的组员
B. 运用游戏活跃气氛，以鼓励莉莉回归小组
C. 制订新计划，让莉莉和其他组员协作完成
D. 调整活动时间和地点，方便莉莉参与活动

34. 社会工作者小韩近期开设了"'网'外更精彩"中学生网络成瘾治疗小组，他运用了多种小组评估方法，下列资料中，适用于小组过程评估的是（    ）。

A. 组员上网时长变化记录表　　B. 组员行为改变的自我评估报告
C. 组员和小组的目标实现表　　D. 小组结束后跟进访谈记录资料

35. 下列社会工作者的做法中，最能充分体现地区发展模式特点的是（    ）。

A. 注重社区任务目标的实现　　B. 推动社区自上而下的改变
C. 建立社区非正式支持网络　　D. 提升社区居民自组织能力

36. 某农村社区的青壮年大量外出务工，村里留守老人较多，老人们虽然平时生活能够自理，但普遍担心生病后在外工作的子女无法及时赶回，没有人照顾自己，社会工作者老周拟采用社区照顾模式，打消老人们的顾虑。下列老周的做法中，最能体现"由

社区照顾"实施策略的是（　　）。

  A. 协助部分老人入住养老机构　　　　B. 筹措资金建设社区老年照顾中心
  C. 组织留守老人建立互助小组　　　　D. 动员外出务工的青壮年返乡工作

37. 社会工作者进入社区之初，应了解社区的基本情况。下列做法中，有助于社会工作者了解社区文化特色的是（　　）。

  A. 观察社区活动，发现热心社区事务的居民
  B. 开展入户调查，掌握社区的人户分离情况
  C. 访问社区老人，了解社区的历史与习俗
  D. 走访社区组织，分析社区的资源与需求

38. 某老旧小区因停车难问题屡屡被居民投诉，社会工作者为此召开居民议事会。下列社会工作者的提问中，属于界定问题的是（　　）。

  A. "咱们社区停车难问题是怎么产生的？"
  B. "停车难问题主要集中出现在哪个时间段？"
  C. "停车难问题对咱们居民的生活有什么影响吗？"
  D. "解决停车难问题会给居民和社区带来什么改变？"

39. 社会工作者在社区走访时，有居民反映社区文体活动场地及设施不足。为进一步了解社区居民在这方面是否存在"比较型需要"，社会工作者适宜的做法是（　　）。

  A. 向更多居民了解社区文体活动场地是否够用
  B. 查找有关社区文体设施建设的政策文件规定
  C. 观察居民使用现有文体活动场地的情况
  D. 了解其他同类社区文体设施的建设情况

40. 某社会工作服务机构应街道邀请开展困境儿童服务项目，社会工作者小李及其项目团队在设计好服务方案后，走访了辖区学校、社区卫生服务中心、未成年人保护工作站等多个组织，了解他们为困境儿童提供服务的现状。从管理社区资源角度来看，小李及其项目团队所开展的工作属于（　　）。

  A. 资源分析　　　B. 资源开发　　　C. 资源链接　　　D. 资源维系

41. 为了深入了解社区需要并与居民建立关系，社会工作者最适宜采取的收集资料方法是（　　）。

  A. 问卷法　　　B. 观察法　　　C. 文献法　　　D. 访问法

42. 社会工作者老刘正在主持社区居民议事会，就社区空地改造为小花园的计划征求居民意见，有居民认为建小花园可能会"中看不中用"。此时，老刘采取"进一步说明"的技巧主持会议，其最适宜的表述是（　　）。

  A. "您希望社区的空地能发挥哪些作用呢？"
  B. "您怎么看那些支持建小花园的观点呢？"
  C. "非常感谢您提出的宝贵意见，我们会考虑的。"
  D. "您提醒得很对，我们要避免华而不实的改造方案。"

是( )。
   A. 楚某,醉酒后驾驶公司配发的小汽车,引发交通事故受伤
   B. 韩某,因劳累过度在办公室值班期间突发心梗死亡
   C. 赵某,因长期抑郁在单位办公室跳楼自杀
   D. 齐某,休息日在公园游玩不慎扭伤

58. 国家对未成年工实行特殊劳动保护,根据《中华人民共和国劳动法》,未成年工是指( )的劳动者。
   A. 年满12周岁未满16周岁    B. 年满14周岁未满16周岁
   C. 年满14周岁未满18周岁    D. 年满16周岁未满18周岁

59. 根据《中华人民共和国社会保险法》,个人参加城乡居民基本医疗保险制度,个人缴费部分由政府给予补贴的是( )。
   A. 享受最低生活保障的人    B. 残疾人
   C. 老年人                D. 未成年人

60. 根据《中共中央 国务院关于加强和完善城乡社区治理的意见》,街道办事处(乡镇人民政府)在社区治理体系中发挥的是( )。
   A. 核心作用   B. 主导作用   C. 基础作用   D. 协同作用

二、多项选择题(共20题,每题2分;每题的备选项中,有2个或2个以上符合题意,至少有1个错项;错选,本题不得分;少选,所选的每个选项得0.5分)

61. 某社会工作服务机构承接了街道办事处的社区综合服务试点项目,为街道社区的20户困难家庭开展生活帮扶、资源衔接、心理疏导、社区参与等服务。该机构的服务涉及的社会工作领域有( )。
   A. 社区社会工作          B. 社会救助社会工作
   C. 司法社会工作          D. 优抚安置社会工作
   E. 家庭社会工作

62. 12岁的小唐家境优越,父亲工作繁忙经常出差,母亲自己开店,闲时爱出去打牌,对小唐缺少关心。小唐常常骂人,欺负同学,在学校没有朋友,班主任特地转介给社会工作者老刘。老刘虽然不认同小唐的个人行为及其父母的教育方式,但仍然耐心地与他们进行沟通,建立信任关系,倾听他们的诉说,制订符合其需求的服务方案。上述老刘的做法,体现的社会工作价值观实践原则有( )。
   A. 接纳   B. 非评判   C. 保密   D. 个别化   E. 案主自决

63. 社会工作者在某社区入户探访时发现社区内独居老人较多,且部分高龄老人日常生活存在困难,又不愿求人。根据社会工作伦理原则,社会工作者适宜开展的工作有( )。
   A. 整理社区独居老人需求信息,设计并提供个性化服务
   B. 与独居老人亲属沟通,说服老人参加社区活动

C. 建议社区开展居室适老化改造，改善独居老人生活环境

D. 倡导政府出台高龄独居老人帮扶政策，提升其生活质量

E. 依据《中华人民共和国老年人权益保障法》，鼓励子女经常探望独居老人

64. 随着网络文化的迅速发展，各类短视频平台受到人们的喜爱，许阿姨的娱乐方式也不再是看电视，而是刷短视频。她还关注网络主播，购买主播推荐的产品，改变自己的穿衣搭配风格，并上传展示自己日常生活的短视频。现在她觉得中老年人也和年轻人一样，可以打扮自己、展示自己。上述许阿姨的变化，体现了大众传媒对人类行为的影响有（　　）。

A. 强化人们固有的观念和行为　　　B. 改变人们原来的行为模式

C. 促使人们改变原有的观念　　　　D. 提供信息引导人们的行为

E. 形成社会规范并约束行为

65. 受新冠疫情影响，以大学毕业生为主体的青年群体就业难度增加，就业压力较大。为了推动青年就业，社会工作者适宜采取的措施有（　　）。

A. 增强青年的社会责任意识，促进其自我反思

B. 倡导完善国家法律法规，加大性别平等宣传

C. 协助青年缓解焦虑情绪，促使其作理性思考

D. 了解就业市场供需矛盾，充分链接就业资源

E. 提高青年灵活就业能力，创新就业方式方法

66. 社会工作者为患有慢性病的救助对象老李及其家庭提供服务时，除了家访和邀请老李参与社区活动外，还注重对相关文献记录的收集和分析。下列文献记录中，属于老李及其家庭相关生活状况的有（　　）。

A. 老李家的低保证明　　　　　　　B. 妻子的就业证明

C. 孩子的学习成绩单　　　　　　　D. 老李的体检报告

E. 老李家的门牌号码

67. 刘老伯的女儿遭遇意外不幸身亡，他一直伤心自责，认为女儿的离世都是自己的错。他把自己关在家里，不与任何人联系，作息时间混乱。刘老伯弟弟来看望他，发现他状态很差，身上的衣服很久没换过，家里还堆满杂物，为此非常担心，向社会工作者老李求助。根据刘老伯的情况，老李制订的个案服务目标应包括（　　）。

A. 调整刘老伯的作息规律　　　　　B. 逐步缓解刘老伯的压力

C. 清理刘老伯家中的杂物　　　　　D. 迅速减少刘老伯的自责

E. 恢复刘老伯的社会关系

68. 社会工作实习生小袁为脑瘫儿童冬冬提供一次服务后，就不想再继续，督导者老宣了解到小袁是认为服务脑瘫儿童工作效果不明显才想放弃。为此，老宣引导小袁认识到，为建立积极有效的专业关系，社会工作者应做到无条件关怀，之后小袁的工作态度有明显改善。下列做法中，体现了"无条件关怀"的有（　　）。

A. 对冬冬保持尊重　　　　　　　　B. 评估冬冬的需求

D. 该研究的研究结论可推及其他街道所有随迁老人
E. 该研究有助于发现影响老人需求的普遍因素

79. 根据《中华人民共和国民法典》，如果夫妻没有约定，下列夫妻在婚姻关系存续期间所得的财产中，应认定为夫妻共同财产的有（　　）。

A. 一方的工资收入　　　　　　　　B. 一方购买理财所得的收益
C. 一方出版著作所得的版税收入　　D. 一方法定继承所得的房屋
E. 一方因车祸致残所获得的赔偿金

80. 根据《中华人民共和国劳动法》，相关部门在确定和调整最低工资标准时应当参考的因素，除社会平均工资水平外，还包括（　　）。

A. 就业状况　　　　　　　　　　　B. 劳动生产率
C. 当地人口老龄化水平　　　　　　D. 地区之间经济发展水平的差异
E. 劳动者本人及平均赡养人口的最低生活费用

有所乐"到"老有所为"。小赵设计的上述小组服务，属于社会工作服务中的（　　）。

　　A. 老年社会工作　　　　　　　　B. 社区社会工作
　　C. 家庭社会工作　　　　　　　　D. 社会救助社会工作

7. 关于社会工作价值观的说法，正确的是（　　）。

　　A. 社会工作价值观是社会工作专业区别于其他专业的重要标志
　　B. 社会工作的专业价值目标可以分为过程性目标和终极性目标
　　C. 社会工作价值观是社会工作者和服务对象需共同遵守的原则
　　D. 社会工作价值观在全世界不同国家呈现出比较大的差异性

8. 保健品代理商吴先生了解到养老院社会工作者小李经常组织老年人活动，与院内老年人关系很好，于是找到小李，向他介绍保健品有助于老年人提高免疫力、预防心脑血管疾病，请他帮忙向老年人推荐保健品。吴先生承诺，如果小李推荐成功，他还可以资助养老院的一些活动。根据社会工作专业伦理原则，小李恰当的做法是（　　）。

　　A. 考虑到保健品有利养生，答应与吴先生合作
　　B. 咨询养老院意见，再决定是否与吴先生合作
　　C. 考虑服务对象利益优先，婉拒与吴先生合作
　　D. 同意吴先生直接与老人沟通，推荐保健品

9. 伦理难题是社会工作者在实践中遇到的一种道德上难以取舍的困境。关于社会工作伦理难题的说法，正确的是（　　）。

　　A. 社会工作伦理难题是社会工作者专业能力不足导致的困境
　　B. 社会工作伦理难题是服务对象期望目标过高而导致的困境
　　C. 社会工作伦理难题本质上是个人利益与专业利益冲突的结果
　　D. 社会工作伦理难题反映了服务对象自决与专业干预间的张力

10. 社会工作者老张在与服务对象小王会谈时得知他近期失业了，无力偿还房贷，生活压力很大。小王向老张表示活着真没意思，透露出自杀的想法，还准备收集安眠药，并要求老张为其保密。此时，老张在服务中首先应当遵循社会工作伦理原则中的（　　）。

　　A. 保护生命原则　　　　　　　　B. 隐私保密原则
　　C. 最小伤害原则　　　　　　　　D. 差别平等原则

11. 社会工作者老赵在社区养老服务中心的服务深受老年人的好评，服务对象冯奶奶为表示感谢，给老赵的女儿买了价值50元左右的玩具，老赵一再推辞，冯奶奶说，老赵不收就是看不起她，不给她面子。下列做法中最适合的是（　　）。

　　A. 收下冯奶奶送的玩具，并保守冯奶奶送礼的秘密
　　B. 收下冯奶奶送的玩具，在以后的服务中对冯奶奶更加照顾
　　C. 拒绝冯奶奶送的玩具，在以后的服务中减少与冯奶奶的互动
　　D. 收下冯奶奶送的玩具，买一份价格相近的礼物回送给冯奶奶

12. 孤独症儿童家长为应对孩子日常照顾压力，自发组建了家长互助群，以分享照

顾经验，形成相互支持。根据马斯洛的需要层次理论，上述情形中，主要体现的家长的需要是（　）。

 A. 生理需要         B. 尊重需要

 C. 归属与爱的需要      D. 安全需要

13. 根据阿尔德弗尔的 ERG 理论，下列陈述中，最能反映"成长的需要"的是（　）。

 A. 小张租住在青年公寓

 B. 小王购买了人身保险

 C. 小李参加社区举办的快闪交友活动

 D. 小赵报名参加了高等教育自学考试

14. 小明的父母对他的日常生活照顾非常用心，几乎包揽了一切事务；在学习上对小明非常严厉，要求学习成绩一定要保持在班级前五名，对此小明感到压力很大。小明父母的教养方式属于（　）。

 A. 娇纵型    B. 支配型    C. 专制型    D. 放任型

15. 为了帮助小雯更快适应幼儿园生活，小雯妈妈扮演幼儿园老师，与小雯玩"快乐幼儿园"的游戏；爸爸叮嘱女儿见到老师和同学要主动问好，告诉她过马路一定要遵循交通信号灯的指引。小雯父母的上述行为，主要体现的家庭功能是（　）。

 A. 社会化    B. 繁衍后代    C. 情感支持    D. 经济支持

16. 服务对象老马近期体检时被查出患有重度脂肪肝，因此他下定决心开始健康饮食、规律运动。在社会工作者的帮助下，他加入了社区马拉松团体。老马的上述情形，体现的人类行为特点是（　）。

 A. 适应性    B. 发展性    C. 多样性    D. 可控性

17. 17 岁的服务对象小张因聚众打架斗殴导致他人重伤，被移交给检察院进行观护帮教。在帮教过程中，社会工作者老黎除了对小张进行日常行为矫正外，还发现他很讲义气，对朋友很真诚，而且擅长制作手工包。老黎在帮助小张认识到自己优势的同时，还为他提供相关就业岗位信息。老黎的上述做法，符合心理社会治疗模式假设中的（　）。

 A. 个体具有独特的潜在能力     B. 个体自我选择与环境无关

 C. 个体具有过分依赖的人格     D. 个体行为与他面临的压力无关

18. 小费幼年时母亲病逝，后与父亲相依为命，初中时父亲也因车祸离世，只能由 80 岁的奶奶照顾。因缺乏管教，小费结识了一些"小混混"，偶尔小偷小摸，在学校还经常与其他同学发生冲突。社会工作者小汪了解情况后，对其问题进行诊断，分析他的行为问题与其生活经历相关。小汪运用的上述诊断方式属于（　）。

 A. 心理诊断    B. 缘由诊断    C. 人格诊断    D. 分类诊断

19. 田女士为悉心照顾丈夫和儿子，一直未外出工作。儿子进入高三后，成绩退步，田女士非常着急，而她丈夫对家庭不管不问，还责备田女士没把孩子管好。最近田女士

B. "为了帮助我们今后更好地开展服务，请大家填写一份小组评估问卷。"

C. "大家对志愿服务意义达成了共识，今天我们讨论如何更好地开展服务。"

D. "大家在小组中很有收获，今天我们再谈谈如何在生活中保持小组经验。"

32. 在一次家庭育儿经验的小组讨论中，小组成员有以下对话：

组员甲："双十一，我囤了些果泥。"

组员乙："活动力度大吗？我买了两箱奶粉。"

组员丙："我也买了奶粉，比平时优惠了不少。"

随后，其他组员也纷纷推荐起自己购买的母婴产品。面对这种情况，社会工作者正确的做法是（　　）。

A. 及时小结　　　B. 自我表露　　　C. 及时限制　　　D. 帮助梳理

33. 在某减压小组讨论中，社会工作者与组员有以下对话：

组员："我觉得有些压力是自己造成的，比如说在工作时，如果每一项任务都完成得很顺利、很完美，就会自然而然地要求自己完成下一项任务时也要同样完美。事实上，很多事情并不会像自己想象的那样，因此也没必要设定那么高的期待。"

社会工作者："你觉得有时候对自己要求太高了，也会带来压力，因此要降低自我期待，是这样吗？"

上述对话中，社会工作者所用的技巧是（　　）。

A. 摘述　　　B. 鼓励　　　C. 引导　　　D. 了解

34. 某社会工作服务机构承接了"十五分钟生活服务圈"示范街区建设子项目。该机构根据项目办要求，计划运用社会策划模式打造"公共服务空间"的人文关怀氛围。下列做法中，属于该模式实施策略中"分析环境和形势"的内容的是（　　）。

A. 审视既有解决问题的手段有无不足

B. 列出所有能达到目标的可行性方案

C. 了解对计划有影响力的人士和团体的需要

D. 分析所属社会工作服务机构的优点和不足

35. 社区社会工作者小李在走访中了解到，王女士9岁的女儿小玲患有脑瘫，虽然做过康复训练，但进入普通学校随班就读依然困难，王女士为此十分苦恼。于是小李联系到一家特殊教育学校，向该校负责人详细介绍了小玲的康复情况，并提出一些让小玲尽快参与学习，融入班级的建议和想法。关于小李所采用的社区工作模式和扮演的角色，正确的是（　　）。

A. 小李采用了社区照顾模式，扮演的是经纪人角色

B. 小李采用了社会策划模式，扮演的是使能者角色

C. 小李采用了社会策划模式，扮演的是中介者角色

D. 小李采用了地区发展模式，扮演的是使能者角色

36. 社会工作者在"认识社区"阶段，需要对社区问题进行详细分析。下列表述中，属于"描述问题"的是（　　）。

A. 制定解决社区问题的策略　　B. 探讨社区问题未来发展变化
C. 分析社区问题产生的原因　　D. 说明居民对社区问题的感受

37. 社区社会工作者在开展工作时，需要认识社区内的资源。下列做法中，属于社会工作者了解社区内资源的是（　　）。

A. 了解社区居民日常交往及如何相互影响
B. 了解社区内各个学校的位置及开放情况
C. 了解社区内爱心超市的盈利与收支情况
D. 了解社区内人大代表参与社区事务情况

38. 社区社会工作者老孟在开展社区服务时访问了社区居民、拜访了社区居委会主任，参与了社区内相关会议和活动，从认识社区内的权力结构的角度，这主要有助于老孟了解社区的（　　）。

A. 既有的居民人口及群体特征　　B. 热心社区事务的居民和活跃分子
C. 地理区域面积以及环境等资料　　D. 发展过程中逐渐形成的文化特色

39. 社区社会工作者小安引导社区居民参与社区环境治理，并培育社区社会组织，形成社区环境治理的可持续性力量。小安在社区社会组织培育建设和发展的不同阶段扮演不同角色，其适宜的做法是（　　）。

A. 全程直接承担组织管理工作，让组织运行更高效
B. 在组织成立之初，仅仅提供专业咨询和支持服务
C. 在组织发展过程中，不断完善组织内部规章制度
D. 在组织发展成熟后，注重发现和培育组织的领导者

40. 某社区养老院综合改建的申请已获批复同意。近日，院方着手制订改建方案。下列改建方案内容中，体现表达型需要的是（　　）。

A. 应当按市相关文件中的床位比进行人员配置
B. 建议参照邻市养老机构的标准配备康复器材
C. 希望在现有基础上大幅缩短入院排队等候时间
D. 认为综合改建工程完工后应保持长期领先

41. 社区社会工作者针对近期大家关心的居民楼水管改造议题召开议事协商会，邀请街道办事处工作人员、物业公司代表、施工方代表、业主委员会代表和居民代表参会。在会议进行中，社会工作者适宜的做法是（　　）。

A. 严格限制会议发言人的数量　　B. 让参会者充分讨论后作出决定
C. 听到参会者意见后立即表态　　D. 提前了解参会者对议程的意见

42. 社区社会工作者老周正在制订"我爱我家"社区活动计划，以提升社区居民的社区认同感和社区参与度。在计划制订过程中，老周首先应（　　）。

A. 确定主要服务对象招募范围　　B. 考虑不同活动规模利弊
C. 界定活动所想要达到的结果　　D. 制定整个活动的进度表

43. 组织分析是社会工作行政不可忽略的基础工作。下列内容中，属于组织外部环

年不足 5 年的领取失业保险金的期限最长为（　　）个月。

A. 6　　　　　B. 12　　　　　C. 18　　　　　D. 24

58. 根据劳动合同法，用人单位提前 30 日以书面形式通知劳动者本人。以下情形企业可以解除合同的是（　　）。

A. 女职工在孕期、产期、哺乳期
B. 劳动者非因工负伤，在规定的医疗期内的
C. 劳动者在本单位因工负伤并确认部分丧失劳动能力的
D. 职工不能胜任工作，经过培训或调整工作岗位，仍不能胜任的

59. 某社区居民甲经常不分时间在家弹钢琴，吵到邻居，邻居乙多次上门协商无效。于是乙也不分时间用力敲打甲家房门，导致两家矛盾随之越来越深。社区人民调解委员会为此咨询法律专业人士，还邀请专业机构测试噪声强度。经过努力，甲乙终于达成调解协议。根据人民调解法，关于该人民调解委员会在此次调解过程中产生的调解经费的说法，正确的是（　　）。

A. 这次调解经费应由甲单独承担　　　B. 这次调解经费应由乙单独承担
C. 这次调解经费应由甲乙共同承担　　D. 这次调解经费甲乙均无须承担

60. 某基金会拟申请认定为慈善组织。根据《慈善组织认定办法》，该基金会慈善组织认定申请应当经（　　）表决通过。

A. 发起人　　　B. 理事会　　　C. 监事会　　　D. 秘书处

二、多项选择题（共20题，每题 2 分。每题的备选项中，有 2 个或 2 个以上符合题意，至少有 1 个错项。错选，本题不得分；少选，所选的每个选项得0.5分）

61. 从一般意义来说，社会工作是具体解决社会问题的专业活动，具有维持社会秩序的功能，与行政管理相比，社会工作特点有（　　）。

A. 自上而下解决问题　　　　　B. 重视权力运用
C. 通过服务化解矛盾　　　　　D. 开展人性化服务
E. 促进人与环境相互适应

62. 在专业实践中，社会工作者应遵循的价值观操作原则有（　　）。

A. 尊重和接纳服务对象　　　　B. 真诚对待服务对象的问题
C. 理解服务对象的个别差异　　D. 尊重服务对象个人的意见和决定
E. 劝说服务对象接受有益建议

63. 社区矫正对象老张回到社区后，觉得邻居都瞧不起自己，情绪很低落。社会工作者小王为他推荐了几份工作，都被老张以太累或时间不合适等理由婉拒。近日老张找到小王，明确表示自己不愿工作，让小王为其直接申请最低生活保障。根据社会工作专业伦理，小王适宜的做法有（　　）。

A. 以服务对象为本，接受老张的请求
B. 与老张进行深入交流，鼓励他自食其力

C. 咨询专业督导者，商议解决问题的办法

D. 主动倾听老张的苦恼，帮助他调整心态

E. 向老张说明其不符合政策要求，终止服务

64. 关于人类行为与社会环境基本关系的说法，正确的有（　　）。

A. 人类要适应社会环境

B. 社会环境决定个人行为

C. 人类行为与社会环境的关系具有平衡性

D. 社会环境和生物遗传共同对人类行为产生影响

E. 各年龄人群的行为受社会环境影响的程度相同

65. 随着互联网的普及和智能产品的发展，儿童过度依赖电子产品的现象较为普遍，影响了儿童的身心健康。针对这一问题，社会工作者宜开展的工作有（　　）。

A. 引导儿童积极参加户外活动

B. 建议家长禁止儿童使用电子产品

C. 组织社区内的家庭开展亲子阅读活动

D. 建议政府禁止商家线上销售儿童电子产品

E. 建议家长与儿童约定电子产品的使用时长

66. 居委会工作人员向社会工作者小陆反映，居民马女士经常被丈夫殴打，想离婚但又担心无法应对未来生活，希望小陆能帮助她。小陆计划为马女士开展个案服务，关于她与马女士建立专业关系的表述，正确的有（　　）。

A. 小陆鼓励马女士要对自己有信心

B. 小陆特别专注地倾听马女士诉说困扰

C. 小陆应该接纳马女士对丈夫的依赖心理

D. 小陆与马女士建立信任关系有助于服务开展

E. 小陆与马女士专业关系的建立完全取决于她的合作意愿

67. 服务对象小安是一名事实无人抚养儿童，目前寄养在亲戚家。由于之前在原生家庭遭受过家庭暴力造成心理创伤，学校老师将小安转介给社会工作者老谭。老谭在评估中发现，最近小安又被医生诊断为儿童糖尿病，亲戚也不知道如何照顾他。老谭在服务中安排小安参加有针对性的游戏活动，缓解其因以往经历引发的问题；为小安的亲戚讲解照顾注意事项，发放儿童糖尿病的知识手册，并联系社区医生，提供疾病管理指导。上述服务中，社会工作者扮演的角色有（　　）。

A. 教育者　　B. 治疗者　　C. 倡导者　　D. 联系人　　E. 使能者

68. 刘女士唯一的女儿去世后，她与丈夫相依为命，失去独生女的苦让他们每日以泪洗面，不愿与人接触，两人健康状况每况愈下。社会工作者老秦得知他们的情况后，决定为他们提供服务，并在多次上门后制订了完整的服务计划。在进入服务开展阶段后，老秦适宜的做法有（　　）。

A. 缓解刘女士夫妇的悲伤情绪　　　　B. 帮助刘女士夫妇改善健康状况

C. 该研究适用于分析精神障碍形成的原因

D. 该研究有助于建构精神康复的理论模式

E. 该研究中精神障碍人士的家属也是研究者

79. 根据老年人权益保障法，关于家庭赡养的说法，正确的有（   ）。

A. 赡养人应当照顾老年人的特殊需要

B. 赡养人放弃继承权可以不履行赡养义务

C. 赡养人不得强迫老年人居住条件低劣的房屋

D. 对生活不能自理的老年人，赡养人应当承担照料责任

E. 老年人养老以居家为基础，家庭成员应当尊重、关心和照料老年人

80. 学生小勇在课后欺凌同学，学校社会工作者王老师发现后对此事进行处理。根据未成年人保护法，王老师的下列做法中正确的有（   ）。

A. 立即制止小勇的错误行为

B. 对被欺凌的同学及时给予心理辅导

C. 嘱咐被欺负的同学不要声张，以保护学校声誉

D. 对小勇父母给予必要的家庭教育指导

E. 主动联系小勇和被欺负同学的父母参与处理欺凌事件